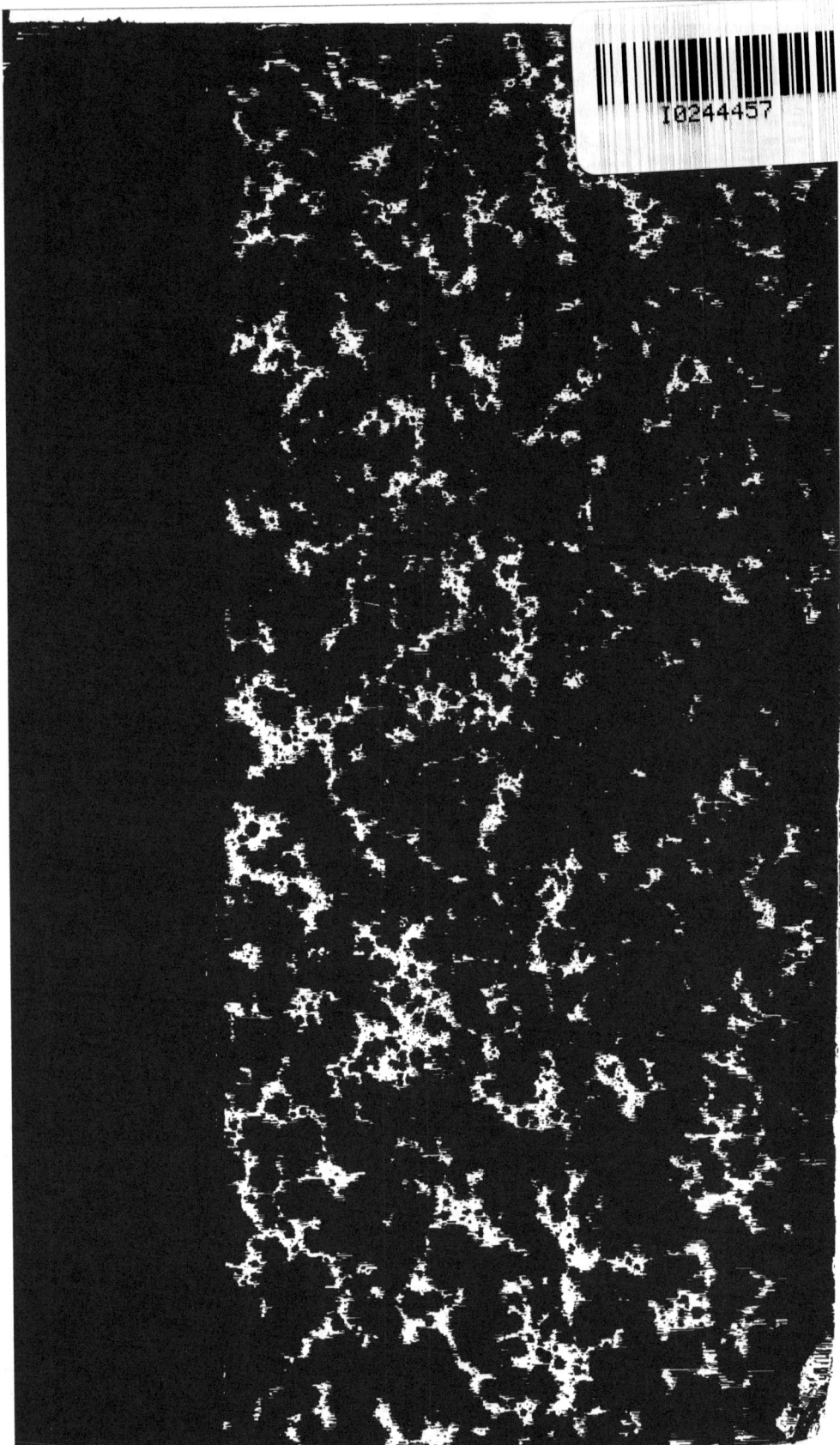

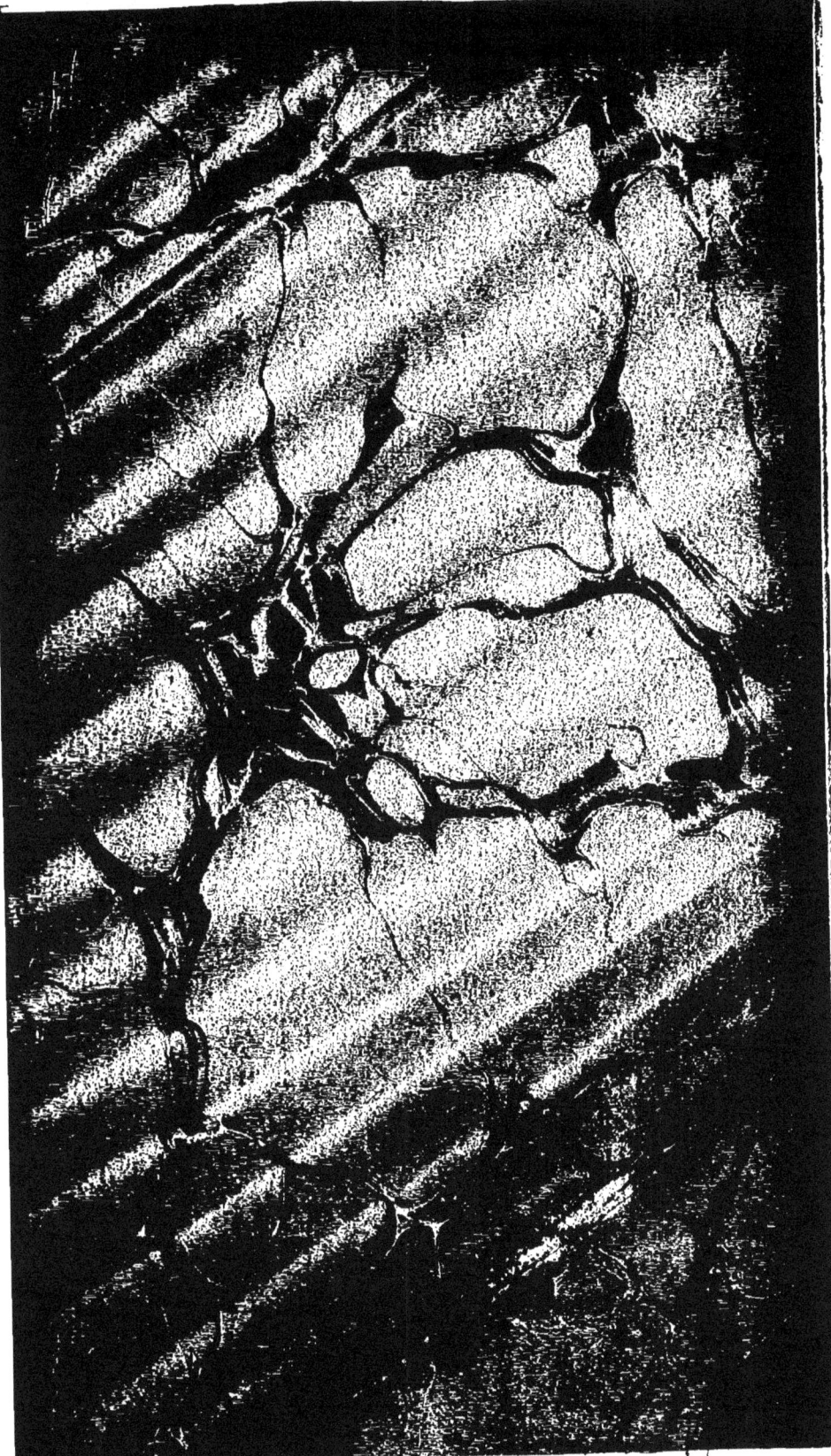

LA Guerre DE 1870-71

L'ARMÉE DE CHALONS

I

Organisation et Projets d'opérations
La marche sur Montmédy

PARIS
LIBRAIRIE MILITAIRE R. CHAPELOT et Cⁱᵉ
IMPRIMEURS-ÉDITEURS
30, Rue et Passage Dauphine, 30

1906
Tous droits réservés.

LA GUERRE DE 1870-71

ARMÉE DE CHALONS

I

Organisation et Projets d'opérations
La marche sur **Montmédy**

Publié par la **Revue d'Histoire**

rédigée à la Section historique de l'État-Major de l'Armée

LA Guerre DE 1870-71

L'ARMÉE DE CHALONS

I

Organisation et Projets d'opérations
La marche sur Montmédy

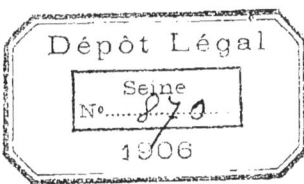

PARIS
LIBRAIRIE MILITAIRE R. CHAPELOT et Ce
IMPRIMEURS-ÉDITEURS
30, Rue et Passage Dauphine, 30
—
1906
Tous droits réservés.

LA

GUERRE DE 1870-1871

L'ARMÉE DE CHALONS

PREMIÈRE PARTIE
Organisation et projets d'opérations.

CHAPITRE Ier.

Organisation de l'armée.

A la suite des défaites de Frœschviller et de Forbach, l'Empereur avait décidé que le 1er corps et la division de cavalerie de Bonnemains se replieraient sur le camp de Châlons où ils devaient se réorganiser et constituer le noyau d'une nouvelle armée. Quelques jours plus tard, le 5e corps, qui n'avait pu rallier Metz, y fut également dirigé, et le 7e reçut la même destination.

D'autre part, une loi du 10 août appela sous les drapeaux « tous les citoyens non mariés ou veufs sans enfants, ayant vingt-cinq ans accomplis et moins de trente-cinq ans » qui avaient satisfait à la loi de recrutement et qui ne figuraient pas sur les contrôles de la garde mobile. Les engagements volontaires et les remplacements, dans les conditions de la loi du 1er février 1868, furent admis pour les anciens militaires, pendant la durée de la guerre, jusqu'à l'âge de quarante-cinq ans. Les hommes valides de tout âge furent autorisés à contracter un engagement dans l'armée active pour la durée de la guerre, et les formalités nécessaires à cet effet réduites au strict nécessaire. La classe de 1869 et le contingent tout entier de la classe 1870 furent appelés, et des conseils de revision fonctionnèrent immédiatement dans chaque département (1). Une circulaire du Ministre de l'intérieur aux préfets et aux sous-préfets leur recommanda de « susciter le dévouement patriotique des populations » et de les encourager à former des compagnies de gardes nationaux volontaires ou de francs-tireurs pour marcher à l'ennemi (2). La garde nationale fut rétablie et réorganisée dans chaque département, et les gardes nationaux mobiles des divisions militaires numérotées de 8 à 22 convoqués au chef-lieu du département auquel ils appartenaient, comme l'étaient déjà, par décret du 16 juillet 1870, ceux des divisions militaires numérotées de 1 à 7 (3).

100,000 d'entre eux furent appelés à Paris pour concourir à la défense de la capitale ; quant à ceux de Paris, ils avaient été groupés en dix-huit bataillons sous les ordres du général Berthaut et envoyés au camp de Châlons où ils avaient donné les marques de la plus complète indiscipline (4).

---

(1) *Journal officiel* du 11 août, n° 219.

(2) Dépêche télégraphique du 11 août, soir. (*Journal officiel* du 12 août, n° 220.)

(3) Décret du 12 août 1870. (*Journal officiel* du 13 août, n° 221.) Les divisions militaires étaient : 1re (Paris), 2e (Rouen), 3e (Lille), 4e (Châlons-sur-Marne), 5e (Metz), 6e (Strasbourg), 7e (Besançon), 8e (Lyon), 9e (Marseille), 10e (Montpellier), 11e (Perpignan), 12e (Toulouse), 13e (Bayonne), 14e (Bordeaux), 15e (Nantes), 16e (Rennes), 17e (Bastia), 18e (Tours), 19e (Bourges), 20e (Clermont-Ferrand), 21e (Limoges), 22e (Grenoble).

(4) *Enquête sur les actes du gouvernement de la Défense nationale*, dépo-

Les hommes allaient donc affluer, sans instruction militaire il est vrai, pour la plus grande partie, mais assez nombreux pour constituer des masses, et l'on espérait que le patriotisme aidant, on en ferait promptement des soldats en état de combattre.

Après la formation des sept premiers corps d'armée et de la Garde impériale, il ne restait, en dehors des forces mobilisées, que les unités d'infanterie et de cavalerie suivantes :

1° En Afrique : les 16°, 38°, 39° et 92° de ligne ; trois bataillons d'infanterie légère d'Afrique ; le régiment étranger ; le 8° hussards ; les 1er et 9° régiments de chasseurs ; les trois régiments de spahis ;

2° En France : les 22°, 34°, 58° et 79° de ligne sur la frontière espagnole ; les 35° et 42° attendus de Civita-Vecchia ; les 7° et 8° régiments de chasseurs.

On pouvait disposer encore de trois régiments de ligne coupés du 6° corps : les 14°, 20° et 31°, et de quatre régiments d'infanterie de marine.

Le nouveau Ministre de la guerre, le général de Palikao, s'occupait avec le zèle le plus louable de constituer des régiments de marche avec les 100 quatrièmes bataillons d'infanterie de ligne disponibles ; de renforcer les unités de l'armée du Rhin par l'envoi de détachements de réservistes ; de réorganiser le 1er corps et les divisions Conseil-Dumesnil et Bonnemains ; de compléter leurs effectifs ; de pourvoir à tous les besoins en matériel, habillement, équipement et campement.

Deux nouveaux corps d'armée furent créés, portant les

---

sition du maréchal Canrobert, tome IV, p. 272; déposition du général Schmitz, tome II, p. 277; général Lebrun, *Bazeilles-Sedan*, p. 2; *L'Empire et la défense de Paris*, déposition du général Berthaut, p. 138; Achard, *Récits d'un soldat*, p. 5 et suivantes.

numéros 12 et 13 (1) ; les généraux Trochu et Vinoy en reçurent le commandement par décret du 12 août (2) ; mais le premier, seul, participa effectivement aux opérations entreprises dans le but de venir en aide au maréchal Bazaine. On rassembla les premiers éléments du 14ᵉ corps qui devait être confié au général Renault.

L'armée réunie à Châlons sous les ordres du maréchal de Mac-Mahon était forte, le 21 août, de 130,000 hommes environ (3). Elle comprenait quatre corps d'armée, les 1ᵉʳ, 5ᵉ, 7ᵉ, 12ᵉ, et deux divisions de cavalerie dites de réserve (4).

Le 1ᵉʳ corps (général Ducrot) se composait, comme au début de la campagne, de quatre divisions d'infanterie, une de cavalerie (5), de réserves d'artillerie et du génie, soit : 23,408 fusils, 2,450 sabres, 105 bouches à feu (6). Il avait subi les échecs de Wissembourg et de Fræschwiller, et venait d'opérer une longue retraite, avec toutes les fatigues, les privations qui en sont l'accompagnement

---

(1) Une décision du 20 juillet avait réservé les numéros 8, 9, 10, 11 aux corps territoriaux qu'on se proposait d'organiser à Paris, à Lyon, à Toulon et à Alger.

(2) *Journal officiel* du 13 août, n° 221.

(3) 130,566 officiers et soldats et 26,763 chevaux, d'après la situation sommaire du 21 août, où ne figurent pas la division de cavalerie et la réserve d'artillerie du 5ᵉ corps, et où est portée, par contre, la 2ᵉ brigade de la division de cavalerie du 7ᵉ corps, qui ne rejoignit pas.

(4) Voir l'ordre de bataille aux Documents annexes.

(5) La division de cavalerie Duhesme comprenait trois brigades, comme au début de la campagne. Mais la brigade Nansouty ne se composait plus que des 2ᵉ et 6ᵉ lanciers ; la brigade Michel était formée du 8ᵉ cuirassiers et du 10ᵉ dragons. Les cadres du 9ᵉ cuirassiers avaient été renvoyés à Paris, les hommes versés au 8ᵉ cuirassiers. (Le Ministre de la guerre au maréchal de Mac-Mahon, 19 août.)

(6) Le 1ᵉʳ corps comprenait 20 batteries, mais certaines d'entre elles avaient perdu à Fræschwiller du matériel qui ne leur fut pas remplacé : la 5ᵉ batterie du 9ᵉ, deux pièces ; la 6ᵉ du 9ᵉ, ses six pièces ;

nécessaire; retraite qu'avaient rendue plus pénible encore la pluie persistante et le manque presque général des sacs laissés sur le champ de bataille du 6 août. La défaite avait fait perdre la confiance (1); l'absence de distributions régulières avait fait naître la maraude et l'indiscipline (2). Physiquement et moralement, les soldats du 1ᵉʳ corps, qui avaient fourni tant d'efforts et témoigné de tant de vaillance et d'énergie, étaient très affaiblis à leur arrivée au camp de Châlons. Un séjour de quelque durée leur eût été nécessaire pour reprendre la campagne dans de bonnes conditions. Il ne fut même pas possible de les pourvoir de tous les objets d'habillement, d'équipement et de campement : on ne put leur distribuer qu'un sac pour deux hommes (3). Les armes détériorées ou perdues furent remplacées;

---

la 8ᵉ du 9ᵉ, deux pièces; la 11ᵉ du 6ᵉ, deux pièces; la 1ʳᵉ du 20ᵉ, une pièce; la 3ᵉ du 20ᵉ, une pièce; la 12ᵉ du 9ᵉ avait également perdu une bouche à feu au combat de Wissembourg.

Le 15 août, le Ministre de la guerre annonçait au général Forgeot, commandant l'artillerie du 1ᵉʳ corps, que la place de Châlons recevrait de la Direction de Douai : 8 canons de 12, 23 canons de 4 et un certain nombre de caissons et de chariots de batterie de la Direction de Bourges, une batterie complète de 4. Le 28 août se trouvait en gare de Mézières, à destination du 1ᵉʳ corps : 25 canons de 4, 12 affûts de rechange, 14 chariots de batterie, 25 caissons d'artillerie, 6 canons de 12, 2 affûts de rechange, 17 chariots de batterie, 17 caissons d'artillerie, 600 chevaux du 1ᵉʳ régiment du train. (Le général Mitrecé au général Forgeot.)

(1) Colonel Robert, *Campagne de 1870*, p. 79; L. de Narcy, *Journal d'un officier de turcos*, p. 332; *Des Causes qui ont amené la capitulation de Sedan*, p. 15.

(2) *Journal* de marche de la 4ᵉ division, 17 août; *Carnet* du commandant David, du 45ᵉ de ligne; Derrécagaix, *Guerre de 1870*, p. 244; colonel Robert, *Campagne de 1870*, p. 79; général Bonnal, *Frœschwiller*, p. 461.

(3) Les sacs des gardes mobiles renvoyés à Paris. (*Journal* de marche du 1ᵉʳ corps, 17 août.)

l'approvisionnement en cartouches reconstitué au chiffre de 90 ; les parcs ravitaillés.

Les divers régiments et bataillons reçurent des dépôts, soit pendant la retraite, soit au camp de Châlons, soit à Reims, des détachements dont le total s'élevait, pour le 1ᵉʳ corps, à 3,000 hommes environ (1). Mais ce n'étaient en grande partie que de jeunes soldats, auxquels parfois les premières notions mêmes de l'instruction militaire faisaient entièrement défaut (2). Toutefois, leur encadrement était bien assuré.

L'état-major du 1ᵉʳ corps, dont une partie demeura auprès du maréchal de Mac-Mahon, commandant en chef de l'armée, fut complété au moyen de lieutenants stagiaires, choisis par le général Ducrot dans les régiments sous ses ordres (3).

Les ambulances, qui avaient presque toutes été prises à Frœschwiller, furent réorganisées et rejoignirent les divisions quelques jours après le départ du camp. Quant aux moyens de transport, qui avaient également disparu en grande partie, il y fut suppléé par un certain nombre de voitures du train que l'on mit à la disposition des états-majors et des corps (4).

Le *5ᵉ corps* (général de Failly) se composait de trois

---

(1) Le 1ᵉʳ corps retrouva au camp de Châlons des éclopés qui avaient été transportés par chemin de fer et environ 4,000 soldats portés disparus.

(2) *Historique* du 50ᵉ de ligne, 15 août.

(3) Le maréchal de Mac-Mahon au Ministre de la guerre, 18 août.

(4) *Journal* des marches et opérations du 1ᵉʳ corps d'armée, à partir du camp de Châlons, par le commandant Corbin, sous-chef de l'état-major général.

Il existe deux *Journaux* de marche du 1ᵉʳ corps ; celui dont il vient d'être question, publié par le général Ducrot dans : *La Journée de Sedan*, et celui qui sera appelé simplement *Journal* de marche du 1ᵉʳ corps. Celui-ci a été ouvert au début de la campagne et continué jusqu'à Sedan.

divisions d'infanterie, dont l'une, la 2ᵉ, ne comprenait qu'une brigade, deux batteries et la compagnie du génie (1) ; d'une division de cavalerie à deux brigades, la 2ᵉ ne disposant que d'un régiment (2) ; de réserves d'artillerie et du génie. Au total : 18,543 fusils, 1500 sabres, 84 bouches à feu (3).

Ces troupes n'avaient pas combattu, mais la longue retraite qu'elles avaient effectuée, l'absence de distributions régulières, le contact des débris du 1ᵉʳ corps, la succession des ordres contradictoires, avaient été funestes à la discipline et avaient gravement affecté leur moral (4). Chaque jour, pour ainsi dire, leur avait apporté de « nouveaux éléments de dissolution (5) ». Elles offraient « un aspect de lassitude et de désorganisation de nature à inspirer de vives inquiétudes (6) ». Elles manquaient en outre de confiance en leur chef (7) que l'opinion publique rendait responsable du désastre de Frœschwiller.

Les détachements envoyés par les dépôts aux régiments d'infanterie du 5ᵉ corps avaient été généralement

---

(1) On sait que la 1ʳᵉ brigade de cette division était restée le 5 août à Sarreguemines et avait été réunie ultérieurement au 2ᵉ corps. Elle était renforcée de la 7ᵉ batterie du 2ᵉ, du 3ᵉ lanciers, d'un escadron du 5ᵉ hussards, et d'un escadron du 12ᵉ chasseurs (*Journal* de marche de la brigade Lapasset, 7 août.)

(2) Le 5ᵉ lanciers ; l'autre régiment de la brigade était le 3ᵉ lanciers (voir p. 356, note 4).

(3) Situation sommaire de l'armée de Châlons à la date du 21 août.

(4) *Journal* de marche du 5ᵉ corps rédigé par le capitaine de Piépape, 10 août ; général de Failly, *Opérations et marches du 5ᵉ corps*, p. 22.

(5) *Journal* de marche du capitaine de Piépape ; général Lebrun, *Bazeilles, Sedan*, p. 13.

(6) *Des Causes qui ont amené la capitulation de Sedan*, p. 16.

(7) *La Campagne de 1870 par un officier d'état-major de l'armée du Rhin*, p. 79 ; *De Frœschwiller à Sedan*, p. 54.

dirigés sur Metz, de sorte que les renforts qu'ils reçurent ne dépassèrent pas le chiffre de 750 hommes (1). Leur instruction militaire était d'ailleurs aussi défectueuse que celle des contingents fournis au 1ᵉʳ corps.

La division Goze et la brigade de Maussion qui n'avaient pas passé par le camp de Châlons, n'avaient pu s'y ravitailler et s'y recompléter en matériel et en effets de toute nature (2). Il en était de même de la majeure partie de la division de cavalerie et des réserves d'artillerie et du génie.

Le 7ᵉ *corps* (général F. Douay) se composait de trois divisions d'infanterie, d'une division de cavalerie réduite à une seule brigade de trois régiments (3), de réserves d'artillerie et du génie, soit 28,820 fusils, 1684 sabres, 90 bouches à feu (4).

Disloqué au lendemain de son départ de Belfort, ce corps d'armée avait la plus grande peine à réunir ses fractions éparses et à reprendre l'unité dont il avait joui pendant quelques jours. Sa 1ʳᵉ division, très éprouvée à Frœschwiller, était gravement atteinte dans sa vigueur, son moral et sa discipline par la retraite presque ininterrompue qu'elle avait exécutée ; elle était arrivée au camp de Châlons « dans un état de profond dénûment (5) ». Malgré tous les efforts, sa réorganisation resta très incomplète, et les opérations commencèrent sans qu'elle fût pourvue de tous les havresacs et effets de campement nécessaires ; sa 1ʳᵉ brigade ne reçut même pas son approvisionnement intégral de cartouches, bien que de nom-

---

(1) 450 au 17ᵉ de ligne en deux détachements (18 et 19 août) ; 300 au 68ᵉ, le 9 août.
(2) Général de Failly, *loc. cit.*, p. 29.
(3) La 2ᵉ brigade, Jolif-Ducoulombier, resta à Lyon.
(4) Effectif à la date du 21 août.
(5) Prince Bibesco, *Belfort, Reims, Sedan*, p. 48.

breuses demandes eussent été adressées à ce sujet par le général Conseil-Dumesnil (1).

La division de cavalerie du 7ᵉ corps ne comptait qu'une brigade à trois régiments, l'autre brigade étant toujours maintenue à Lyon pour assurer la tranquillité de cette ville, où le gouvernement redoutait des émeutes. Le parc d'artillerie ne fut pas prêt en temps utile, et ne put rejoindre qu'à Sedan. Les seuls moyens de transport consistaient en des équipages de réquisition, difficiles à mener, et dont la mauvaise influence se fit sentir dans toutes les opérations (2).

Divers détachements, comportant au total un effectif de 3,773 hommes, étaient venus des dépôts renforcer les régiments du 7ᵉ corps. Mais la plupart n'étaient « ni aguerris, ni instruits; beaucoup d'entre eux ne connaissaient même pas le maniement du chassepot (3) ».

Le 12ᵉ corps comptait 35,482 fusils, 2,606 sabres, 144 bouches à feu (4). Il devait être composé, d'après une décision ministérielle du 12 août, de trois divisions d'infanterie, d'une division de cavalerie et d'une réserve d'artillerie. Le Ministre de la guerre en avait réservé le

---

(1) *Notes* sur les opérations de la 1ʳᵉ division d'infanterie du 7ᵉ corps, par le capitaine d'état-major Mulotte. (Manuscrit daté du 15 mai 1872.)

D'après le prince Bibesco, le 7ᵉ corps aurait été pourvu le 23 août, « des 240,000 cartouches qui lui manquaient ». (*Loc. cit.*, p. 49.) On trouve la même assertion dans la brochure : *Histoire de l'armée de Châlons par un volontaire de l'armée du Rhin*, p. 77.

(2) *La Campagne de 1870 par un officier d'état-major de l'armée du Rhin*, p. 79.

(3) *Notes* sur les opérations de la 1ʳᵉ division du 7ᵉ corps ; *Historiques* du 3ᵉ de ligne (17 août), du 21ᵉ de ligne (17 août), du 47ᵉ de ligne (18 août), du 83ᵉ de ligne (13 août).

(4) Situation d'effectif du 21 août. Sans compter trois batteries de régiment d'artillerie de la marine.

commandement au général Trochu, en qui il avait grande confiance et qu'il considérait comme le successeur éventuel du maréchal de Mac-Mahon, s'il arrivait malheur à ce dernier (1). Le 17 août, après la nomination du général Trochu aux fonctions de gouverneur de Paris, le Maréchal proposa à l'Empereur et en obtint de le remplacer par le général Lebrun (2).

La 1re division d'infanterie (de Grandchamp), primitivement envoyée en observation sur la frontière des Pyrénées, comprenait quatre régiments de l'armée active et deux compagnies de chasseurs à pied. Elle « présentait un ensemble très satisfaisant; ses soldats étaient instruits (3) ». Ramenée d'abord à Paris (4), elle avait été transportée au camp de Châlons du 17 au 19 août. Son artillerie divisionnaire se composait des 3e et 4e batteries de 4 du 15e, et de la 4e du 4e (canons à balles). Sa compagnie du génie était la 5e du 3e.

La 2e division (Lacretelle) avait été constituée au moyen de douze bataillons de marche (5) formés en quatre régiments, et de deux compagnies de chasseurs. La plupart des bataillons étaient commandés par des capitaines, souvent âgés et « plus aptes au service du dépôt qu'à

---

(1) *Enquête sur les actes du gouvernement de la Défense nationale*, déposition du général de Palikao, tome I, p. 109.

(2) « J'aurais dû le prendre pour chef d'état-major général, dit le maréchal de Mac-Mahon, et, dans le cours de la campagne, je regrettai de ne l'avoir pas fait. » (*Souvenirs inédits.*)

(3) Général Lebrun, *Bazeilles, Sedan*, p. 6.

(4) La division de Grandchamp avait été destinée tout d'abord au 13e corps, en formation à Paris; elle ne fut attribuée au 12e qu'après la conférence du 17 août, où l'on avait décidé de renvoyer à Paris les dix-huit bataillons de gardes mobiles de la Seine qui devaient former primitivement une des divisions du 12e corps.

(5) Les ordres pour diriger ces quatrièmes bataillons sur le camp de Châlons avaient été envoyés par le Ministre le 12 août aux généraux commandant les divisions militaires intéressées.

faire campagne (1) »; leur effectif était très différent; il variait de 400 à 1000 hommes. Les cadres de sous-officiers étaient composés « pour la plupart d'anciens serviteurs qui n'avaient plus guère l'aptitude physique pour faire campagne (2) ». Les caporaux étaient généralement bons, mais comme les bataillons avaient été organisés à quatre compagnies seulement, ces cadres étaient trop faibles pour être en rapport avec l'effectif des compagnies. Il en était de même pour les officiers qui, au nombre de trois par compagnie, ne pouvaient suffire pour 200 et parfois 250 hommes.

Ces bataillons de marche étaient, en très grande majorité, composés de jeunes recrues du contingent de la classe de 1869 qu'on venait d'appeler sous les drapeaux, et d'anciens soldats rappelés de la réserve, dont la plupart n'avaient jamais été exercés au maniement du nouveau fusil (3). On put, à grand'peine, arriver à leur faire tirer à chacun cinq cartouches avant le départ du camp de Châlons (4).

L'habillement, le grand équipement et l'armement étaient généralement en bon état et complets. Il n'en était pas de même des effets de campement qui, dans plusieurs bataillons, étaient insuffisants pour l'effectif et même

---

(1) *Journal* de marche de la brigade Marquisan, de la 2ᵉ division du 12ᵉ corps.

(2) *Ibid.*

(3) Dans son ouvrage *Bazeilles, Sedan*, le général Lebrun dit que tous les soldats, *sans exception*, de ces bataillons de marche étaient de jeunes recrues de la classe 1869. Cette assertion n'est pas exacte. Ainsi, au IVᵉ bataillon du 64ᵉ, il y avait quelques anciens soldats; au IVᵉ bataillon du 33ᵉ, il y en avait 390 sur un effectif de 900. (*Historique* du 2ᵉ régiment de marche.) Les quatrièmes bataillons des 65ᵉ et 91ᵉ se composaient en presque totalité d'anciens soldats rappelés de la réserve. (*Journal* de marche du général Marquisan.)

(4) Général Lebrun, *loc. cit.*, p. 9.

manquaient complètement dans d'autres (1). Les hommes étaient pourvus de bons effets de petit équipement, mais on n'avait pas fait essayer la chaussure avant le départ du dépôt ; il en résulta que les blessures aux pieds furent fréquentes et que le nombre des éclopés s'accrut sensiblement de jour en jour. On fut obligé d'en laisser une partie à Reims et à Rethel pour être renvoyés dans les dépôts (2).

Les officiers « se montraient consternés d'avoir à commander de pareils soldats (3) », et le général Blanchard, placé primitivement à la tête de la 2ᵉ division, exprima le même sentiment. Dans la soirée du 18 août, il adressa au général Lebrun une lettre dans laquelle il témoignait son désir d'être appelé à un autre commandement, « ne demandant pas mieux, disait-il, de se faire tuer pour la défense du pays, pourvu que ce fût honorablement, et non point en conduisant à l'ennemi une troupe entièrement composée de recrues et n'ayant du soldat rien autre chose que le nom (4) ».

L'artillerie de la 2ᵉ division se composait, outre les trois batteries qui lui étaient normalement affectées (7ᵉ du 3ᵉ, 7ᵉ et 11ᵉ du 4ᵉ), des 10ᵉ et 11ᵉ du 8ᵉ qui avaient été primitivement attribuées à la 2ᵉ division d'infanterie du 6ᵉ corps, et qui n'avaient pu gagner Metz (5). Sa

---

(1) Par exemple, au IVᵉ bataillon du 3ᵉ (*Historique* du 2ᵉ de marche) et au IVᵉ du 64ᵉ (*Historique* du 3ᵉ de marche). Ce dernier document s'exprime ainsi : « Toutes les demandes de marmites, grandes gamelles et grands bidons restèrent infructueuses. »
(2) *Journal* de marche de la brigade Marquisan.
(3) Général Lebrun, *loc. cit.*, p. 8-11.
(4) *Ibid*, p. 11.
Le général Blanchard fut appelé, en effet, au commandement d'une division que l'on organisait à Paris, et dont devait faire partie la brigade arrivée de Civita-Vecchia.
(5) Ces deux batteries, ainsi que la 12ᵉ du 8ᵉ, étaient parties du camp de Châlons le 13 août, par voie ferrée, à destination de Metz, pour y

compagnie divisionnaire du génie était la 7ᵉ du 1ᵉʳ régiment.

Le service de santé manquait totalement au début; il n'y avait même pas un sac d'ambulance dans toute la brigade Marquisan. Les opérations étaient déjà commencées quand un médecin-major fut envoyé pour les deux régiments de cette brigade.

A la 2ᵉ division du 12ᵉ corps était adjointe (1) une brigade provisoire formée des trois régiments de la 2ᵉ division du 6ᵉ corps que l'arrivée de l'ennemi à Frouard avait empêchés de continuer leur mouvement sur Metz par voie ferrée (2).

Le 3ᵉ division du 12ᵉ corps (de Vassoigne) avait été formée de douze bataillons empruntés aux quatre régiments de l'infanterie de marine, troupes solides mais peu habituées aux longues marches (3). Concentrée d'abord à Paris, cette division avait été transportée en chemin de

---

rejoindre leur division. Arrêtées à Commercy et à Bar-le-Duc parce que la voie était coupée à Frouard, elles avaient reçu l'ordre du chef d'état-major général du 6ᵉ corps de gagner Verdun par étapes. Elles s'étaient portées alors, le 14, de Lérouville sur Saint-Mihiel, sous l'escorte du 4ᵉ régiment de chasseurs d'Afrique (voir p. 365, note 3), avec l'intention de se rendre à Verdun. Mais un télégramme émanant du grand quartier général à Metz leur prescrivit de se diriger sur le camp de Châlons, par Bar-le-Duc, sans délai, en raison de la présence de forces ennemies à Vigneulles. Ces batteries arrivaient à Bar-le-Duc dans la nuit du 14 au 15, elles étaient à Vitry le 16, y séjournaient le 17, et atteignaient le camp le 19. Les 10ᵉ et 11ᵉ du 8ᵉ y restèrent; la 12ᵉ du 8ᵉ gagna Metz par le chemin de fer des Ardennes.

(1) Ordre du maréchal de Mac-Mahon en date du 20 août.

(2) Ces trois régiments étaient les 14ᵉ, 20ᵉ et 31ᵉ de ligne; seul le 9ᵉ de ligne était parvenu à atteindre Metz avec le général Bisson et son état-major.

(3) Général Lebrun, *loc. cit.*, p. 31 ; *Des Causes qui ont amené la capitulation de Sedan*, p. 16 ; *Enquête sur les actes du gouvernement de la Défense nationale*, déposition du maréchal de Mac-Mahon, tome I, p. 33.

fer au camp de Châlons du 12 au 14 août. Son artillerie devait se composer des 11ᵉ, 12ᵉ et 13ᵉ batteries du régiment d'artillerie de marine; mais celles-ci n'étant pas arrivées à temps, furent remplacées par les 7ᵉ, 8ᵉ et 9ᵉ batteries du 10ᵉ, précédemment affectées à la 4ᵉ division du 6ᵉ corps (1). La compagnie de génie était la 11ᵉ du 2ᵉ régiment.

Malgré des demandes réitérées, le général de Vassoigne n'avait pu obtenir une ambulance divisionnaire. L'entrée en campagne se fit « sans un brancard et sans un cacolet (2) ». Deux divisions manquaient de réserves divisionnaires pour cartouches d'infanterie (3).

La division de cavalerie, sous le commandement supérieur du général de Salignac-Fénelon, se composait des trois brigades Savaresse (1ᵉʳ et 7ᵉ lanciers) (4), de Béville (5ᵉ et 6ᵉ cuirassiers) (5), Le Forestier de Vandœuvre (7ᵉ et 8ᵉ chasseurs)(6). Son état-major fut constitué au moyen d'officiers pris aux 7ᵉ et 8ᵉ chasseurs ; un capitaine de ce dernier régiment fit fonctions de sous-intendant, mais il fut « impossible de pourvoir aux autres services qui ne

---

(1) Les trois batteries du régiment d'artillerie de marine furent laissées à la réserve d'artillerie à leur arrivée, le 24 août.

(2) *Journal* de marche de la division d'infanterie de marine.

(3) Le général Lebrun au maréchal de Mac-Mahon, Rethel, 25 août.

(4) 2ᵉ brigade de la division de cavalerie du 6ᵉ corps, restée au camp de Châlons.

(5) 3ᵉ brigade de la division de cavalerie du 6ᵉ corps, restée à Paris jusqu'au 19 août. Embarquée en chemin de fer à cette date, elle était arrivée au camp le 20, sauf le 5ᵉ escadron du 6ᵉ cuirassiers, qui avait débarqué à Reims. Elle fut placée sous les ordres directs du général Lichtlin.

(6) Le 7ᵉ chasseurs avait, au début de la campagne, trois escadrons à Versailles (1ᵉʳ, 2ᵉ, 3ᵉ) qui avaient été rejoints les 12 et 13 août par les 6ᵉ et 5ᵉ escadrons venant de Civita-Vecchia. Le 8ᵉ chasseurs était tout entier à Versailles. Embarqués le 18 août, ces deux régiments étaient arrivés : le 7ᵉ au camp de Châlons dans la nuit du 19 ; le 8ᵉ au camp (1ᵉʳ, 2ᵉ, 4ᵉ escadrons) et à Reims (5ᵉ et 6ᵉ escadrons) le 20 au matin.

furent jamais organisés (1) ». On ne possédait pas une seule carte de la région où devaient vraisemblablement se dérouler les opérations ; certains corps manquaient de forge de campagne, d'autres de voitures et de cantines d'ambulance (2).

La réserve d'artillerie comprenait 14 batteries : 3ᵉ du 4ᵉ, 10ᵉ et 12ᵉ du 14ᵉ, 3ᵉ et 4ᵉ de 12 du 8ᵉ (3) plus les trois batteries du régiment d'artillerie de marine (11ᵉ, 12ᵉ, 13ᵉ) non encore arrivées au début des opérations ; en outre, les 5ᵉ, 6ᵉ, 10ᵉ et 12ᵉ batteries du 10ᵉ, les 8ᵉ et 9ᵉ du 14ᵉ, les 1ʳᵉ et 2ᵉ du 19ᵉ ; ces huit dernières provenant de la réserve d'artillerie du 6ᵉ corps.

Le parc d'artillerie du 6ᵉ corps fut attribué au 12ᵉ ; il en fut de même du parc et de la réserve du génie (14ᵉ compagnie du 3ᵉ régiment) et des compagnies nᵒˢ 4 et 11 du 3ᵉ régiment, précédemment affectées aux 2ᵉ et 4ᵉ divisions du 6ᵉ corps, et qui n'avaient pu gagner Metz.

Les services administratifs du 12ᵉ corps, en personnel comme en matériel, étaient très incomplets. Tout y était encore à organiser sous ce rapport, à la date du 18 août (4).

La 1ʳᵉ division de réserve de cavalerie (de Bonnemains) avait la même composition qu'au début de la campagne, mais son effectif n'était plus que de 1795 sabres, par suite des pertes subies à Frœschwiller ; et elle ne possédait plus qu'une batterie à cheval, la 7ᵉ du 19ᵉ réduite d'ailleurs à cinq pièces de 4 ; la 8ᵉ du 19ᵉ, presque

---

(1) *Journal* de marche de la division de cavalerie du 12ᵉ corps, 21 août.
(2) *Ibid.*
(3) Ces deux batteries étaient formées presque exclusivement avec des hommes de la réserve.
(4) Général Lebrun, *loc. cit.*, p. 17.

entièrement détruite le 6 août, n'avait pas été reconstituée.

La 2ᵉ division de réserve de cavalerie (Margueritte), 1960 sabres (1) comprenait 2 brigades : l'une formée des 1ᵉʳ et 3ᵉ chasseurs d'Afrique (2), l'autre (Tilliard) du 6ᵉ chasseurs et du 1ᵉʳ hussards (3). Cette division n'eut jamais d'état-major régulièrement constitué ; elle ne reçut ni matériel d'ambulance, ni même de cantines pour les médecins et vétérinaires. Il lui manquait 23 voitures régimentaires.

Le parc du 5ᵉ corps était à Reims, sauf l'équipage de pont qui se trouvait à Paris et fut dirigé plus tard sur Mézières. Le parc du 7ᵉ corps était également à Reims ; celui du 12ᵉ corps était encore à Vincennes et fut remplacé par celui du 6ᵉ.

Malgré les instances du général Forgeot, le maréchal de Mac-Mahon ne demanda au Ministre que le 24 août, la création d'un grand parc (4). Dès le lendemain, le général Palikao donna des instructions à ce sujet.

Le grand parc devait être constitué à Mézières au moyen de deux fractions attelées du grand parc de l'armée du Rhin, organisées à Douai et à la Fère, et de tous les chariots de parc disponibles sur lesquels furent chargées une partie des munitions existant en gare de

---

(1) Non compris le 4ᵉ chasseurs d'Afrique, dont l'effectif était de 600 hommes et 480 chevaux ; le régiment, débarqué à Commercy les 12 et 13 août, fut incorporé dans la 2ᵉ brigade le 30 août.

(2) 1ʳᵉ brigade de la division de Forton, qui avait accompagné l'Empereur jusqu'à Verdun.

(3) La brigade Tilliard avait été primitivement la 1ʳᵉ de la division de cavalerie du 6ᵉ corps.

(4) Le général Forgeot au général Suzane, 25 août ; le Ministre de la guerre au maréchal de Mac-Mahon, 25 août.

Reims le 25 août. Le général Mitrecé en reçut le commandement. Le maréchal de Mac-Mahon demanda en outre l'attribution, à l'armée de Châlons, de deux équipages de pont (1).

A de nombreux points de vue, l'armée de Châlons était au-dessous de la lourde tâche que le Gouvernement allait lui faire entreprendre.

Le maréchal de Mac-Mahon, brillant divisionnaire à Malakoff, heureux chef de corps à Magenta, avait donné à Frœschwiller l'exemple d'une rare énergie, mais sa confiance dans le succès final y avait été fortement ébranlée, et l'exécution d'un plan opposé à ses idées n'était pas faite pour la rétablir. Il devait en résulter, sous prétexte de prudence, bien des hésitations, toujours fâcheuses à la guerre et particulièrement néfastes dans les circonstances critiques où allait se trouver l'armée. Le Maréchal avait auprès de lui un chef d'état-major général improvisé qui n'avait ni les facultés, ni l'autorité suffisante pour le bien seconder dans sa tâche.

Le général Ducrot, qui avait succédé au Maréchal à la tête du 1er corps était brave, instruit, toujours prêt à payer de sa personne, très expérimenté dans la conduite des troupes, capable de montrer dans les instants difficiles autant de sagacité que de caractère. Son âme fortement trempée l'empêchait de désespérer de l'issue de la lutte.

Le général de Failly, commandant le 5e corps, devait surtout cette haute situation à ses anciennes fonctions d'aide de camp de l'Empereur et à l'affaire de Mentana.

On le rendait généralement responsable de la défaite de Frœschwiller, et ses troupes manquaient de confiance

---

(1) Le général Forgeot au général Suzane, 25 août; le Ministre de la guerre au maréchal de Mac-Mahon, 25 août.

en lui. Les événements des 5 et 10 août avaient témoigné tout au moins de son peu de zèle à obéir strictement aux ordres qu'il recevait. Son remplacement par le général de Wimpffen était d'ailleurs décidé (1).

Le général Douay, commandant le 7ᵉ corps, qui s'était distingué au Mexique, était consciencieux, expérimenté et très apte à exécuter convenablement des instructions bien données.

Le général Lebrun appelé à la tête du 12ᵉ corps, était un esprit distingué, mais peu connu des troupes et ayant peu l'habitude de les conduire ; il eut été plus apte aux fonctions de chef d'état-major général qu'à celles de commandant d'une unité aussi importante et aussi peu homogène.

Pour la plupart, les chefs de l'armée de Châlons avaient de brillantes et solides qualités militaires. Les critiques dont leurs opérations peuvent être l'objet, ne sauraient viser leur personnalité, mais uniquement les méthodes de guerre surannées en usage dans l'armée française.

Les revers de la première période de la campagne avaient sans doute porté quelques enseignements (2), mais l'ensemble de l'armée n'avait pu en profiter, parce qu'à la guerre rien ne s'improvise ; il est à peu près impossible de modifier au cours des opérations l'instruction du temps de paix.

On ne sera donc pas surpris de retrouver à l'armée de Châlons les mêmes causes qui avaient déterminé nos revers en Alsace, sur la Sarre et à Metz : infériorité du haut commandement (3) ; absence de sûreté stratégique et tactique ; défectuosité des ordres ; importance exagérée

---

(1) Général de Wimpffen, *Sedan*, p. 117.
(2) Voir notamment : Ordre général du 12ᵉ corps en date du 21 août.
(3) Cf. Général Bonnal, *Le haut commandement français au début de chacune des guerres de 1859 et de 1870*, p. 107-112.

attribuée au terrain ; erreurs dans l'organisation, la marche et le stationnement des colonnes ; formations de combat vicieuses de l'infanterie ; méconnaissance du rôle de la cavalerie ; infériorité marquée de l'artillerie ; ignorance de l'emploi combiné des trois armes ; mauvaise organisation des convois ; désordre et irrégularité dans les distributions de vivres (1).

« Jamais les généraux de division n'ont su ce que l'on voulait faire, où on allait, où était l'ennemi ; quelles étaient ses forces, et dans quelle direction, sur quel point se retirer dans le cas d'une retraite. C'était la suite de tout le désordre qui a présidé à cette malheureuse campagne. L'état-major général, infatué de sa haute position, était inabordable. Avait-on l'air de demander un renseignement, on en faisait mystère, comme si l'on eût craint de le voir porté à l'ennemi. Les ordres de marche se bornaient à dire qu'on partirait tel jour, à telle heure, dans tel ordre, toujours à peu près le même ; et le reste allait à la grâce de Dieu..... (2) »

« Il était écrit que les préceptes les plus élémentaires du service et de la marche des troupes en campagne seraient toujours négligés et remplacés toujours par un principe facile, qui démet le commandement de toute responsabilité directe et se résume en deux mots qui tiennent lieu de tout : *Débrouillez-vous !* C'est aujourd'hui, du haut en bas, le grand mot inventé dans l'armée française pour excuser les ordres incomplets, les études superficielles et les services à moitié assurés (3). »

---

(1) Il serait trop long de citer les nombreux documents qui permettent d'émettre ces appréciations.
(2) Papiers du général L'Hériller. — Cf. *Note* de la main du général Ducrot sur la bataille de Sedan.
(3) *Histoire de l'armée de Châlons*, par un volontaire de l'armée du Rhin, p. 94-95.

D'une manière générale, abstraction faite des défectuosités communes à l'armée du Rhin et à l'armée de Châlons, celle-ci manquait de cohésion, d'homogénéité, d'organisation, et même, pour certains de ses éléments, de l'instruction militaire la plus élémentaire (1). Les cadres étaient incomplets; le matériel et les équipages au-dessous des besoins.

Les corps d'armée d'Alsace qui venaient d'exécuter par un temps pluvieux une longue et pénible retraite, n'avaient pas eu le repos nécessaire pour entreprendre de nouvelles opérations. Leur moral et leur discipline avaient reçu de graves atteintes; les conséquences s'en firent sentir dès les premières marches par des actes de maraude et de pillage (2). De nombreuses voitures de réquisition mal attelées, à peine encadrées, alourdissaient et souvent encombraient les colonnes (3).

La présence de l'Empereur à l'armée était une nouvelle cause de faiblesse. Bien que le souverain eût renoncé à exercer le commandement, un sentiment de déférence, joint peut-être au désir de diminuer sa responsabilité, n'en portait pas moins le maréchal de Mac-Mahon à tenir compte de ce qu'il croyait être sa pensée.

---

(1) Capitaine Derrécagaix, « Guerre de 1870 » (*Spectateur militaire*, 1871), p. 246 et 325; général Pajol, aide de camp de l'Empereur, lettre citée par le général de Wimpffen, *loc. cit.*, p. 301 ; *Les Causes de nos désastres*, p. 31, note 1; général Lebrun, *Bazeilles-Sedan*, p. 5; *Historiques* manuscrits du 50ᵉ de ligne et du 3ᵉ régiment de marche.

(2) Le Ministre de la guerre au maréchal de Mac-Mahon, 21 août; Ordre général de l'armée, Juniville, 24 août; Ordre du 5ᵉ corps, 24 août; *Journaux* de marche de la 2ᵉ brigade de la 3ᵉ division du 1ᵉʳ corps et de la 2ᵉ brigade de la 3ᵉ division du 5ᵉ corps; *Historiques* manuscrits du 13ᵉ bataillon de chasseurs, du 14ᵉ de ligne et du 1ᵉʳ zouaves.

(3) *Les Causes de nos désastres*, par un officier d'état-major de l'armée du Rhin, p. 58.

De là ses incertitudes, ses hésitations, se traduisant inévitablement par la lenteur des mouvements.

En outre, l'ingérence de l'Impératrice et du Ministre de la guerre dans la direction des opérations, et l'influence de considérations d'ordre politique ne pouvaient avoir que de fâcheux résultats.

Par surcroît, l'armée de Châlons était inférieure en nombre aux forces allemandes qui lui étaient opposées, et elle allait avoir à mettre à exécution un plan de campagne particulièrement téméraire.

CHAPITRE II

Le plan du Ministre de la guerre.

Le premier soin du général de Palikao, Ministre de la guerre dans le Cabinet du 10 août, fut « de créer des armées qui pussent venir au secours de l'armée de Metz (1) ». A son avis, « depuis le commencement de la campagne, tous nos désastres étaient venus de l'éparpillement de nos troupes, tandis que les Prussiens n'agissaient que par masses (2) ».

En conséquence, « le seul objectif que l'on dût avoir (3) », pensait-il, était une prompte jonction des corps de nouvelle formation et de ceux qui avaient constitué l'armée d'Alsace, avec les forces du maréchal Bazaine. Il était persuadé que cette opération « devait changer la situation des affaires (4) » ; il y voyait le salut de la France (5).

Toutefois des renseignements reçus au ministère de la guerre (6) faisant pressentir « que le prince royal de Prusse devait abandonner la direction de la ligne de la

---

(1) *Enquête parlementaire sur les actes du Gouvernement de la Défense nationale*, déposition du général de Palikao, t. 1er, p. 169.
Le général de Palikao ajoute : « Ma pensée était de délivrer Metz... » Il semble qu'il y ait là anticipation sur les événements; il ne pouvait être question de « délivrer Metz » avant que le Ministre eût été informé des résultats de la bataille du 18 août.
(2) *Enquête, ibid.*, t. 1er, p. 171.
(3) *Enquête, ibid.*, t. 1er, p. 169.
(4) Général de Palikao, *Un Ministère de la guerre de vingt-quatre jours*, p. 96.
(5) *Procès Bazaine*, déposition du général de Palikao, p. 404.
(6) *Enquête, ibid*, t. 1er, p. 171.

Marne sur Paris, et descendre de Bar-le-Duc, par Vassy, sur la ligne de l'Aube que les armées alliées avaient suivie en 1814 (1) », le général de Palikao conçut un autre projet. Il consistait « à former à la Ferté-sous-Jouarre un pivot solide avec le corps d'armée de Vinoy, et à faire exécuter à l'armée de Châlons une conversion à droite en s'appuyant sur ce pivot et en se rapprochant de Château-Thierry afin d'attaquer l'armée prussienne pendant sa marche de flanc sur Paris (2) ».

Les motifs de ce revirement échappent. S'agissait-il de couvrir Paris ? La capitale n'était pas plus menacée par la marche de la IIIe armée par les vallées de l'Aube et de la Seine qu'elle ne l'était par un mouvement ayant comme axe celle de la Marne. Espérait-on profiter de l'isolement relatif de la IIIe armée pour l'accabler avant que l'armée de la Meuse pût lui venir en aide ? On ne pouvait ignorer que l'on combattrait, avec l'infériorité numérique, un adversaire dont le moral était surexcité par les premières victoires.

Attribuait-on enfin des vertus particulières au « pivot solide » de la Ferté-sous-Jouarre et à la manœuvre qui consistait à « attaquer l'armée prussienne pendant sa marche de flanc sur Paris ? » Pouvait-on espérer que la concentration de l'armée de Châlons ne serait point connue par un ennemi dont la cavalerie était devenue hardie depuis les succès en Alsace et dont le service des renseignements était bien organisé ? Dès lors, le Prince royal n'abandonnerait-il pas immédiatement sa marche sur la capitale pour se porter, par le plus court chemin, au-devant de ce nouvel adversaire ?

Si la nouvelle reçue par le Ministre de la guerre se confirmait ; en d'autres termes, si la IIIe armée commet-

---

(1) Général de Palikao, *loc. cit.*, p. 96.
(2) *Ibid.*, p. 96-97.

tait la faute de s'éloigner de l'armée de la Meuse, tout militait, plus que jamais, en faveur du projet initial tendant à la jonction des forces réunies à Châlons avec celles de Metz. Il était manifeste, en effet, que l'on disposerait, dans cette éventualité, d'un temps notablement plus considérable pour effectuer l'opération, et qu'il y avait plus de chances de mettre hors cause les Ire et IIe armées, avant l'intervention de la IIIe.

D'ailleurs l'information était de tous points inexacte, et dès que le général de Palikao en eut acquis la certitude, il revint à son plan primitif (1) qui avait ses préférences pour deux motifs : « le premier était de ne pas abandonner l'armée de Bazaine que l'on ne pensait pas alors en état de tenir aussi longtemps qu'elle l'a fait ; le second était que la réunion de l'armée de Bazaine à celle de Châlons, devait avoir pour résultat de donner de meilleurs cadres à l'armée de Châlons, et le nombre à l'armée de Bazaine (2) ». Le général de Palikao estimait que les deux armées réunies pouvaient former une masse de 280,000 hommes.

Le plan qu'il soumit au Conseil des Ministres, avait donc pour but cette jonction, dont l'exécution comportait un mouvement du camp de Châlons vers Metz, en trois colonnes partant simultanément le 21 août et venant converger le 25 aux environs de Verdun, où elles devaient franchir la Meuse.

Le tableau ci-après, contenu dans un ouvrage publié après la guerre par le général de Palikao, indique les étapes successives jusqu'au fleuve (3).

---

(1) *Enquête*, déposition du général de Palikao, t. 1er, p. 180.
(2) *Ibid.*, p. 171.
(3) Général de Palikao, *Un Ministère de la guerre de vingt-quatre jours*, p. 104.

LA GUERRE DE 1870-1871.

JOURS DE MARCHE.	AILE DROITE (1er et 13e corps).	DISTANCES PARCOURUES.	CENTRE (7e corps).	DISTANCES PARCOURUES.	AILE GAUCHE (5e corps).	DISTANCES PARCOURUES.
		kilom.		kilom.		kilom.
21 août (1)...	De Mourmelon à Suippes..	12	De Mourmelon à Sommepy.	20	De Mourmelon à Béthéniville.	18
22 —	Sainte-Menehould..	26	Ville-sur-Tourbe..	16	Vouziers..	26
23 —	Clermont en Argonne..	12	Sainte-Menehould..	12	Grand-Pré..	45
24 —	Verdun..	24	Clermont en Argonne..	12	Varennes..	20
25 —	..	»	Verdun..	24	Charny ou Verdun..	24 ou 25

(1) On observera que le mouvement ne pouvait commencer avant le 21 août, à cause de l'état de l'organisation de l'armée.

Le Ministre de la guerre connaissait la situation des armées allemandes ; il savait que les Ire et IIe armées étaient aux environs de Metz ; que la IIIe marchait sur Paris ; que celle du prince de Saxe, forte de 70,000 hommes, était, croyait-il, sur la Chiers, au Nord-Est de Verdun (1).

Pour tromper le Prince royal, et le déterminer à continuer sa marche sur Paris, il fut convenu, entre le général de Palikao et le maréchal de Mac-Mahon, qu'on ferait tomber entre ses mains une fausse dépêche prescrivant au commandant de l'armée de Châlons de gagner Paris, avec 150,000 hommes, en passant par Reims et Rethel (2). Le Ministre espérait ainsi empêcher la IIIe armée d'intervenir dans la bataille qui aurait lieu, le 26 au plus tard, « entre l'armée de 120,000 hommes du maréchal de Mac-Mahon, en supposant qu'elle eût perdu 15,000 hommes pendant la marche, et l'armée du prince de Saxe, dont le chiffre maximum était de 70,000 hommes ; l'action devait se passer entre Verdun et Étain, dans la direction de Briey (3) ».

Le général de Palikao envisageait à cet égard deux hypothèses. Si les deux armées allemandes de Metz venaient soutenir celle du prince de Saxe, elles entraînaient derrière elles l'armée du maréchal Bazaine qui avait soutenu seule les efforts de toutes les forces adverses réunies dans les journées des 14, 16 et 18 août et avait conservé, croyait-il, ses positions. Dans ces conditions, il considérait que la situation de l'ennemi, placé entre deux armées françaises, deviendrait « très critique ». Si les Allemands subissaient un échec, sans ligne de retraite assurée, la face des choses changeait

---

(1) *Enquête, ibid.*, p. 171.
(2) *Ibid.*, p. 171.
(3) Général de Palikao, *loc. cit.*, p. 108.

totalement. Si au contraire, les Ire et IIe armées continuaient à observer Metz, celle du prince de Saxe essuierait très probablement une défaite qui la rejetterait sur les deux autres, forcées elles-mêmes de se retirer ; alors, « la jonction était faite » entre les maréchaux de Mac-Mahon et Bazaine (1). Ainsi raisonnait le Ministre de la guerre.

Il jugeait d'ailleurs que le mouvement de Châlons sur Metz devait être exécuté sans retard, car, d'après des renseignements inexacts qui lui étaient parvenus, ainsi qu'au maréchal de Mac-Mahon, l'armée de Metz n'était plus pourvue de vivres et de munitions que pour un temps très court (2).

Le Conseil des Ministres avait approuvé, à la presque unanimité, le plan du général de Palikao (3). Mais il n'en était pas de même au Comité de défense des fortifications de Paris (4), où les généraux de Chabaud-Latour,

---

(1) Général de Palikao, *loc. cit.*, p. 109.

(2) *Enquête*, déposition du général de Palikao, t. Ier p. 171 ; *Ibid.*, déposition de M. Clément Duvernois, Ministre du commerce, t. Ier, p. 227 : « On disait l'armée de Metz à la veille de capituler ; » *Ibid.*, déposition de M. Jules Brame, t. Ier, p. 92 ; *Ibid.*, déposition de M. Rouher relatant les paroles suivantes du maréchal de Mac-Mahon, le 21 août, à Reims : « Bazaine n'a pas de munitions, n'a pas de vivres et sera obligé de capituler, et nous arriverions trop tard », t. Ier, p. 239 ; *Procès Bazaine*, déposition du général de Palikao, p. 405 ; *Ibid.*, déposition du lieutenant-colonel Magnan, p. 324-326.

(3) Dans son télégramme à l'Empereur, du 21 août, le général de Palikao disait : « Le sentiment *unanime* du Conseil..... » On retrouve la même affirmation dans sa déposition à l'*Enquête sur les actes du Gouvernement de la Défense nationale* (t. Ier, p. 171). Mais, d'autre part, M. Jérôme David, dans sa déposition à la même *Enquête*, déclare : J'étais très peu porté pour le mouvement sur Metz..... » (t. Ier, p. 150).

(4) Ce Comité avait été créé par décret du 19 août 1870. Il était composé du général Trochu, président ; du maréchal Vaillant ; de l'amiral Rigault de Genouilly ; du baron Jérôme David, ministre des

Trochu et Guiod y étaient nettement opposés (1). La discussion se renouvela deux fois de suite, et chaque fois, elle dura plusieurs heures. M. Thiers répétait tous les soirs, affirme-t-il, « que les Prussiens avaient eu le temps d'envelopper l'armée de Metz ; qu'entre cette armée et Paris il y avait un mur d'airain formé de 300,000 hommes et impossible à percer ; que le seul résultat qu'on pût obtenir, c'était de perdre inutilement nos dernières forces organisées ; que la défense de Paris se concevait avec une armée de secours campant et manœuvrant autour de ses murs ; que, sans une armée de ce genre, le siège de Paris serait une affreuse famine destinée à finir par une reddition à merci et miséricorde ; qu'on se priverait donc, inévitablement et fatalement, du seul moyen de rendre efficace la résistance de Paris, et que si l'armée de Sedan ne périssait pas, le moins qui pût lui arriver serait d'être bloquée comme celle de Metz ». « Vous avez un maréchal bloqué, aurait ajouté M. Thiers, vous en aurez deux (2). »

---

travaux publics ; du général de Chabaud-Latour ; du général Guiod ; du général d'Autemarre d'Ervillé ; du général Soumain. Le secrétaire était le lieutenant-colonel du génie Segrétain. Par décret du 25 août, M. Béhic et le général Mellinet, sénateurs ; MM. Daru, Dupuy de Lôme et de Talhouët, députés, firent partie du Comité. M. Thiers en fut nommé membre par décret du 26 août.

(1) *Enquête*, déposition de M. Thiers, t. Ier, p. 13 ; *L'Empire et la Défense de Paris*, déposition du général de Chabaud-Latour, p. 168.

(2) *Enquête*, déposition de M. Thiers, t. Ier, p. 13.

Le général Segrétain, dans ses *Souvenirs inédits* que le lieutenant Segrétain, son fils, a bien voulu communiquer à la Section historique, assure au contraire que M. Thiers était partisan du mouvement sur Metz : « J'entends encore M. Thiers..... Sa petite voix de tête répétait sans cesse : « Nous ne pouvons abandonner Bazaine, cet admirable « soldat ; » et toujours il répétait : « cet admirable soldat ». On observera, à ce sujet, que M. Thiers ne fut nommé membre du Comité de Défense que le 26 août.

D'autre part, le général de Palikao, dans sa déposition à l'*Enquête*,

D'un autre côté, les préférences de l'Empereur se manifestèrent, au cours d'une conférence tenue le 17 août au camp de Châlons, pour la retraite sur Paris (1). Il se rendit, il est vrai, le 18, à l'opinion du Ministre de la guerre, mais il n'en désapprouvait pas moins le mouvement sur Metz, si toutefois l'on s'en rapporte à son témoignage postérieur aux événements.

« Revenu à Châlons, écrivait-il le 29 octobre 1870, j'ai voulu conduire à Paris la dernière armée qui nous restait, mais là encore, des considérations politiques nous ont forcés à faire la marche la plus imprudente et la moins stratégique qui a fini par le désastre de Sedan (2). »

Le plan du Ministre de la guerre présentait, en effet, de graves inconvénients.

Le succès dépendait presque exclusivement de ce fait que le Prince royal continuerait sa marche sur Paris; qu'il ignorerait, pendant un certain temps, le mouvement de Châlons sur Metz et qu'il ne l'apprendrait que trop tardivement pour intervenir dans la lutte qui s'engagerait sur la rive droite de la Meuse entre les armées françaises d'une part, le prince Frédéric-Charles et le prince de Saxe d'autre part. Cette bataille, le général de

---

s'exprime ainsi : « Je sais, sans pouvoir préciser les détails, que, dans le conseil même de la défense, à la tête duquel avait été d'abord le maréchal Vaillant qui avait eu pour successeur le général Trochu, en sa qualité de gouverneur de Paris, il fut question de la direction de l'armée sur Paris. Le maréchal Vaillant et M. Jérôme David, qui faisaient partie du conseil de défense, ont posé la question de savoir si quelqu'un voudrait abandonner Bazaine dans la position où il se trouvait, et aucun membre n'a pris la parole pour soutenir qu'il fallait l'abandonner. » (*Enquête*, t. Ier, p. 172.)

(1) Voir chapitre III.

(2) *Lettre* de Napoléon III à sir John Burgoyne, qui avait été le chef d'état-major général de l'armée anglaise lors de la guerre de Crimée. (*Enquête sur les actes du Gouvernement de la Défense nationale, Rapport* de M. Saint-Marc Girardin, *Rapports*, t. II, p. 140, note 1.)

Palikao la prévoyait pour le 26 août au plus tard. Il admettait qu'à la même date, la III⁰ armée se trouverait vers Vitry-le-François, sans avoir eu connaissance, pendant cinq jours, du mouvement de 130,000 Français se dirigeant vers l'Est, parallèlement à elle-même et en sens inverse, et dont l'aile droite, suivant la route de Châlons à Sainte-Menehould, n'en serait éloignée que d'une trentaine de kilomètres. Le Ministre n'envisageait donc pas la présence, possible et rationnelle, sur le flanc droit de la III⁰ armée, d'une cavalerie de sûreté, poussant ses reconnaissances vers le Nord, à cette distance. Il ne supposait pas, non plus, que le service des renseignements, ou une indiscrétion quelconque, pût avertir à temps le Prince royal.

Le Ministre ne tenait pas compte, en outre, des éléments d'information que pouvait fournir l'armée du prince de Saxe. Que celle-ci fût en mouvement vers l'Ouest, ou qu'elle n'eût au contraire qu'une mission d'observation sur la rive droite de la Meuse, comme le général de Palikao semblait le croire, sa cavalerie l'éclairait vraisemblablement à une journée de marche au moins, en avant de son front, et ses reconnaissances d'officier, lancées au delà de l'Argonne, devaient atteindre la vallée de l'Aisne dès le 23.

A cette date, d'après le projet du général de Palikao, les trois colonnes de l'armée de Châlons atteignaient respectivement Clermont-en-Argonne, Sainte-Menehould, Grandpré, et il y avait tout lieu d'admettre que leur présence serait dévoilée. Le prince de Saxe se serait empressé de communiquer ce renseignement de première importance au Prince royal qui, dès le 24 au soir, pouvait suspendre sa marche vers l'Ouest, et se diriger, le 25 au matin, vers le Nord.

Rien ne permettait donc de supposer que le Prince royal ignorerait le mouvement de l'armée de Châlons jusqu'au 26.

Le Ministre admettait enfin que le maréchal de Mac-Mahon pourrait franchir la Meuse sans difficultés les 24 et 25, à Charny et à Verdun. Le passage en ce dernier point lui appartenait en effet, mais il était impossible de l'utiliser pour les trois colonnes, et il était logique de tenir compte d'un certain retard qu'infligerait, à deux d'entre elles, l'armée du prince de Saxe, établie sur la rive droite du fleuve. Il y avait donc bien peu de chances pour que tous les éléments combattants de l'armée de Châlons eussent franchi la Meuse avant le 26 août. Le lendemain 27, le prince de Saxe pouvait céder lentement le terrain, sans engager aucune affaire décisive, qu'il réservait au 28. A cette date, la IIIᵉ armée, mise en marche le 25 au matin, de la région Saint-Dizier — Bar-le-Duc, pouvait intervenir efficacement dans la bataille, aux environs d'Étain, avec la plus grande partie de ses forces (1), tandis que les corps de gauche, trop éloignés pour y prendre part, eussent été dirigés directement, avec une division de cavalerie, sur la ligne de retraite de l'armée française. Les 130,000 hommes du maréchal de Mac-Mahon, combattant avec la Meuse à dos, se fussent trouvés en présence immédiate d'au moins 150,000 Allemands, d'une valeur militaire moyenne au moins égale à la leur, et enivrés par les premiers succès de la campagne.

Dans ces conditions, l'issue de la lutte ne semblait pas douteuse.

A ces objections on peut répondre qu'on n'entreprendrait jamais rien à la guerre si l'on se préoccupait, outre

---

(1) Il y a trois marches (25, 26, 27 août) de Bar-le-Duc à Étain. Le Ministre de la guerre, dans ses calculs, devait supposer que la IIIᵉ armée serait le 24 au soir aux environs de Bar-le-Duc, puisqu'il admettait qu'elle atteindrait Vitry-le-François le 26.

Effectifs le 22 août : de la IIIᵉ armée, 114,000 hommes ; de l'armée de la Meuse, 70,000.

mesure, de la possibilité d'être battu. Dans la situation considérée, si le mouvement du maréchal de Mac-Mahon n'échappait pas au Prince royal aussi longtemps que l'espérait le Ministre de la guerre, ce n'était pas une défaite qu'il fallait envisager, mais un désastre, à cause de la proximité de la frontière belge. Le duc de Magenta, semble-t-il, s'en rendit compte, le 21 août, à la conférence qu'il eut, à Courcelles, avec l'Empereur et M. Rouher (1) : « En me portant vers l'Est », disait-il, après la guerre il est vrai, « je pouvais me trouver dans la position la plus difficile et éprouver un désastre que je voulais éviter (2). »

Le Ministre de la guerre, au contraire, essayant de justifier son plan, ne paraît pas avoir eu conscience de ce danger. Après avoir examiné l'hypothèse de la jonction des deux armées françaises, il ajoute : « Nous avions encore cet avantage d'avoir un point de retraite ; si, par le plus grand des hasards, nous avions été battus ; dans ces conditions, nous avions pour retraite l'Argonne, ce qui nous permettait de gagner Reims, Rethel et Paris..... (3) » C'était toujours faire abstraction de l'intervention du Prince royal sur le flanc droit et sur les derrières de l'armée de Châlons.

Le moyen que le Ministre avait employé pour attirer la IIIe armée vers Paris, et qui consistait en un télégramme contenant l'ordre au maréchal de Mac-Mahon de se replier par Rethel sur la capitale, était d'ailleurs bien incertain et d'une efficacité très douteuse. Partant, le succès du mouvement sur Metz dépendait essentielle-

---

(1) *Enquête*, déposition de M. Rouher, t. Ier, p. 239.
Il sera question plus loin de cette conférence.
(2) *Ibid.*, déposition du maréchal de Mac-Mahon, t. Ier, p. 31.
(3) *Ibid.*, déposition du général de Palikao, t. Ier, p. 172.

ment de l'erreur que commettrait le Prince royal en continuant sa marche vers l'Ouest. D'autre part, il importait au plus haut degré au commandant de l'armée de Châlons, d'être informé, jour par jour, des opérations de la III⁰ armée, de façon à pouvoir effectuer sa retraite en temps utile, si celle-ci, prévenue, se portait vers le Nord ou le Nord-Est.

Ces deux considérations nécessitaient la constitution d'un corps mixte comprenant les trois armes, mais surtout une très forte proportion de cavalerie et destiné à prendre le plus tôt possible le contact des têtes de colonnes de la III⁰ armée, à observer leurs mouvements, à les attirer vers Paris. Dans cet ordre d'idées, il ne fallait pas commettre l'erreur d'abandonner complètement le camp de Châlons, car la nouvelle ne pouvait tarder à parvenir à l'ennemi et devait éveiller son attention.

Il ne fallait évidemment rien négliger de ce qui pouvait induire le Prince royal en erreur. Ainsi, le 21 août, quand la retraite sur Paris fut admise en principe, il fut convenu que l'Empereur adresserait une lettre au maréchal de Mac-Mahon, et que celui-ci informerait l'armée de Châlons de la décision qui avait été prise.

On renonça à la publication de ces pièces le lendemain, quand le mouvement vers Metz fut définitivement résolu; c'était renoncer aussi à un moyen de tromper l'adversaire sur la véritable destination de l'armée de Châlons. Dans le même but, l'Empereur et le maréchal de Mac-Mahon auraient dû rester à Mourmelon, ou au moins à Reims, le plus longtemps possible, et s'y faire voir fréquemment.

Le 22 août, c'est encore le plan du Ministre de la guerre que le maréchal de Mac-Mahon se proposa de mettre à exécution dans ses grandes lignes, mais avec la variante d'un retard de deux jours et d'un détour par

Montmédy. Il était certainement préférable de se mettre en marche le 23, au lieu du 21, parce que, selon toute vraisemblance, le Prince royal se serait avancé lui-même pendant ce temps de deux marches vers Paris, et se serait éloigné par suite de cette quantité du prince Frédéric-Charles. D'autre part, la modification dans la première direction de la marche, offrait cet avantage de ne plus côtoyer d'aussi près la III° armée. Par contre, le mouvement exigeait plus de temps et présentait le très grave inconvénient de rapprocher plus encore l'armée française de la frontière belge.

Des considérations qui précèdent, il résulte que le plan du Ministre de la guerre était extrêmement défectueux par plusieurs points. Il ne tenait pas compte d'une intervention possible de la III° armée devant laquelle il faisait le vide, sans l'immobiliser, sans l'observer, sans la tromper même; il ne songeait pas aux renseignements que pourrait fournir le prince de Saxe; il ne se préoccupait pas du secret de l'opération, dont le but ne devait être connu, jusqu'au dernier moment, que de l'Empereur et du maréchal de Mac-Mahon seuls; il n'assurait pas à l'armée un espace suffisant, non seulement pour marcher, mais aussi pour manœuvrer le cas échéant, car la route Vouziers à Dun n'est pas éloignée de la frontière belge de plus de 35 kilomètres en moyenne; il ne tenait pas compte, enfin, des moyens d'exécution : commandement démoralisé par les premières défaites, troupes peu homogènes, organisation de l'armée incomplète. Il y avait enfin une dernière considération bien propre, semblait-il, à inspirer la prudence : si ce plan ne réussissait pas, ce n'était pas seulement un échec qu'il fallait prévoir, mais un désastre entraînant la perte définitive de la dernière armée régulière de la France, de celle qui, au moyen de ses cadres, pouvait servir à réorganiser une masse de 250,000 à 300,000 hommes.

A la conférence du 17 août, il fut décidé que l'armée de Châlons se replierait sur la capitale. L'Empereur et le maréchal de Mac-Mahon admirent, sur la proposition du général Trochu, qu'elle deviendrait « l'armée de secours de Paris ». Quel rôle entendait-on lui faire jouer pour remplir ce but ?

Elle n'était pas en état, pour le moment, même portée à 160,000 hommes par les renforts qu'elle aurait pu recevoir en se repliant vers l'Ouest, d'affronter la lutte en rase campagne, contre les forces du Prince royal et du prince de Saxe réunies. Mais devait-elle, pour ce motif, ne pas s'éloigner de Paris ?

La proximité de la capitale n'eût augmenté en rien ses moyens de résistance, à moins qu'elle n'eût reculé jusqu'à recevoir des forts un soutien direct, soit en s'adossant au camp retranché, soit en y appuyant une aile. Dans le premier cas, il est vraisemblable que les Allemands se seraient gardés d'attaquer l'armée française, leur but étant seulement de la rejeter sur la ligne des forts. L'investissement eût été retardé, sans doute ; sa ligne eût été plus étendue, mais ne s'en serait pas moins constituée. Dans la seconde hypothèse, l'ennemi, supérieur en nombre, aurait débordé l'aile non appuyée de l'armée de Châlons et l'aurait obligée à pivoter par un mouvement en arrière et à venir s'adosser aux forts. Dans les deux cas, l'issue eût été la même : l'investissement, le blocus, puis la capitulation.

Tout autres eussent été les résultats qu'on pouvait obtenir, si l'armée de Châlons, tout en se repliant sur Paris, ne se fût pas proposé de rester liée à la place. Tout d'abord, le véritable moyen de retarder l'investissement consistait à disputer le passage de la Seine, soit en amont, soit en aval de la capitale. Une fois le fleuve franchi par les Allemands, l'armée française, loin de s'attacher à Paris, se serait repliée sur Orléans où elle se serait renforcée, en les encadrant solidement, de toutes les nouvelles levées qui constituèrent plus tard la 1re armée de la Loire. Les forces réunies du Prince royal et du prince de Saxe auraient-elles pu, dans ces conditions, effectuer et maintenir le blocus de Paris? La question est au moins douteuse.

Rien n'empêchait, plus tard, de mettre à exécution le plan du Gouvernement de la Défense nationale : transporter, par voies ferrées, une partie de l'armée du maréchal de Mac-Mahon dans la région de l'Est; opérer sur les communications des armées allemandes par la partie supérieure du bassin de la Saône et les hautes vallées de la Moselle et de la Meuse, et chercher à dégager le maréchal Bazaine s'il tenait encore. Sans doute, la solution de la retraite sur Paris entraînait l'abandon de l'armée de Metz qui, croyait-on, succomberait à bref délai. Or, cette armée contenait les meilleurs éléments des forces de la France; il était manifeste en outre que le jour de la capitulation, l'armée allemande, jusqu'alors retenue autour de Metz, deviendrait disponible et serait en mesure de rompre l'équilibre des forces en présence dans la région Paris-Orléans.

Certes, cette éventualité très menaçante ne devait pas, pourtant, faire oublier toute prudence et conduire à l'adoption d'un plan téméraire dont l'échec était susceptible d'entraîner la perte de deux armées au lieu d'une. Mais elle pouvait à la rigueur déterminer une manœuvre, dont l'effet serait de venir en aide indirectement au maréchal Bazaine, tout en ne compromettant pas l'armée de Châlons. Le but cherché était d'amener l'ennemi à dégarnir la ligne d'investissement, autour de Metz, de façon à permettre au maréchal Bazaine de se frayer un passage plus facilement. A cet effet, le maréchal de Mac-Mahon aurait pu, peut-être, simuler un mouvement de Reims sur Metz, dérober deux marches au Prince royal en se portant, le 23 août, de Reims vers l'Est, tout en se couvrant vers le Sud par un corps d'armée et une division de cavalerie remplissant l'office de flanc-garde face à la IIIe armée ; pousser le 24 des avant-gardes sur Buzancy et Varennes et une masse de cavalerie vers la Meuse, en aval de Verdun ; disposer les colonnes pour une retraite éventuelle vers l'Ouest. A ce moment, loin de chercher à dissimuler l'opération, il fallait, au contraire, répandre la nouvelle d'une marche de l'armée de Châlons sur Metz, ayant pour but de venir en aide au maréchal Bazaine. Peut-être cette information aurait-elle décidé le grand quartier général allemand à prendre, le 25 ou le 26, les mêmes dispositions que celles qui furent réellement mises en œuvre par lui, c'est-à-dire à ordonner à la IIIe armée une conversion vers le Nord et à diriger sur Damvillers deux corps de l'armée d'investissement. Prévenu par des émissaires du mouvement de l'armée de Châlons vers l'Aisne et l'Argonne et du but que l'on se proposait d'atteindre, le maréchal Bazaine eût fixé le jour de la sortie de Metz au 27 ou au 28 août. La lutte se serait engagée ainsi dans des conditions plus favorables contre des forces adverses diminuées d'une cinquantaine de mille hommes. De son côté, le maréchal de Mac-Mahon aurait eu grand soin de ne pas s'attarder dans l'Argonne. Dès que la IIIe armée aurait commencé sa marche vers le Nord, il se serait mis en retraite vers l'Ouest, à moins d'une victoire du maréchal Bazaine, qui eût évidemment changé la face des événements. Sans doute, l'opération était délicate ; elle exigeait des précautions multiples ; mais peut-être pouvait-on l'envisager si l'on voulait tenter immédiatement de venir en aide à l'armée de Metz que l'on croyait hors d'état de tenir longtemps avec ses seules forces.

L'armée de Châlons avait déjà commencé ses premières marches quand le général de Palikao conçut un autre projet. Il s'agissait de réunir une armée de 60,000 hommes, d'en donner le commandement au général de Wimpffen, de la transporter à Belfort d'où elle opérerait « une puissante diversion dans le grand-duché de Bade, en traversant le Rhin (1) ». Après avoir jeté l'épouvante dans cette région, cette armée devait se replier sur Belfort (2).

Le général de Palikao, en faisant part de ce projet à l'Empereur, déclarait avoir l'assurance que l'opération ne rencontrerait « aucun obstacle sérieux (3) ». Quand le général de Wimpffen fut appelé au commandement du 5ᵉ corps, le Ministre de la guerre songea au général Renault et lui confia ses vues, ainsi qu'au général Appert, qui devait être son chef d'état-major, et à l'intendant général Blondeau (4). Ce projet n'eut pas l'approbation de l'Empereur (5) ; il fut, assure le général de Palikao, « considéré comme une *aventure*, comme si la guerre elle-même, déclare-t-il, n'était pas une succession d'aventures plus ou moins combinées; il n'y fut donc pas donné suite (6) ».

Une semblable expédition eût certainement produit une grande impression dans le grand-duché de Bade, mais il est douteux qu'elle eût exercé une influence efficace sur la marche et les opérations des armées ennemies. Or, tel était le but final qu'on devait se proposer. En admettant qu'on eût voulu exécuter une diversion, il eût été préférable, semble-t-il, de renoncer à la satisfaction bien momentanée de prendre pied sur le territoire allemand et de songer au contraire à agir sur les communications de l'envahisseur.

---

(1) Le Ministre de la guerre à l'Empereur, D. T., Paris, 25 août.
(2) Général de Palikao, *loc. cit.*, p. 124.
(3) Le Ministre de la guerre à l'Empereur, D. T., Paris, 25 août.
(4) Général de Palikao, *loc. cit.*, p. 123.
(5) Le Ministre de la guerre à l'Empereur, 26 août.
(6) Général de Palikao, *loc. cit.*, p. 123.

CHAPITRE III

La conférence du 17 août.

Le 17 août, dans la matinée, l'Empereur, arrivé au camp de Châlons la veille, réunit en conférence, au quartier impérial, le prince Napoléon, le général Berthaut commandant les bataillons de mobiles de la Seine, le général Trochu et le général Schmitz chef d'état-major général du 12ᵉ corps. Le maréchal de Mac-Mahon, qui venait d'arriver au camp (1), fut également convoqué vers 8 heures, et arriva quelque temps après l'ouverture de la séance (2).

On ignorait encore, à ce moment, les événements qui s'étaient déroulés à Metz la veille. L'Empereur savait seulement que le maréchal Bazaine se trouvait en présence des armées du général de Steinmetz et du prince Frédéric-Charles, mais il supposait qu'il avait continué sa marche sur Verdun, entamée le 16 août. Par contre, il avait eu connaissance de la présence à Nancy, le 15, d'une forte masse ennemie; du passage le lendemain, à Bayon et à Charmes, de colonnes importantes appartenant, comme la précédente, à l'armée du prince royal de Prusse évaluée à 180,000 hommes. Des coureurs

---

(1) Avant 5 heures du matin (*Enquête sur les actes du Gouvernement de la Défense nationale*, déposition du maréchal de Mac-Mahon, t. Iᵉʳ, p. 128). Dans ses *Souvenirs inédits*, le Maréchal précise 4 heures du matin.

(2) *Enquête*, etc., t. Iᵉʳ, p. 28. Le général Trochu croit se rappeler que, pendant la Conférence, le général de Courson, préfet du palais, entra et demeura. (Discours du 13 juin 1871, à l'Assemblée nationale.)

prussiens avaient été signalés à Commercy, ainsi qu'un détachement de 5,000 hommes, comprenant les trois armes, à Vigneulles et à Saint-Mihiel (1).

L'Empereur prit le premier la parole en demandant au général Berthaut son avis sur le camp de Châlons et sur la garde mobile. Le général répondit que le camp était un terrain « d'études, de manœuvres, mais qu'il ne pouvait être considéré comme une position défensive; qu'il n'était pourvu d'aucune fortification; qu'il pouvait être enveloppé de tous côtés; qu'enfin c'était une position très dangereuse (2) ». Il déclara, d'autre part, que la garde mobile, bien que composée de jeunes gens qui, en très grande majorité, étaient résolus à faire leur devoir, « comme ils l'ont prouvé pendant le siège de Paris (3) », n'était pas encore assez instruite pour être employée à des opérations de campagne, contre un ennemi bien organisé (4). Il fit observer ensuite qu'elle n'était pas armée complètement (5); seuls, les 10ᵉ, 11ᵉ et 12ᵉ bataillons avaient reçu leurs fusils. Mais « si l'on voulait occuper, en arrière du camp de Châlons, les positions entre Épernay, Vertus et Nogent-sur-Seine, positions qui pouvaient devenir très belles en étant fortifiées (6) », le général Berthaut répondait de la garde mobile. Il proposa encore de l'envoyer

---

(1) Renseignements des 14, 15 et 16 août.
(2) *L'Empire et la Défense de Paris devant le Jury de la Seine*, déposition du général Berthaut, p. 133; réponse du général Trochu, p. 414.
(3) *Ibid.*, déposition du général Berthaut, p. 133.
(4) *Ibid.*, déposition du général Berthaut.
(5) *Ibid.* Cf., déposition du général Schmitz, p. 141.
(6) *Ibid.*, déposition du général Berthaut, p. 133. Dans un télégramme du 16 août, au Ministre de la guerre, le général Schmitz avait déjà émis l'idée de replier les troupes du camp de Châlons sur une position « entre Marne et Seine, d'Épernay à Vertus, par exemple ».

tenir garnison dans les places fortes du Nord, où elle compléterait son instruction et deviendrait capable, plus tard, d'être utilisée en rase campagne.

L'Empereur parut frappé de ces explications et dit au général Berthaut : « Vous avez raison, ces troupes ne peuvent servir à rien ici (1) ». Il ajouta que puisque le général répondait « de la garde mobile placée dans des positions défensives, il valait mieux l'envoyer à Paris où elle trouverait, pour se battre, les conditions indiquées, et où elle pourrait défendre ses foyers (2) ». Il est juste, conclut-il, « que ces hommes défendent Paris ; il faut qu'ils aillent à Paris (3) ».

---

(1) *L'Empire et la Défense de Paris*, déposition du général Schmitz p. 141.

(2) *Ibid.*, déposition du général Berthaut, p. 133.

(3) *Ibid.*, déposition du général Schmitz, p. 141. — Le maréchal de Mac-Mahon, dans sa déposition à l'*Enquête sur les actes du Gouvernement de la Défense nationale* (t. Ier, p. 329), a dit que l'Empereur « voyait de l'inconvénient à renvoyer dans la capitale ces troupes peu disciplinées. » « Sur les observations du général Trochu, ajoute-t-il, l'Empereur admit le renvoi de ces troupes à Paris, sauf trois bataillons : ceux de Belleville, de Montmartre et, je crois, de Ménilmontant, qu'il aurait désiré voir diriger sur les places fortes de Lille, Maubeuge et Verdun. Le général Trochu persista dans sa demande et invita le colonel (*sic*) Berthaut, qui commandait ce corps de mobiles, à donner son opinion sur l'esprit qui l'animait. Le colonel (*sic*) assura qu'on pouvait, sans inconvénient, l'envoyer à Paris. Il croyait pouvoir répondre de tout. L'Empereur, voyant que le général Trochu paraissait faire de cet envoi une condition *sine qua non*, consentit à cette mesure. » Le maréchal de Mac-Mahon confirma ces déclarations dans une première déposition devant le jury de la Seine. Ses dépositions ne concordent donc pas avec celles des généraux Berthaut et Schmitz. Mais on observera que le Maréchal n'assistait pas au début de la conférence où la question de la garde mobile fut traitée. « Quand j'arrivai, dit-il dans sa déposition devant le jury de la Seine, le prince Napoléon exprimait à l'Empereur qu'il craignait une révolution à Paris..... » (*L'Empire et la Défense de Paris*, p. 113.) D'autre part, il ressort de la déposition du général Schmitz que le général Berthaut s'était déjà

Tel fut également l'avis du général Trochu (1).

Le général Berthaut objecta qu'il y avait dans la garde mobile quatre ou cinq bataillons « dont les contacts avec certaines parties de la population parisienne pourraient être dangereux (2) ». L'Empereur persista néanmoins dans son opinion : « Non, dit-il, ces gens-là défendront leurs foyers, c'est leur devoir (3) ».

A ce moment, le prince Napoléon appela l'attention de l'Empereur sur la situation troublée de la capitale et ajouta « qu'il fallait se servir des hommes qui étaient dans le courant de l'opinion (4) ».

Le général Schmitz, de son côté, profita d'un moment d'interruption dans la conversation pour prendre la parole :

« Je crois, Sire, déclara-t-il, qu'il faut dire toute la vérité à Votre Majesté. Nous sommes dans une situation

---

absenté du Conseil pour donner des ordres quand le prince Napoléon prit la parole (*Ibid.*, p. 141). Il résulte enfin des dépositions des généraux Berthaut et Schmitz que la question du retour de la garde mobile à Paris ne fut plus mise en cause jusqu'à la fin de la conférence. D'ailleurs, dans une seconde déposition devant le jury de la Seine, le Maréchal fut beaucoup moins affirmatif. « Mais je me rappelle bien, dit-il pourtant, et ma conviction est que l'Empereur ne voulait pas le retour de la garde mobile à Paris. » (*Ibid.*, p. 137.) Les témoignages des généraux Berthaut et Schmitz, présents au début de la Conférence, paraissent mériter une plus grande confiance. Les *Souvenirs* du Maréchal se rapportent peut-être à des inquiétudes ultérieures, dont l'Empereur lui fit part.

Dans ses *Œuvres posthumes*, Napoléon III, parlant de la destination à donner aux bataillons de gardes mobiles du camp de Châlons, ne fait pas mention des objections que lui attribue le maréchal de Mac-Mahon au sujet de leur envoi à Paris. (*Le Livre de l'Empereur*, p. 106.)

(1) *L'Empire et la Défense de Paris*, réponse du général Trochu, p. 414.

(2) *Ibid.*

(3) *Ibid.*

(4) *Ibid.*, déposition du général Schmitz, p. 141.

déplorable ; il y a à Metz une armée dont nous ne connaissons pas le sort, mais qui pourra toujours opérer sa retraite par le Nord.

« Quant à l'armée qui est ici, elle est composée du corps du maréchal de Mac-Mahon, formé de troupes diverses ; du corps du général de Failly, qui est très atteint dans son moral, s'il n'a pas combattu ; du 12e corps, qui n'a de solide que sa division d'infanterie de marine ; du corps du général Douay qui est à Belfort et qui devra faire, pour rejoindre, un mouvement de flanc dangereux. Après cet examen, je crois devoir assurer à l'Empereur qu'à cette date, 17 août, le salut, selon moi, est dans Paris que je viens de traverser. On prétend que vous n'avez pas employé le général Trochu parce qu'on lui attribuait des sentiments d'opposition (1) ; eh bien ! Sire, il vous faut rentrer à Paris dont le général Trochu serait nommé gouverneur (2). La situation que vous vous faites ne peut durer, vous n'êtes pas sur votre trône (3). »

— « Oui, j'ai l'air d'avoir abdiqué », répondit l'Empereur (4).

Le prince Napoléon exprima à son tour ses craintes d'une révolution ou d'un mouvement très prononcé à Paris et affirma que le général Trochu, par ses antécédents, par sa manière d'être, était le seul homme qui fût en état de s'y opposer (5). Cette opinion parut surprendre l'Empereur :

---

(1) Le général Trochu était l'un des plus anciens généraux de division de l'armée.

(2) « A ce moment, ajoute le général Schmitz, je n'ai pas voulu dire toute ma pensée qui était celle-ci : « Il vous couvrira de sa popu-
« larité auprès des Parisiens. » (*L'Empire et la Défense de Paris*, p. 142.)

(3) *Ibid.*, p. 142.

(4) *Ibid.*

(5) *Ibid.*, déposition du maréchal de Mac-Mahon, p. 113.

« Sire, ajouta le Prince, vous avez naguère abdiqué le Gouvernement à Paris, vous venez d'abdiquer le commandement à Metz ; à moins de passer en Belgique, vous n'êtes plus rien. Eh bien ! il faut que vous rentriez à Paris, quel qu'en soit le péril, et que, d'une main ferme, vous repreniez le Gouvernement. Si nous devons tomber, du moins tombons comme des hommes (1). »

L'Empereur qui se défiait du loyalisme du général Trochu, ne répondit pas immédiatement. Il fit signe au maréchal de Mac-Mahon de le suivre dans le pavillon impérial et lui demanda ce qu'il pensait du gouverneur de Paris qu'on lui proposait. Le duc de Magenta affirma que le général Trochu « était un homme de cœur, un homme d'honneur, et que l'Empereur pouvait avoir confiance en lui (2) ».

Le souverain, accompagné du Maréchal, revint aussitôt auprès des conférenciers et pressentit le général Trochu au sujet de sa nomination aux fonctions de gouverneur de Paris.

« Sire, dit le général, dans la situation pleine de périls où est le pays, une révolution le précipiterait dans l'abîme. Tout ce qui pourra être fait pour éviter une révolution, je le ferai. Vous me demandez d'aller à Paris, de vous y annoncer, de prendre le commandement en chef, je ferai tout cela ; mais il est bien entendu que l'armée du maréchal de Mac-Mahon va devenir l'armée de secours de Paris, car nous allons à un siège (3). »

L'Empereur acquiesça, ainsi que le Maréchal, qui

---

(1) *L'Empire et la Défense de Paris*, réponse du général Trochu, p. 415. « Je cite textuellement, dit le général Trochu ; cette scène est aussi présente à mon esprit que le premier jour. »
(2) *Ibid.*, déposition du maréchal de Mac-Mahon, p. 114.
(3) *Journal officiel* du 14 juin 1871, Discours du général Trochu.

avait d'ailleurs déjà déclaré antérieurement que telle était en effet la véritable destination à donner aux forces réunies au camp de Châlons (2).

Les résultats de la conférence, close à 11 h. 30, furent en somme : la nomination du général Trochu comme gouverneur de Paris, où il devait se rendre immédiatement (2) ; celle du maréchal de Mac-Mahon comme commandant en chef de l'armée de Châlons ; celle du maréchal Bazaine comme commandant en chef des armées impériales (3) ; la décision de ramener l'armée de

---

(1) *Journal officiel* du 14 juin 1871. Voir aussi *Œuvres posthumes de Napoléon III* (loc. cit., p. 106) et *Enquête sur les actes du Gouvernement de la Défense nationale*, déposition du baron Jérôme David (t. Ier, p. 150). Le maréchal de Mac-Mahon, dans sa déposition à ladite *Enquête* (t. Ier, p. 29), donne une version différente. Il « reste convaincu qu'avant le départ du général Trochu, il n'avait pas été question du mouvement de l'armée de Châlons sur Paris ». Les *Souvenirs* du Maréchal semblent inexacts sur ce point.

Il s'est passé dans la Conférence, dit le général Trochu, un fait qui devrait rappeler au Maréchal que son armée devait se replier sur Paris. « Il eut une discussion avec le général Schmitz à propos de la route que devait suivre l'armée..... Une carte était étendue sur la table, et le général prétendait que l'armée devait effectuer sa retraite, par la rive gauche de la Marne, c'est-à-dire par la route traditionnelle, très défensive et très forte, illustrée dans les mêmes conditions par les combats de 1814 ; tandis que le Maréchal était d'avis de prendre la route de la rive droite par le plateau de Reims. » (*L'Empire et la Défense de Paris devant le Jury de la Seine*, réponse du général Trochu, p. 416.)

« Je vois revenir, dit le colonel d'Andigné, le général Trochu qui me dit que tout allait fort mal, m'annonça son départ pour Paris et ajouta que nous allions y rentrer sous peu de jours. » (*Journal* du colonel d'Andigné.)

(2) *Journal officiel* du 14 juin 1871, discours du général Trochu.

(3) « Dans cette réunion, on décida que, pour ne pas se mettre en opposition avec la déclaration du général de Palikao au Corps législatif et pour satisfaire l'opinion publique qui demandait l'unité du commandement, le maréchal Bazaine serait nommé par l'Empereur géné-

Châlons sous les murs de Paris ; la résolution du souverain de se rendre dans la capitale dès qu'il s'en serait entendu avec le Gouvernement de la Régente (1). Le capitaine de frégate Duperré, officier d'ordonnance de l'Empereur, partit aussitôt du camp de Châlons pour Paris avec charge d'instruire le Ministre de la guerre des mesures arrêtées dans la matinée (2).

D'autre part, le général Trochu reçut, le jour même, une lettre de Napoléon III qui l'investissait de ses nouvelles fonctions, en attendant la notification officielle du décret, et qui lui recommandait de prendre, « sans délai, toutes les dispositions nécessaires pour accomplir cette mission (3) ». Le général Trochu partit immédiatement pour Châlons où il prit le premier train pour Paris (4) ; le général Lebrun le remplaça à la tête du 12º corps. Les bataillons de la garde mobile de la Seine devaient s'embarquer le 18 août pour le camp de Saint-Maur.

---

ralissime de toutes les forces françaises. » (Napoléon III, Œuvres posthumes, loc. cit., p. 105.)

(1) Ibid., p. 107. — Dans son discours du 13 juin 1871 à l'Assemblée nationale, le général Trochu dit que « la conférence avait abouti à la convention dont voici les termes : Le général Trochu, nommé gouverneur de Paris et commandant en chef, partira immédiatement pour la capitale ; il y précédera l'Empereur de quelques heures. Le maréchal de Mac-Mahon se dirigera avec son armée sur Paris ».

(2) L'Empereur avait informé, dès 9 h. 40 du matin, le Ministre de la guerre, de l'arrivée du capitaine de frégate Duperré par le télégramme suivant :

Quartier impérial, 17 août 1870, 9 h. 40 matin.

« Je vous envoie par le commandant Duperré, le résultat d'un conseil de guerre qui vous mettra au courant des mesures que j'ai arrêtées. »

(Papiers et Correspondance de la famille impériale, t. Iᵉʳ, p. 419.)

(3) Papiers et Correspondance de la famille impériale, t. Iᵉʳ.

(4) Général Trochu, Œuvres posthumes, t. Iᵉʳ, p. 126. — Le général retardé par des encombrements sur la voie ferrée, n'arriva à Paris que le 18 août, entre minuit et 1 heure du matin (Ibid., p. 139).

Le maréchal de Mac-Mahon reçut, vers 3 heures de l'après-midi, la lettre de service qui lui conférait le commandement de l'armée de Châlons, sous les ordres du maréchal Bazaine. Il se rendit aussitôt chez l'Empereur pour l'entretenir des relations militaires qui devaient exister entre le souverain et le chef de l'armée. Napoléon III lui répéta — ce qu'il lui avait déjà dit dans la matinée — que, désormais, il ne s'occuperait nullement de la direction des opérations et que le duc de Magenta n'aurait à correspondre qu'avec le maréchal Bazaine et le Ministre de la guerre (1).

Le maréchal de Mac-Mahon s'empressa d'expédier un télégramme au maréchal Bazaine pour lui demander ses instructions; vers 4 heures de l'après-midi, il lui envoya, dans le même but, son aide de camp, le lieutenant-colonel Broye (2). Cet officier supérieur emportait une lettre de l'Empereur invitant les généraux Frossard et Jarras, qui avaient eu quelques difficultés de service avec le maréchal Bazaine, à se rendre à l'armée de Châlons (3). Il ne put, d'ailleurs, remplir sa mission. En arrivant à Verdun, à 9 heures du soir, il reçut du chef de gare un télégramme du maréchal de Mac-Mahon l'informant de la rupture des communications avec Metz et lui prescrivant de rétrograder.

L'Empereur avait reçu, en effet, des nouvelles graves du maréchal Bazaine.

A 3 h. 45, il avait appris par une dépêche télégraphique du général Coffinières, commandant supérieur de

---

(1) *Enquête sur les actes du Gouvernement de la Défense nationale*, déposition du maréchal de Mac-Mahon, t. Ier, p. 29.

« Pendant toute cette campagne, dit le Maréchal dans ses *Souvenirs inédits*, l'Empereur n'a pas fait connaître même son opinion sur les mouvements à exécuter. »

(2) *Enquête*, t. Ier, p. 30.

(3) *Souvenirs inédits* du maréchal de Mac-Mahon.

la place de Metz (1), qu'une « affaire très sérieuse » avait eu lieu le 16, vers Gravelotte ; que l'avantage était resté à l'armée française qui avait subi des pertes élevées ; que le Maréchal s'était replié vers Metz et campait sur les hauteurs de Plappeville ; enfin, que Metz était « à peu près bloqué ».

Un peu plus tard, Napoléon III avait reçu un télégramme du maréchal Bazaine lui-même (2). Il annonçait que l'ennemi avait été repoussé le 16, que les troupes françaises avaient « passé la nuit sur les positions conquises », mais que la grande consommation de munitions et le manque de vivres avaient obligé l'armée à se rapprocher de Metz pour ravitailler ses parcs et convois. Le maréchal Bazaine mandait qu'il avait établi l'armée du Rhin « sur les positions comprises entre Saint-Privat-la-Montagne et Rozérieulles ». Il pensait pouvoir se remettre en marche le 19, en se dirigeant plus au Nord, « de façon à venir déboucher sur la gauche de la position d'Haudiomont dans le cas où l'ennemi l'occuperait en force pour nous barrer la route de Verdun », et de manière à éviter ainsi des combats qui retarderaient son mouvement. Il ajoutait que le chemin de fer des Ardennes était toujours libre jusqu'à Metz, ce qui indiquait que l'ennemi avait pour objectifs Châlons et Paris ; que l'on parlait toujours « de la jonction des armées des deux Princes » ; qu'il avait eu la veille à combattre le prince Frédéric-Charles et le général de Steinmetz (3).

---

(1) L'Empereur avait télégraphié le jour même, au général Coffinières pour avoir des nouvelles du maréchal Bazaine.

(2) Expédié de Metz le 17 août, à 4 h. 28 du soir ; transmis à Paris à 4 h. 55 soir.

(3) Le maréchal de Mac-Mahon dit, dans ses *Souvenirs inédits*, que l'Empereur ne lui communiqua ce télégramme que le 18 août au matin. Le souverain, auquel la dépêche du maréchal Bazaine n'avait pas paru suffisamment claire et explicite lui télégraphia le 17 à 5 h. 10

D'autre part, les décisions de l'Empereur, dont le capitaine de frégate Duperré avait apporté la nouvelle à Paris, avaient causé une vive émotion dans le Gouvernement, et effrayé à la fois l'Impératrice et les Ministres. Des hommes dont l'opinion avaient un grand poids aux yeux du souverain virent à son retour de graves inconvénients (1).

« Si le chef de l'État revenait à Paris après un succès, disaient-ils, il y arriverait avec la force morale nécessaire pour rétablir la confiance, relever les courages, et dompter les mauvaises passions ; mais rentrer aux Tuileries après de pénibles revers, abandonner l'armée pour être obligé de combattre peut-être dans la rue les fauteurs de désordre, c'est un rôle qui ne peut lui convenir. Au point où en sont les choses, la nécessité d'une dictature est évidente, et cependant le prestige de l'Empereur a été trop affaibli pour qu'il puisse s'en emparer. Il faudrait, pour sauver le pays, avoir recours aux mesures les plus énergiques, modifier peut-être le Ministère, dissoudre le Corps législatif, sévir contre beaucoup d'individus, qui jouissent momentanément de la faveur populaire, et ces mesures, quoique légales, auraient l'air d'un coup d'État (2). »

Ces mêmes hommes doutaient que l'opinion publique suivit l'Empereur dans cette voie. Ils faisaient observer d'ailleurs qu'il n'existait plus à Paris de force armée sur laquelle il pût compter, et qu'on augmenterait encore les difficultés de la situation en y envoyant la garde mobile, qu'ils jugeaient « animée d'un mauvais esprit ».

---

du soir : « Dites-moi la vérité sur votre situation, afin de régler ma conduite ici..... » A ce télégramme très pressant, le Maréchal répondit, vers 7 heures du soir, par une dépêche annonçant le départ du commandant Magnan, son aide de camp.

(1) Napoléon III, *Œuvres posthumes*, loc. cit., p. 107.
(2) *Ibid.*

Ils rappelaient ce qui était arrivé après Waterloo à Napoléon Ier. « En présence de l'attitude des Chambres et de l'hostilité des hommes politiques, il avait dû reculer devant l'idée de recourir à des mesures exceptionnelles contre des Français, alors que l'étranger s'avançait sur la capitale (1). »

Ces arguments, joints à des considérations d'ordre militaire, semblent avoir déterminé le Ministre de la guerre à expédier, à 9 h. 50 du soir (2), le télégramme suivant à l'Empereur :

« L'Impératrice me communique la lettre par laquelle l'Empereur annonce qu'il veut ramener l'armée de Châlons sur Paris. Je supplie l'Empereur de renoncer à cette idée qui paraîtrait l'abandon de l'armée de Metz qui ne peut faire, en ce moment, sa jonction à Verdun. L'armée de Châlons sera, avant trois jours, de 85,000 hommes, sans compter le corps de Douay, qui rejoindra dans trois jours, et qui est de 18,000 hommes. Ne peut-on faire une puissante diversion sur les corps prussiens déjà épuisés par plusieurs combats ? L'Impératrice partage mon opinion. »

L'Empereur ne crut pas devoir communiquer ce télégramme au maréchal de Mac-Mahon, sans doute afin de n'exercer aucune influence sur ses résolutions (3), que les nouvelles de la journée pouvaient modifier dans une certaine mesure.

A la conférence de la matinée, personne en effet n'avait pu supposer un instant que le maréchal Bazaine

---

(1) Napoléon III, *Œuvres posthumes*, loc. cit., p. 108.

(2) Dans l'ouvrage : *Papiers et Correspondance de la famille impériale*, ce télégramme porte 10 h. 27 soir (t. Ier, p. 411).

(3) *Souvenirs inédits* du maréchal de Mac-Mahon. « Le Ministre de la guerre, de son côté, ajoute le Maréchal, ne crut point devoir me l'adresser, et ce ne fut que plus tard, à mon retour en France, que je le trouvai dans la *Correspondance impériale*. »

fût sérieusement gêné dans son mouvement de retraite et eût besoin d'être dégagé. Tout le monde admettait que la jonction des deux armées se ferait sans difficulté, quelle que fût la solution qui prévaudrait pour l'emploi des forces réunies au camp de Châlons. L'Empereur, en particulier, qui, la veille, avait fait le trajet de Gravelotte à Verdun, sans rencontrer le moindre obstacle, et qui, dans la matinée du 17, ignorait la bataille du 16 et ses résultats, ne doutait pas que le maréchal Bazaine n'eût été en mesure de suivre ses traces, et il était justement fondé à croire que déjà il se trouvait à proximité de Verdun (1). La veille, en passant à Verdun, il avait dit au maire de cette ville : « Bazaine me suit; il sera ce soir à Conflans et arrivera demain à Verdun (2). »

Dans la soirée du 17, au contraire, le Ministre de la guerre et l'Empereur savaient que les délibérations de la conférence avaient reposé sur des données inexactes. On avait cru la jonction des deux armées certaine et prochaine; il était manifeste maintenant qu'elle était empêchée, au moins momentanément, et ce changement dans la situation rendait nécessaires de nouvelles déterminations. L'opinion du Ministre n'était point douteuse. Si le maréchal Bazaine était en marche, il fallait l'aider dans sa retraite; s'il était rejeté sur Metz, il fallait le dégager par une « puissante diversion ». Les deux hypothèses impliquaient d'ailleurs un mouvement en avant sur Verdun, mais l'opération n'était pas immédiatement réalisable, les troupes qui devaient composer l'armée de Châlons n'ayant pas encore atteint le camp ou manquant d'une organisation suffisante.

---

(1) Renseignements fournis à la Section historique, le 14 mars 1903, par M. le général Péting de Vaulgrenant.
(2) *Ibid.* Cf. *Procès Bazaine*, déposition de M. Benoît, maire de Verdun (audience du 25 octobre 1873).

Arrivé à Paris dans la nuit du 17 au 18 août (1), le général Trochu, accompagné de M. Chevreau ministre de l'intérieur, se rendit immédiatement aux Tuileries (2) auprès de l'Impératrice, à qui il désirait annoncer sans retard les résolutions prises à la conférence de la matinée et soumettre la lettre autographe de l'Empereur qui l'investissait des fonctions de gouverneur de Paris (3). L'Impératrice se montra très opposée au retour du souverain dans la capitale ; elle avait un sentiment très vif des dangers qu'il y courrait ; elle affirma qu'il n'y reviendrait pas (4) ; elle qualifia même « d'ennemis » ceux qui

---

(1) « Après minuit », dit le général Trochu dans ses *Œuvres posthumes* (t. Ier, p. 138).

(2) Il arriva aux Tuileries vers 3 heures du matin. (*L'Empire et la Défense de Paris*, déposition de l'amiral Jurien de la Gravière, p. 129) ; à 1 heure du matin, d'après les *Œuvres posthumes* du général Trochu (t. Ier, p. 139).

(3) Général Trochu, *Œuvres posthumes*, t. Ier, p. 138. Cette lettre autographe est ainsi conçue :

             Camp de Châlons, 17 août
« Mon cher Général,

« Je vous nomme gouverneur de Paris et commandant en chef de de toutes les forces chargées de pourvoir à la défense de la capitale. Dès mon arrivée à Paris, vous recevrez notification du décret qui vous investit de ces fonctions ; mais, d'ici là, prenez sans délai toutes les dispositions nécessaires pour accomplir votre mission.

« Recevez, mon cher Général, l'assurance de mes sentiments d'amitié.

                « Napoléon. »

(4) L'Impératrice savait-elle à ce moment que l'Empereur avait déjà changé d'avis ou affirmait-elle qu'elle ne voulait pas que le souverain revînt à Paris. Il est difficile de se prononcer à ce sujet. Dans sa déposition à l'*Enquête*, M. Rouher a dit : « Il est certain que, pendant que M. le général Trochu voyageait, des dépêches télégraphiques ont dû être échangées du camp de Châlons à Paris, et des Tuileries au camp de Châlons. » (T. Ier, p. 246.) Puis M. Rouher a été moins catégorique : « Il est possible, dit-il, que la détermination de l'Empereur

le lui avaient conseillé (1). Elle se défiait du général Trochu, dont elle connaissait les sentiments libéraux, et partageait les idées du général de Palikao au sujet des opérations de l'armée de Châlons (2); elle jugeait enfin, d'accord avec le Conseil des Ministres (3), que la place de l'Empereur était au milieu de ses troupes.

Le général Trochu protesta de son dévouement; il exposa les raisons qui l'avaient déterminé de conseiller à l'Empereur de revenir à Paris, en même temps que l'armée du maréchal de Mac-Mahon. Mais l'Impératrice demeura inébranlable (4). L'Empereur, affirma-t-elle, ne viendra pas à Paris; il restera à Châlons. Le général objecta alors que sa mission était désormais sans objet, puisque la convention de la matinée du 17 « n'avait plus

---

ne fût pas encore prise.. ... Il est possible que l'Empereur n'ait pris sa résolution que le 18..... L'Impératrice a pu dire : Il faut renoncer au retour de l'Empereur, alors que rien n'était encore décidé. Tout cela peut se concilier; ce pourrait être à la fois une indécision ou une détermination prise. » (T. Ier, p. 247.) On observera, à ce sujet, que quand le général Trochu arriva chez M. Henri Chevreau, le 17, à minuit et demi, celui-ci lui dit déjà : « Vous vous trompez; l'Empereur ne vient pas à Paris. » (*Enquête*, déposition de M. Henri Chevreau, p. 263.)

(1) Général Trochu, discours du 13 juin 1871 à l'Assemblée nationale; *Œuvres posthumes*, t., Ier, p. 145; *L'Empire et la Défense de Paris*, déposition de l'amiral Jurien de la Gravière, p. 130. M. Henri Chevreau a déclaré dans sa déposition à l'*Enquête du Gouvernement de la Défense nationale* ne pas se souvenir de ces paroles (t. Ier, p. 265).

(2) Voir aux Documents annexes le télégramme du Ministre de la guerre à l'Empereur (17 août, 9 h. 50 soir).

Le général de Palikao avait aussi fait partager ses idées au Conseil des Ministres tout entier. (*Enquête*, déposition du général de Palikao, t. Ier, p. 172.)

(3) *Enquête sur les actes du Gouvernement de la Défense nationale*, déposition de M. Henri Chevreau, t. Ier, p. 265.

(4) Dans sa déposition à l'*Enquête*, M. Henri Chevreau croit que l'Empereur avait déjà répondu au télégramme de 9 h. 50 du soir. La seule réponse connue est du 18, à 9 h. 4 du matin.

cours (1) ». La souveraine déclara que cette mission d'organisation et de direction de la défense de la capitale restait entière et qu'il la remplirait « sans l'Empereur (2) ». Elle se refusa même à laisser subsister ce mot dans la proclamation que le gouverneur se proposait d'adresser à la population de Paris (3), mais ses préventions à l'égard du général Trochu semblent avoir disparu à la fin de l'entrevue (4).

En quittant l'Impératrice, le général Trochu se rendit chez le Ministre de la guerre. Celui-ci le reçut mal ; il lui déclara, qu'indépendamment de ses pouvoirs ministériels, il avait, au Corps législatif, une situation qui lui permettait de conduire utilement les affaires difficiles de l'heure présente, et qui ne pouvait qu'être troublée par les fonctions de gouverneur de Paris dont l'Empereur l'avait investi (5).

Le général Trochu lui répondit qu'en acceptant cette

---

(1) Général Trochu, discours du 13 juin 1871 à l'Assemblée nationale.

(2) *Ibid.*

(3) Cette proclamation débutait ainsi : « Devant les périls qui menacent le pays, l'Empereur m'a nommé gouverneur de la capitale en état de siège..... »
Depuis le 6 août, le nom de l'Empereur n'était plus prononcé par le Gouvernement devant le Corps législatif. (*L'Empire et la Défense de Paris*, réponse du général Trochu, p. 421.)

(4) *Enquête*, déposition de M. Henri Chevreau, t. Ier, p. 265.

(5) Discours du général Trochu à l'Assemblée nationale du 13 juin 1871.
Le même jour, au Corps législatif, le général de Palikao faisait la déclaration suivante :
« Cherchant un homme intelligent, actif, énergique, capable de réunir dans ses mains tous les pouvoirs nécessaires pour effectuer l'armement de Paris, j'ai songé à M. le général Trochu et je l'ai rappelé moi-même du camp de Châlons, où il pouvait être remplacé par un autre général. Voilà, Messieurs, le motif qui m'a fait appeler à

mission, dans le péril où se trouvait le pays, il avait cru faire acte de dévouement ; qu'il se proposait de remplir loyalement son mandat, sans être un embarras pour personne, mandat qui, dans son esprit, consistait à défendre Paris avec l'appui extérieur de l'armée du maréchal de Mac-Mahon. Le Ministre se récria, affirmant que telle n'était pas la destination à donner à cette armée ; qu'au contraire, son intention était de la renforcer le plus possible pour la mettre en état d'opérer en rase campagne.

Le général Trochu insista sur la nécessité de rassembler toutes les forces disponibles sous Paris, mais sans parvenir à convaincre le Ministre (1). Celui-ci ne contresigna d'ailleurs le décret de l'Empereur qu'avec répugnance et à la suite de l'intervention de M. Chevreau (2). Le général Schmitz lui prête même ces paroles : « Je suis dans une situation telle, que si je

---

Paris le général Trochu. Il n'y en a pas d'autres. Nous n'avons pas la moindre inquiétude, au contraire ! » (*Journal officiel* du 19 août 1870.) Dans sa déposition à l'*Enquête*, le général de Palikao a reconnu l'inexactitude de cette déclaration. « J'étais, dit-il, l'homme du Gouvernement ; je devais le couvrir et le protéger contre toute attaque. Je savais que M. de Kératry devait nous interpeller, et qu'ayant jeté ses vues sur le général Trochu, il avait le projet de demander pour lui un commandement en chef. C'est alors que je répondis : Je sais parfaitement le général que vous voulez désigner, mais il n'acceptera pas, car il a déjà répondu à mon appel. » (T. 1er, p. 180.)

(1) Discours du général Trochu à l'Assemblée nationale du 13 juin 1870 ; *Œuvres posthumes*, t. Ier, p. 150. — Le général de Palikao dit, au contraire, n'avoir aucun souvenir d'une polémique entamée avec le général Trochu « sur la destination à donner à l'armée de Châlons ». (De Palikao, *Un Ministère de la guerre de vingt-quatre heures*, avant-propos, p. 17.)

(2) *L'Empire et la Défense de Paris*, déposition de M. Henri Chevreau, p. 79.

ne craignais pas de faire une révolution ce soir dans Paris, je donnerais ma démission (1) »

Le Ministre et le général Trochu se quittèrent « dans un état de dissentiment profond qui ne fit qu'augmenter tous les jours (2) ».

---

(1) *L'Empire et la Défense de Paris*, déposition du général Schmitz, p. 144.

(2) Discours du général Trochu à l'Assemblée nationale du 13 juin 1871 ; *L'Empire et la Défense de Paris*, déposition du général Schmitz, p. 144.

CHAPITRE IV

Les hésitations du maréchal de Mac-Mahon.

Tandis que ces événements se passaient à Paris, le maréchal de Mac-Mahon se préoccupait des mouvements de l'ennemi. Les renseignements reçus au grand quartier impérial, le 17 août, étaient assez vagues. D'après un télégramme du maire d'Étain, une nouvelle bataille avait commencé à cette date près de Ville-sur-Yron, où l'on entendait le canon. Mais, d'autre part, le Ministre de la guerre apprenait que les Prussiens auraient demandé un armistice pour enterrer leurs morts et relever leurs blessés ; il adressait un télégramme au maréchal Bazaine pour avoir la confirmation de cette nouvelle. De son côté, le commandant supérieur de la place de Verdun était avisé du passage à Mouilly et à Rupt-en-Woëvre d'une colonne ennemie de 30,000 hommes. Le sous-préfet de Verdun signalait la présence, tout autour de la place, à l'Est et au Sud, de vedettes prussiennes.

Le préfet de la Meuse recevait la nouvelle de la présence, entre Saint-Mihiel et Apremont, d'un corps de 5,000 hommes de toutes armes et de l'arrivée à Void d'un détachement de 120 hommes qui disaient « être suivis du prince Albert et se diriger sur Châlons ». Il annonçait aussi au préfet de la Haute-Marne qu'un corps prussien paraissait se diriger sur ce département. Des éclaireurs avaient été vus à Ménil-la-Horgne et près de Gondrecourt.

D'après un notable de Bayon, « digne de foi », le général de Failly mandait qu'un autre corps, d'un effectif considérable, composé de Bavarois, de Wurtembergeois et de Hessois, faisant partie de l'armée du Prince royal, était arrivé le 15 août à Bayon, y avait établi quatre ponts de chevalets et fait préparer, à Charmes, 25,000 rations pour une autre colonne.

Le sous-préfet de Schlestadt informait le Ministre de la guerre de la rupture des communications télégraphiques avec Strasbourg. Cette place aurait repoussé trois attaques successives en deux jours. Erstein, Benfeld, Dambach, Barr, Obernai, seraient occupés par des détachements de cavalerie badoise. 100 hommes du génie coupaient, disait-on, à Erstein la canalisation de l'Ill pour en rejeter les eaux dans le Rhin.

Un émissaire sûr, arrivant de Saverne, déclarait que l'armée du prince Frédéric-Charles, forte de 170,000 à 180,000 hommes, aurait franchi les Vosges, le 12 août, par Dossenheim et la vallée de la Zintzel; une colonne de 10,000 hommes, avec 70 pièces de canon, engagée sur la route de Saverne à Phalsbourg, aurait été obligée de rétrograder par suite de la résistance de cette place et de suivre également la vallée de la Zintzel. « Le prince Charles aurait couché à Monswiller vendredi (12 août). »

Le maréchal de Mac-Mahon n'ignorait pas que le maréchal Bazaine ne pourrait le rejoindre « avant quelques jours », et il ne se dissimulait pas que, même après l'arrivée des 5e et 7e corps, il ne serait point « en état de combattre, dans de bonnes conditions, les armées ennemies dans les plaines du camp de Châlons (1) ». Aussi fit-il connaître au Ministre, par télégramme expédié le 18 août, à 7 h. 30 du matin, que, si l'ennemi se présentait « en forces », il prendrait, avant son arrivée, « la position la plus rapprochée de Mourmelon », sa droite « près d'Épernay », sa gauche « dans la direction de Reims, à peu près parallèlement au canal de la Marne ».

---

(1) Maréchal de Mac-Mahon, *Souvenirs inédits*.

« Je chercherai, ajoutait-il, à me relier au maréchal Bazaine (1). »

Mais au cours d'une reconnaissance qu'il fit dans la journée, le maréchal de Mac-Mahon ne trouva « aucune position favorable à proximité du camp » (2). Celle de Reims lui parut « la seule convenable » (3). Elle répondait dans son esprit à la double condition de pouvoir « soutenir le maréchal Bazaine » (4) et de permettre la retraite sur Paris, décidée à la conférence de la veille (5). Il fit part de ses intentions au maréchal Bazaine dans la matinée (6), et au Ministre de la guerre dans la soirée. Il prévint même ce dernier qu'il quitterait le camp le 21 août (7).

Le général de Palikao répondit, à 11 heures du soir (8), au maréchal de Mac-Mahon, qu'il partageait entièrement son avis « au sujet du mouvement sur Reims ». Il lui recommandait en outre : de rallier, aussitôt qu'il le pourrait, le corps du général de Failly ; de couper les routes et les chemins de fer, de faire sauter les ponts, de détruire les télégraphes au fur et à mesure qu'il rétrograderait ; de mettre en œuvre tout ce qui serait de nature à retarder la marche de l'ennemi (9). Il concluait ainsi : « Lorsque

---

(1) Dans sa déposition à l'*Enquête sur les actes du Gouvernement de la Défense nationale*, le maréchal de Mac-Mahon, attribue à son projet de retraite sur la position Reims-Épernay, la date du 19 août (t. Ier, p. 30).

(2) Le maréchal de Mac-Mahon au Ministre de la guerre, 18 août, 7 heures du soir.

(3) *Ibid.*

(4) *Ibid.*

(5) Maréchal de Mac-Mahon, *Souvenirs inédits*; Mac-Mahon à Bazaine, 18 août, 8 h. 30 du matin.

(6) Télégramme expédié à 8 h. 30 du matin.

(7) Télégramme expédié à 7 heures du soir.

(8) Télégramme expédié le 19, à minuit 15.

(9) Dans un télégramme daté du 18 août, 9 h. 30 du soir, le Ministre priait l'Empereur « de donner les ordres les plus formels » pour assurer l'exécution de ces mesures.

vous serez à Reims, tâchez de vous relier avec Canrobert, et, s'il se peut, avec Bazaine, de manière à frapper d'abord un grand coup sur l'aile droite de l'armée prussienne et à vous retourner contre le prince royal de Prusse qui arrive de Nancy (1). »

Le général de Palikao ne faisait donc aucune objection au projet du maréchal de Mac-Mahon, dont l'exécution devait avoir pourtant pour résultat d'éloigner quelque peu l'armée de Châlons de celle de Metz. Sans doute estimait-il, avec le duc de Magenta, qu'il était prudent de ne pas attendre, « dans les plaines du camp de Châlons », l'arrivée des têtes de colonne de la IIIe armée et jugeait-il, avec l'Empereur, que Reims était, en effet, « une bien meilleure position que Châlons (2) ». Au surplus, le mouvement projeté pour le 21 n'excluait nullement, pensait-il, l'idée de la « puissante diversion sur les corps prussiens » qu'il préconisait dans le but de donner la main à l'armée de Metz.

Tout d'abord le souverain n'en avait pas paru partisan : « Je crains, télégraphiait-il au Ministre, à 7 h. 55 du matin, qu'on ne se fasse des illusions. » En même temps, sous l'influence vraisemblable de la dépêche du général de Palikao de la veille au soir, il s'éloignait déjà des résolutions prises à la conférence du 17 et il déclarait que « rétrograder de Châlons sur Paris serait plus dangereux que de marcher de Paris à la rencontre de l'ennemi (3) ». Entre ces deux solutions, il penchait à ce moment — signe caractéristique d'un esprit indécis —

---

(1) Dans un télégramme antérieur (9 h. 40 du soir), le Ministre annonçait au maréchal de Mac-Mahon qu'il donnait des ordres pour l'évacuation de tout le matériel qui se trouvait au camp.

(2) Lettre du maréchal Bazaine, datée de Gravelotte, 16 août, et transmise par l'Empereur au Ministre de la guerre, dans un télégramme du 18 août, 7 h. 55 du matin.

(3) L'Empereur au Ministre de la guerre, 18 août, 7 h. 55 du matin.

vers une sorte de moyenne consistant en une position d'attente à Reims. Un peu plus tard, à 9 h. 4 du matin, il télégraphia au Ministre qu'il se rendait à l'opinion qu'il lui avait exprimée la veille, en son nom et en celui de l'Impératrice, en d'autres termes, que le projet de retraite sur Paris était abandonné (1).

Peut-être une lettre du maréchal Bazaine, datée de Gravelotte, 16 août, et qui fut apportée, au camp de Châlons le 18 au matin, par un officier (2), ne fut-elle pas étrangère aux perplexités, puis au changement complet d'avis du souverain. Le Maréchal rendait compte d'une « bataille acharnée » qui avait eu lieu le 16 août, et à la suite de laquelle il restait sur ses « positions conquises ». Il se verrait obligé, disait-il, « de prendre la route de Verdun par le Nord; la difficulté gît dans le manque de munitions et de vivres ».

En ce qui concernait les opérations de l'armée de Châlons, le maréchal Bazaine entendait laisser une liberté d'action complète au maréchal de Mac-Mahon, son subordonné. A la demande d'instructions que celui-ci lui avait adressée la veille, il répondait le 18, à midi : « Je présume que le Ministre vous aura donné des ordres, vos opérations étant tout à fait en dehors de ma zone d'action pour le moment, et je craindrais de vous indiquer une fausse direction (3). »

On peut remarquer ces mots : *pour le moment*. Ils semblaient dénoter une abstention momentanée, non une abdication définitive.

---

(1) *Papiers et Correspondance de la famille impériale*, t. Ier, p. 412.

(2) L'Empereur, transmettant cette dépêche au Ministre de la guerre, ne nomme pas l'officier.

(3) Ce télégramme était adressé au maréchal de Mac-Mahon, à Bar-sur-Aube. Au *Procès*, le président du conseil de guerre a interrogé le maréchal Bazaine sur cette anomalie sans obtenir une explication satisfaisante (p. 173).

D'autres communications du maréchal Bazaine étaient arrivées au grand quartier impérial le 18 août, jour de la bataille de Saint-Privat (1). La première consistait en une lettre datée du 17 août, apportée par le commandant Magnan, dans la matinée du 18, et mentionnant l'arrivée à Pange ou au château d'Aubigny, du roi de Prusse suivi d'une armée de 100,000 hommes ; la présence de troupes nombreuses sur la route de Verdun. Cette lettre insistait surtout sur la pénurie en vivres et munitions de l'armée de Metz. Le Maréchal mandait qu'il allait faire tous ses efforts pour reconstituer ses approvisionnements de toutes sortes, afin de reprendre sa marche, « dans deux jours, si cela est possible », par la route de Briey. Il ne perdrait pas de temps, ajoutait-il, à moins que de nouveaux combats ne vinssent déjouer ses combinaisons. Le maréchal Bazaine faisait donc des restrictions inquiétantes au sujet de ses projets ultérieurs (2).

---

(1) A la suite du télégramme qu'il avait reçu du maréchal Bazaine le 17 août, vers 5 heures du soir, l'Empereur lui avait télégraphié : « Dites-moi la vérité sur votre situation, afin de régler ma conduite ici. »

(2) Dans une lettre adressée de Charleville le 19 août au Ministre de la guerre, le commandant Magnan indiquait quatre jours au lieu de deux. « Quand j'ai quitté le maréchal, sa pensée était, dès qu'il aurait eu quatre jours de vivres dans le sac, et complété à peu près ses caissons, de marcher rapidement sur Verdun par la route de Briey en tournant la forte position d'Haudiomont et évitant des combats inutiles...... » Dans un mémoire postérieur, autographe et sans date, le commandant Magnan était encore moins optimiste : « Je devais ajouter que le maréchal était toujours, ainsi qu'il avait été convenu avec l'Empereur, dans l'intention de gagner Verdun, s'il pouvait le faire sans compromettre l'armée, mais que cette opération présentait depuis le 16 des difficultés bien sérieuses, sans compter que le maréchal était assez préoccupé en ce moment de ne trouver dans Metz que 800,000 cartouches d'infanterie et pas un atelier de fabrication immédiate. »

Le commandant Magnan était chargé en outre de donner à l'Empereur des détails sur la bataille du 16 août, de lui faire connaître la situation des vivres et des munitions de l'armée de Metz, mais sans l'alarmer; de lui annoncer enfin que le maréchal Bazaine avait toujours l'intention de marcher sur Verdun, tout en faisant au besoin un détour par le Nord, à partir de Briey (1). Le commandant Magnan fit part de ce projet au maréchal de Mac-Mahon (2).

De son côté, l'Empereur indiqua au commandant Magnan, comme direction générale, pour l'armée de Metz, la ligne de Thionville à Charleville, plutôt que la zone de Verdun « trop fortement occupée par les armées prussiennes (3) ».

La seconde communication était un télégramme daté de Metz, 18 août, 4 h. 5 du soir (4), aux termes duquel l'ennemi montrait de fortes masses qui paraissaient se diriger sur Briey, dans l'intention peut-être d'attaquer le 6ᵉ corps à Saint-Privat-la-Montagne. « Nous sommes donc de nouveau sur la défensive, ajoutait le maréchal Bazaine, jusqu'à ce que je sache la véritable direction des troupes qui sont devant nous et surtout celle de

---

(1) Le commandant Magnan au Ministre de la guerre, Charleville, 19 août; *Procès Bazaine*, première déposition du commandant Magnan, p. 324 et 326.

(2) Maréchal de Mac-Mahon, *Souvenirs inédits*.

(3) *Procès Bazaine*, Lettre du commandant Magnan au Ministre de la guerre, p. 351.

(4) Le télégramme porte bien 4 h. 5 du soir, mais il semble que la situation à laquelle il fait allusion soit antérieure. Le général de Rivières indique 2 heures. (*Procès Bazaine*, p. 21.) D'autre part, un télégramme du maréchal Bazaine à l'Empereur, expédié à 4 heures de l'après-midi, mentionne « une attaque conduite par le roi de Prusse en personne, avec des forces considérables, sur tout le front..... » et le télégramme de 4 h. 5 ne parle pas d'attaque. Cette dernière heure paraît donc inexacte.

l'armée de réserve que l'on dit être à Pange, sur la rive droite de la Moselle, sous les ordres du Roi, dont le quartier serait au château d'Aubigny (1). »

A 4 heures de l'après-midi, le Maréchal annonçait à l'Empereur qu'une attaque, conduite par le roi de Prusse en personne, avec des forces considérables, se produisait sur tout son front; que les troupes ne cédaient pas, mais que plusieurs batteries avaient été obligées de cesser le feu.

Un autre télégramme, expédié à 7 h. 50, disait : « L'attaque a été vive. En ce moment, 7 heures, le feu cesse ; nos troupes sont constamment restées sur leurs positions. »

Un peu plus tard, le seul fil télégraphique qui reliât encore Metz à Châlons et à Paris par Thionville, fut rompu (2).

Le grand quartier impérial et le maréchal de Mac-Mahon restaient sous l'impression de la dernière dépêche du maréchal Bazaine qui pouvait faire croire que toutes les attaques de l'ennemi avaient été repoussées (3). Le duc de Magenta pensait, le 19 au matin, que

---

(1) A l'instruction relative au *Procès Bazaine*, le maréchal de Mac-Mahon a déclaré qu'il ne croyait pas que cette dépêche lui eût été communiquée (n° 2); puis il a été moins affirmatif (n° 81) : « Il est possible, dit-il, que j'ai reçu cette dépêche, mais je n'en ai pas gardé le souvenir précis. » M. Amiot, directeur du service télégraphique du quartier impérial, affirme que ce télégramme a été envoyé par ses soins à l'état-major du Maréchal ; il en donne comme preuve qu'elle lui a été renvoyée le 18, à 8 heures du soir, pour être retransmise à Paris, où elle est arrivée. (*Procès Bazaine*, p. 378.)

(2) Les communications télégraphiques furent rétablies le 19 pendant une heure environ. (*Procès Bazaine*, p. 378.)

(3) « Les nouvelles du Maréchal, arrivées ce matin, sont bien meilleures que ne pouvait le faire espérer la dernière dépêche reçue hier, à 5 heures du soir. Le Maréchal est resté maître de toutes ses positions..... Sa ligne de retraite paraît parfaitement assurée. Nous pou-

l'armée de Metz avait dû « cette nuit, s'ouvrir un passage », vers le Nord-Ouest, vraisemblablement. Il faisait part au Ministre de cette manière de voir, ajoutant que son intention était toujours de se porter sur Reims, le 21, et d'y prendre une position d'attente (1). Il télégraphiait aussi à plusieurs reprises aux commandants supérieurs de Verdun et de Thionville pour avoir des renseignements sur la direction de la marche de l'armée de Metz. Il se considérait d'ailleurs comme libre de ses mouvements (2), à la suite de la dépêche que lui avait expédiée le maréchal Bazaine le 18 août, à midi, quand, le 19, un télégramme du Ministre de la guerre lui spécifia « comme objectif, de rejoindre le Maréchal (3) ». Le duc de Magenta ne put, toutefois, s'y résoudre immédiatement.

« J'étais, je l'avoue, assez indécis, dit-il plus tard dans sa déposition à l'*Enquête sur les actes du Gouvernement de la Défense nationale*. Abandonner le maréchal Bazaine que je croyais voir arriver d'un moment à l'autre sur la Meuse, me causait un véritable déchirement, mais, d'un autre côté, il me semblait urgent de couvrir Paris et de conserver à la France la seule armée qu'elle eût encore disponible (4). »

Comment arriver à concilier ces deux conditions con-

---

vous donc espérer faire notre jonction dans quelques jours. » (Général Ducrot, *Vie militaire*, t. II, p. 385.)

(1) Il chargeait le général Le Brettevillois, commandant le génie du 1ᵉʳ corps, « de se rendre immédiatement à Reims et d'y reconnaître les positions environnant cette ville, en vue de les faire occuper par l'armée. »

(2) *Enquête*, déposition du maréchal de Mac-Mahon, t. Iᵉʳ, p. 30.

(3) Cette dépêche n'existe pas aux Archives de la guerre, et le maréchal de Mac-Mahon n'en fait pas mention dans ses *Souvenirs inédits*. Il n'en est question que dans sa déposition à l'*Enquête sur les actes du Gouvernement de la Défense nationale*, t. Iᵉʳ, p. 30.

(4) *Enquête*, t. Iᵉʳ, p. 30.

tradictoires ? D'une part, le maréchal de Mac-Mahon ne se méprenait pas sur la valeur de l'armée de Châlons, et, entrevoyant assez nettement qu'elle n'était pas très apte à entreprendre une campagne sérieuse, il inclinait à la ramener sous Paris. Mais, d'autre part, s'il prenait ce parti et que l'armée de Metz vînt à essuyer un désastre, l'opinion publique et la postérité peut-être ne l'en rendraient-elles pas responsable ?

Tout contribuait à rendre ses perplexités, ses angoisses même plus vives, aussi bien l'influence morale de la défaite de Frœschwiller que le sentiment unanime des troupes et les instances du Gouvernement qui demandaient qu'on n'abandonnât pas le maréchal Bazaine (1). « Il faut s'être trouvé dans l'entourage du Maréchal et de l'Empereur pour comprendre l'anxiété qui y régna dans ces longues journées (2). »

Sans doute, le mouvement projeté sur Reims était une solution moyenne qui permettait ultérieurement de prendre l'un ou l'autre parti, mais le maréchal de Mac-Mahon ne pouvait se dissimuler qu'il n'était possible d'en différer l'adoption que de quelques jours à peine. Ses perplexités apparaissent dans le télégramme suivant qu'il expédia au maréchal Bazaine, à 3 h. 45 du soir :

« Si, comme je le crois, vous êtes forcé de battre en retraite très prochainement, je ne sais, à la distance où je me trouve, comment vous venir en aide sans décou-

---

(1) Colonel Stoffel, *La Dépêche du 20 août*, p. 15.

« Je ne comprend pas notre inaction ; comme je le disais hier au maréchal de Mac-Mahon, notre premier devoir serait de nous porter en avant pour attirer sur nous une partie des forces ennemies et soulager d'autant ces braves camarades. » (*Vie militaire du général Ducrot*, t. II, p. 387, Lettre à Mme Ducrot, du 21 août 1870.)

(2) Colonel Stoffel, *loc. cit.*, p. 16.

vrir Paris. Si vous en jugez autrement, faites-le-moi savoir (1). »

Mais, dans la soirée du 19 août, les hésitations du maréchal de Mac-Mahon cessent, sous l'influence de causes difficiles à déterminer : il se résout à marcher au-devant de l'armée de Metz et télégraphie en ces termes au Ministre de la guerre :

« Veuillez dire au Conseil des Ministres qu'il peut compter sur moi, et que je ferai tout pour rejoindre Bazaine (2). »

Le même jour, apprenant « de source certaine » qu'il n'y avait pas de reconnaissance « sérieusement organisée », exception faite pour la division de cavalerie du général de Salignac-Fénelon ; que les corps ne se gardaient pas ; que les troupes du général de Failly, à Chaumont et à Blesme, étaient dépourvues d'un service de sûreté rationnel ; que, par suite, de faibles partis ennemis avaient pu couper les voies ferrées en plusieurs points, le général de Palikao recommandait au maréchal de Mac-Mahon de donner des ordres pour que l'on redoublât de vigilance.

Le duc de Magenta prescrivit le lendemain aux commandants de corps d'armée de pousser au loin, et dans toutes les directions, des reconnaissances de cavalerie qui pussent les renseigner sur la position et les mouvements de l'ennemi. Ils devaient lui adresser chaque jour un rapport faisant connaître le résultat de ces reconnaissances.

---

(1) *Papiers et Correspondance de la famille impériale*, t. Ier, p. 412.
« Cette dépêche peut paraître n'avoir pas toute la clarté désirable. Je l'avais rédigée ainsi afin que si elle venait à tomber entre les mains de l'ennemi, il ne pût en déterminer le sens, restant toutefois assez claire, pour le maréchal Bazaine, pour lui faire comprendre que j'avais l'intention de marcher sur Paris si je ne recevais aucun contre-ordre de sa part. » (Maréchal de Mac-Mahon, *Souvenirs inédits*.)

(2) *Les Papiers secrets de l'Empire*, p. 73.

Le grand quartier impérial recevait des informations par d'autres voies, celle des préfets des départements envahis ou sur le point de l'être, et celle des maires. Ainsi, le préfet de la Meuse signalait, dès le 18 « un corps d'armée considérable dans les environs d'Apremont » ; une avant-garde prussienne serait arrivée à Bar-le-Duc et un détachement de 6,000 hommes à Demange-aux-Eaux. Le 19, il annonçait que l'arrondissement de Commercy et une partie de celui de Bar-le-Duc étaient envahis par les Prussiens ; que 1000 cavaliers environ se dirigeaient sur Saint-Dizier ; que des éclaireurs avaient été vus à Revigny-aux-Vaches. L'armée ennemie paraissait, à son avis « se concentrer entre Saint-Mihiel, Sampigny, Apremont. »

Le préfet de la Haute-Marne signalait aussi la marche de 5,000 cavaliers et 7,000 fantassins, de Gondrecourt sur Saint-Dizier et des colonnes de toutes armes se dirigeant de Vézelise sur Vaucouleurs.

Le préfet des Vosges mandait le 18 qu'un corps considérable avait séjourné le 16 à Bayon et fait préparer à Charmes 25,000 rations pour une autre colonne. Il mandait d'Épinal, le 19, que les Prussiens avaient occupé, le 18, Mirecourt et Neufchâteau, d'où, d'après d'autres renseignements de la Haute-Marne, ils se seraient portés sur Vézelise, et que des colonnes nombreuses traversaient la partie Nord du département des Vosges, paraissant se diriger également sur Bayon.

Le sous-préfet de Vassy télégraphiait le 18 qu'une armée de 150,000 hommes marchait sur Bar-le-Duc et Saint-Dizier « en deux colonnes », l'une venant de Gondrecourt et de Ligny-en-Barrois, l'autre de Verdun. Le maire de Gondrecourt annonçait, dans la matinée du 19, qu'une armée prussienne, « dont l'extrême gauche a suivi la ligne de Colombey à Gondrecourt », faisait route sur Châlons, et qu' « une division de six régiments de cavalerie légère était campée à Demange-aux-Eaux ». Partout l'ennemi demandait des nouvelles du maréchal de Mac-Mahon.

L'ensemble de ces renseignements permettaient de conclure à la marche d'une armée allemande, vraisemblablement celle du Prince royal, vers Châlons—Vitry ; les gros des colonnes semblaient être déjà sur la Meuse ; les avant-gardes au delà de ce fleuve.

Les informations étaient plus contradictoires dans la région Verdun—Montmédy—Metz—Thionville, où la position se compliquait de l'incertitude où l'on se trouvait sur la situation réelle du maréchal Bazaine. Dans la matinée du 19, le commandant supérieur de Verdun n'en avait pas de nouvelles ; le colonel Turnier mandait de Thionville, dans l'après-midi, que « d'après tous les renseignements », l'armée de Metz était au Nord-Ouest de cette place, vers Briey, et qu'elle « livrait tous les jours des combats heureux » ; puis, dans la soirée, il annonçait qu'il était « impossible d'avoir des nouvelles du maréchal Bazaine que l'on disait ce matin à Metz ». D'après le sous-préfet de Verdun, Étain et ses environs seraient occupés par un détachement ennemi fort de 3,000 à 4,000 hommes. Il ajoutait que « des personnes arrivées, ce matin, de Saint-Mihiel, assuraient que cette ville était occupée par le prince Frédéric-Charles et que son armée s'y concentrait ».

On apprenait que l'ennemi avait coupé la ligne des Ardennes sur plusieurs points, à Hayange, à Audun-le-Roman, entre Pierrepont et Uckange, entre Thionville et Metz ; ses coureurs sillonnaient la région entre Verdun et Montmédy. Les Allemands semblaient recevoir des renforts : 50,000 hommes de la landwehr avec de l'artillerie auraient passé les 16 et 17 août à Trèves, se dirigeant vers Sarrebrück ; un autre corps, venant de Sierck, se dirigerait sur Briey ; un matériel de siège important arriverait par grande vitesse de Wesel et de Coblentz ; l'armée du général Vogel de Falkenstein se porterait à marches forcées sur la frontière française. On parlait aussi, disaient des renseignements de Thionville, « d'un projet qu'aurait conçu l'ennemi de relier Forbach à Frouard par une voie ferrée qui se rendrait de Courcelles ou de Peltre à Ars, afin que les troupes prussiennes puissent tourner Metz. »

CHAPITRE V

La marche sur Reims.

Le 20 août, dans la matinée, le maréchal de Mac-Mahon abandonne provisoirement le projet de mouvement sur Reims. Les renseignements qu'il a reçus « semblent indiquer que les trois armées ennemies sont placées de manière à intercepter à Bazaine les routes de Briey, de Verdun et de Saint-Mihiel (1) ». Dès lors, ignorant la direction de la retraite de l'armée de Metz, il prend le parti de rester au camp jusqu'à ce qu'il sache si sa marche s'effectue vers le Nord ou vers le Sud (2). Il en rend compte au Ministre de la guerre qui lui répond : « Le seul renseignement que je puisse vous donner est le suivant : le 18 au soir, Bazaine occupait comme position la ligne Amanvillers à Jussy (3). »

Le maréchal de Mac-Mahon redouble d'efforts pour en être informé et s'adresse à cet effet aux commandants supérieurs de Thionville et de Montmédy, et même au préfet des Vosges, dans l'hypothèse où le maréchal Bazaine se replierait « vers le Midi à travers le pays situé sur la rive droite de la Moselle (4) ». Le colonel Stoffel envoie en mission, dans le même but, deux inspecteurs de la police

---

(1) Le maréchal de Mac-Mahon au Ministre de la guerre, 20 août, 8 h. 45 matin (D. T. Ch.).
(2) Ibid.
(3) Papiers et Correspondance de la famille impériale, t. Ier, p. 38.
(4) « A cette époque, la préoccupation générale, au camp de Châlons, était de communiquer avec l'armée de Metz. » (Procès Bazaine, déposition du colonel Stoffel, p. 388.)

de sûreté générale, les sieurs Miès et Rabasse (1). De son côté, le Ministre télégraphie, à ce sujet, aux commandants supérieurs de Longwy et de Mézières.

Mais, dans l'après-midi, le maréchal de Mac-Mahon est avisé, par le colonel Stoffel, de la présence, à 40 kilomètres environ du camp de Châlons, de coureurs ennemis qui avaient exigé des vivres et des fourrages pour une avant-garde qui, à leur dire, devait arriver dans l'après-midi (2). Cette nouvelle le détermine à quitter le camp de Châlons et à se porter le lendemain sur Reims (3). Il fait part de cette décision au Ministre de la guerre par un télégramme expédié à 4 h. 45 du soir (4), et ajoute : « Si Bazaine perce par le Nord, je serai plus à même de lui venir en aide ; s'il perce par le Sud, ce sera à une telle distance que je ne pourrai, dans aucun cas, lui être utile. »

Le duc de Magenta laissait au camp, jusqu'au 22, la division de cavalerie Bonnemains avec un soutien d'un bataillon du 12ᵉ corps, pour permettre de replier la plus grande quantité possible des approvisionnements, du matériel et du campement qui s'y trouvait ; il priait en même temps le Ministre de « donner des ordres pour que la ligne de communication fût établie par Soissons et Épernay ».

Le général de Palikao ne fit aucune objection à ce projet qu'il avait déjà d'ailleurs admis en principe le 18 août ; il demanda seulement au Maréchal quelques

---

(1) Colonel Stoffel, *loc. cit.*, p. 18.
(2) Instruction relative au *Procès Bazaine*, déposition du colonel Stoffel. Le colonel ajouta que « si quelques régiments de cavalerie ennemie venaient à faire irruption dans le camp, ils y produiraient infailliblement une panique générale. » (*La Dépêche du 20 août*, p. 20.) Cette appréciation était bien pessimiste.
(3) *Procès Bazaine*, déposition du colonel Stoffel, p. 391.
(4) *Les Papiers secrets de l'Empire*, p. 75.

explications sur le mouvement et sur les conditions dans lesquelles il l'effectuerait (1).

La marche devait se faire en deux colonnes : colonne du Nord, 12ᵉ et 5ᵉ corps (2), par la route de Bar-le-Duc à Reims, qui passe entre Mourmelon-le-Grand et Mourmelon-le-Petit; colonne du Sud, 1ᵉʳ et 7ᵉ corps, par l'itinéraire Bouy, Livry, les-Petites-Loges, Sillery, Puisieulx, Trois-Puits, Bezannes. Le départ était fixé : pour les 1ᵉʳ et 12ᵉ corps, à 4 h. 30; pour les 5ᵉ et 7ᵉ, à 9 heures du matin.

Les emplacements suivants étaient assignés autour de Reims : 12ᵉ corps, au Nord-Ouest, en arrière du canal de l'Aisne à la Marne, sa gauche à Saint-Thierry, sa droite à la Vesle, près de Marais-Château; 5ᵉ corps, à l'Ouest, sur la rive gauche de la Vesle, sa droite à Reims, sa gauche à Champigny; 1ᵉʳ corps, également à l'Ouest, entre Thillois et Ormes; 7ᵉ corps, au Sud, entre Villers-aux-Nœuds et la route de Ville-en-Tardenois (3), avec une division détachée sur les hauteurs entre Trois-Puits et Cormontreuil.

La division de cavalerie du 12ᵉ corps, sous les ordres du général de Salignac-Fénelon (4), devait se rendre dans la soirée du 20 à Châlons et y rester jusqu'à nouvel ordre, avec mission « d'éclairer au loin tout l'intervalle compris entre les routes de Châlons à Vitry, et de

---

(1) Le Ministre de la guerre au maréchal de Mac-Mahon, 20 août, 11 heures soir (D. T. Ch.).

(2) La division de Lespart, seule, était au camp de Châlons.

(3) L'ordre du maréchal de Mac-Mahon dit : « Le 7ᵉ corps prendra position au Sud de Reims, sur la rive gauche du Rouillat, sa droite à Villers-aux-Nœuds, sa gauche s'appuyant à la route d'Épernay. » Cette dernière indication ne peut s'accorder avec la rive gauche du Rouillat et semble donc erronée.

(4) Elle se composait, à la date du 20 août de la brigade Savaresse (1ᵉʳ et 7ᵉ lanciers) et du 4ᵉ régiment de chasseurs d'Afrique.

Châlons à Sainte-Menehould ; la division de cavalerie de réserve Bonnemains, maintenue au camp, le 21, rejoindrait l'armée le 22.

Le quartier général était transféré à Reims.

Enfin, le général Mitrecé, directeur du grand parc, recevait du Ministre de la guerre l'ordre de replier immédiatement sur Paris tout le matériel de campagne et toutes les armes qui ne seraient pas nécessaires à l'armée.

Le 21 août, le mouvement de l'armée, du camp de Châlons sur Reims, s'effectua conformément aux instructions données la veille. Des ordres défectueux, une chaleur très forte, une poussière crayeuse épaisse, le manque d'entraînement d'une partie des troupes, la longue durée de l'étape (1) rendirent cette première marche « des plus pénibles (2) ». Un grand nombre de soldats des régiments d'infanterie de marine et de ceux de nouvelle formation surtout, restèrent en arrière (3). Le stationnement, aux environs de Reims, différa de celui qu'avait indiqué l'ordre de la veille. Le 1er corps s'établit à Courcelles (quartier général) à Ormes (1re division), Taissy (2e et division de cavalerie) (4), Cormontreuil (3e et 4e divisions); la division de Lespart, du 5e corps, entre Reims et Tinqueux, avec le quartier général du corps d'armée dans cette dernière localité ;

---

(1) Le général Lebrun fait observer avec raison que l'étape de 32 à 35 kilomètres, pour le 12e corps, était trop forte pour une première marche (*Bazeilles-Sedan*).

(2) Maréchal de Mac-Mahon, *Souvenirs inédits* ; *Journal* de marche de la 3e division du 1er corps; *Journal* de marche de l'artillerie du 12e corps ; Ordre général du 12e corps.

(3) Maréchal de Mac-Mahon, *Souvenirs inédits;* Général Lebrun, *loc. cit.*, p. 32.

(4) Moins la brigade de Septeuil, qui arrivait ce jour-là au camp de Châlons.

le 7ᵉ corps, tout entier, à Sillery, sauf la 3ᵉ division à Reims même ; le 12ᵉ à les Marais (quartier général), la Neuvillette (1ʳᵉ division), Saint-Thierry (2ᵉ), entre Saint-Thierry et la Neuvillette (3ᵉ division et réserves d'artillerie et du génie). Le quartier impérial et le quartier général furent installés à Courcelles.

L'armée de Châlons était donc, non pas concentrée mais agglomérée autour de Reims, comme à la veille d'une bataille, et cette situation était bien faite pour rendre l'alimentation difficile et créer des obstacles à la marche. Le maréchal de Mac-Mahon, après avoir visité les camps, arriva à Courcelles vers 7 heures du soir. Il y apprit que l'Empereur l'avait fait demander, et que le président du Sénat, M. Rouher, était auprès du souverain, sans mission officielle d'ailleurs (1), et cherchait à lui persuader que l'armée devait se porter « non sur Paris, mais vers l'Est, à la rencontre du maréchal Bazaine (2) ».

Le Ministre de la guerre, dans un télégramme à l'Empereur du 21 août, 10 heures du matin, n'était pas aussi absolu, tout en n'admettant pas le retour de l'armée à Paris. A son avis, il y avait deux partis à prendre : ou dégager promptement le maréchal Bazaine, dont la position lui paraissait « des plus critiques, en se portant en toute hâte sur Montmédy » ; ou marcher contre le prince royal de Prusse, « dont l'armée est nombreuse et qui a pour mission d'entrer dans Paris où il serait proclamé empereur d'Allemagne ».

Dans ce dernier cas, le Ministre proposait à l'Empereur d'envoyer le 13ᵉ corps (général Vinoy) à la Ferté-sous-Jouarre, « où il serait le pivot d'un mouvement tournant de l'armée de Mac-Mahon qui marcherait vigou-

---

(1) *Enquête*, t. Iᵉʳ, p. 238, déposition de M. Rouher.
(2) Maréchal de Mac-Mahon, *Souvenirs inédits*.

reusement sur le flanc de l'armée prussienne, soit qu'elle prenne la route de Vitry, Champaubert et Montmirail, soit qu'elle se dirige par Vassy, Montiérender et Brienne (1) ».

Le général de Palikao laissait donc, à ce moment au maréchal de Mac-Mahon le choix entre ces deux solutions ; à peine laissait-il entrevoir ses préférences pour la première (2). Mais un second télégramme du Ministre, de 5 heures du soir, était beaucoup plus affirmatif. « Je considère comme indispensable, écrivait-il au maréchal de Mac-Mahon, que votre armée aille dégager le maréchal Bazaine. Songez à l'effet moral que produirait toute apparence d'abandon de cette armée qui a héroïquement combattu et qui est formée d'excellentes troupes. Faites-moi connaître votre intention. »

Le Ministre ajoutait que les convois de vivres et de munitions étaient échelonnés sur la route de Montmédy à Thionville et que l'armée de Metz en manquait « totalement ».

---

(1) D'après le général de Palikao, le bruit courait « que le Prince royal devait abandonner la direction de la Marne sur Paris et descendre de Bar-le-Duc, par Vassy, sur la ligne de l'Aube que les armées alliées avaient suivi en 1814. » (*Un Ministère de la guerre de vingt-quatre jours*, p. 96.)

(2) *Enquête*, t. Ier, p. 171, déposition du général de Palikao.

CHAPITRE VI

La conférence de Courcelles.

Le maréchal de Mac-Mahon, à son arrivée à Courcelles, n'avait reçu aucune nouvelle du maréchal Bazaine (1). Aussi, revenant sur sa décision du 19 août, était-il bien résolu en se rendant auprès de l'Empereur, « à marcher sur Paris (2) ». Le général Faure, son chef d'état-major, l'accompagnait.

La question des mouvements ultérieurs de l'armée de Châlons, soit vers Paris, soit vers l'Est, dans le but de porter secours au maréchal Bazaine, se posa immédiatement. M. Rouher se prononça pour la seconde solution. Il chercha à convaincre le maréchal de Mac-Mahon que rien n'exigeait qu'il se repliât sur la capitale ; que cet abandon de l'armée de Metz serait des plus fâcheux et « aurait, à Paris, les plus graves inconvénients » ; il ajouta que le Conseil des Ministres et l'Impératrice étaient de son avis (3). Il n'ignorait pas que le Prince royal était en marche sur Paris, mais il lui fallait, affirmait-il, huit jours pour y arriver et, pendant ce laps de temps, le maréchal de Mac-Mahon ne pourrait-il faire sa jonction avec le maréchal Bazaine et « revenir sur le Prince royal ? » Ainsi la capitale serait protégée « dans

---

(1) « Nous sommes sans nouvelles du maréchal Bazaine ; les communications sont absolument interrompues depuis le 18 au soir ; ce silence est effrayant. » (Général Ducrot, *Vie militaire*, t. II, p. 386.)
(2) *Enquête*, t. Ier, p. 30, déposition du maréchal de Mac-Mahon.
(3) *Ibid*.
 Ibid., déposition de M. Rouher, t. Ier, p. 239.

des conditions de victoire » et tous les intérêts sauvegardés (1).

Le duc de Magenta se montra « très opposé à ces idées (2) ». Il exposa à son tour à son interlocuteur qu'il ne se croyait pas en état de risquer de se trouver « au milieu des armées prussiennes »; que, d'après les renseignements qui lui étaient parvenus la veille au soir, il devait supposer le maréchal Bazaine entouré à Metz par 200,000 hommes; qu'en avant de Metz, dans la direction de Verdun, se trouvait l'armée du prince de Saxe, évaluée à 80,000 hommes; que le Prince royal de Prusse arrivait près de Vitry-le-François, à la tête de 150,000 hommes; qu'en se portant vers l'Est, il pouvait se trouver « dans la position la plus difficile » et éprouver un désastre qu'il voulait éviter. L'armée de Metz, ajouta le Maréchal, pouvait être battue; il était donc « de la plus haute importance de conserver à la France l'armée de Châlons qui, bien que composée en partie de régiments de marche, avait néanmoins assez d'anciens cadres pour servir à réorganiser une armée de 250,000 à 300,000 hommes (3) ».

Consulté par le maréchal de Mac-Mahon, le général Faure estima que la marche vers l'Est était « impossible » et que la seule solution rationnelle était « de revenir sur Paris (4) ».

---

(1) *Enquête*, déposition de M. Rouher, t. Ier, p. 239.
(2) *Ibid.*
(3) Telle est la déposition du maréchal de Mac-Mahon à l'*Enquête sur les actes du Gouvernement de la Défense nationale* (t. Ier, p. 30-31). La déposition de M. Rouher (t. Ier, p. 239) ne reproduit pas tous ces détails. Il ne cite que les paroles ci-après du Maréchal : « C'est impossible d'aller secourir Bazaine. Bazaine n'a pas de munitions, n'a pas de vivres, et sera obligé de capituler, et nous arriverions trop tard. » Dans ses *Œuvres posthumes*, Napoléon III n'a reproduit que ces dernières objections. (*Le Livre de l'Empereur*, p. 109.)
(4) *Enquête*, déposition de M. Rouher, t. Ier, p. 239.

Dans le cours de cette conversation, l'Empereur ne fit qu'une seule observation. Envisageant l'hypothèse d'une défaite de l'armée de Châlons, il déclara que « ce serait très grave ». « Que deviendrions-nous ? » demanda-t-il. M. Rouher répondit : « Votre Majesté n'aurait alors qu'une seule chose à faire : se jeter au milieu de l'ennemi et se faire tuer (1) ».

Le maréchal de Mac-Mahon termina en disant qu'il éprouvait « une douleur réelle d'abandonner le maréchal Bazaine »; qu'il savait que, si son collègue venait à succomber, il serait « hautement accusé de lâcheté pour ne pas lui être venu en aide »; que, néanmoins, il croyait conforme à l'intérêt du pays de rétrograder sur Paris (2). Tel était le projet, conclut-il, qu'il avait l'intention bien arrêtée de mettre à exécution le surlendemain, 23 août, à moins que les instructions qu'il avait demandées au maréchal Bazaine ne lui fussent parvenues dans l'intervalle (3).

M. Rouher s'inclina, et l'Empereur, sans faire aucune

---

(1) Maréchal de Mac-Mahon, *Souvenirs inédits*.
(2) *Ibid*.
(3) *Enquête*, déposition du maréchal de Mac-Mahon, t. Ier, p. 31. D'après le colonel Stoffel, le maréchal de Mac-Mahon aurait été mal servi par ses souvenirs, dans cette dernière partie de sa déposition. Il n'aurait formulé aucune réserve à son intention de revenir sur Paris. « La réserve ou la déclaration dont il s'agit, en supposant que le Maréchal l'eût faite, ne prouverait qu'une chose : son désir de retarder le plus longtemps possible le moment de prendre un parti, car il devait savoir que le commandant de l'armée du Rhin ne lui enverrait aucune instruction. Ce dernier n'avait-il pas écrit, en effet, le 18 août, à midi : « C'est au Ministre à vous donner des ordres, vos opérations étant tout à fait en dehors de ma zone d'action, et je craindrais de vous donner une fausse direction. » Comment pouvoir supposer que le commandant en chef de l'armée du Rhin, qui venait d'écrire deux jours auparavant une dépêche si nette, enverrait des instructions, lui qui, privé de nouvelles depuis ce moment, ignorait toutes choses de l'armée de Châlons,

objection (1), demanda seulement au président du Sénat son avis sur la situation, étant admis que l'on renonçait au mouvement vers l'Est. M. Rouher proposa de nommer le maréchal de Mac-Mahon généralissime de toutes les forces réunies à Reims et à Paris, avec mission de préparer la défense de la capitale; il conseilla aussi à l'Empereur de revenir à Paris avec l'armée (2). « Votre Majesté, assurait-il, ne peut retourner isolée; il faut qu'Elle revienne au milieu de ses soldats (3).

Le Maréchal accepta, et l'on rédigea séance tenante : le décret de nomination du duc de Magenta, puis une lettre que l'Empereur lui adressait, une note où le souverain indiquait, en dix-huit paragraphes, toutes les mesures à prendre en prévision d'un siège, enfin deux projets d'une proclamation aux troupes destinée à leur expli-

---

sa force, sa composition, son état moral et jusqu'au lieu où elle se trouvait ? » (*La Dépêche du 20 août*, p. 22-23.)

Dans sa déposition à l'*Enquête*, M. Rouher ne fait pas mention d'une réserve quelconque formulée par le maréchal de Mac-Mahon à la Conférence du 21 août.

(1) *Enquête*, déposition du maréchal de Mac-Mahon, t. Ier, p. 31.

(2) Le Conseil des Ministres n'avait pas favorablement accueilli la nomination du général Trochu comme gouverneur de Paris. A la Commission chargée de l'enquête sur le 4 Septembre, un membre demanda à M. Rouher si, dès le 21 août, il s'était manifesté, dans le Conseil des Ministres, des défiances contre le général Trochu. « Des défiances, c'est trop dire, répondit M. Rouher, mais enfin je ne dois pas vous dissimuler que lorsque je proposai à l'Empereur de nommer le maréchal de Mac-Mahon généralissime, c'était pour placer le général Trochu sous les ordres du maréchal de Mac-Mahon, parce que je trouvais que la situation du général Trochu était une situation mal définie vis-à-vis du Ministre de la guerre et que je trouvais, dans les services rendus par le maréchal de Mac-Mahon, dans son autorité, dans son bon esprit, une garantie de la bonne direction des affaires militaires à Paris et de l'armée qui aurait été sous les murs de Paris. (*Enquête*, déposition de M. Rouher, t. Ier, p. 242.)

(3) *Enquête*, déposition de M. Rouher, t. Ier, p. 239.

quer les motifs pour lesquels on ne se portait pas au secours du maréchal Bazaine (2).

« Nous ne pouvions, disait ce dernier document, nous rapprocher de Metz avant plusieurs jours ; d'ici à cette époque, le maréchal Bazaine aura sans doute brisé les obstacles qui l'arrêtent ; d'ailleurs, pendant notre marche directe sur Metz, Paris restait découvert et une armée prussienne nombreuse pouvait arriver sous ses murs. Le système des Prussiens consiste à concentrer leurs forces et à agir par grandes masses. Nous devons imiter leur tactique ; je vais donc vous conduire sous les murs de Paris, qui forment le boulevard de la France contre l'ennemi (3). »

Il fut convenu qu'on enverrait ces pièces, le lendemain matin, à Paris, pour que le Gouvernement confirmât les instructions qu'il y avait à donner, et fît les insertions nécessaires au *Journal officiel*, dès que l'armée aurait commencé son mouvement rétrograde (1). M. Rouher repartit pour Paris la nuit même.

---

(2) Tous ces documents ont été publiés dans les *Papiers et Correspondance de la famille impériale*, t. 1er, p. 59-63, sauf la note relative aux mesures en prévision d'un siège ; celle-ci, d'après la déposition de M. Rouher à l'*Enquête*, a été remise par lui au Ministre de la guerre ; elle n'a pu être retrouvée.

(3) *Papiers et Correspondance de la famille impériale*, t. Ier, p. 62.

(1) *Enquête*, déposition de M. Rouher, t. Ier, p. 240 ; déposition du maréchal de Mac-Mahon, t. Ier, p. 31.

CHAPITRE VII

Adoption du plan Palikao.

Le 22 août, dans la matinée, le maréchal de Mac-Mahon dictait à son chef d'état-major des instructions pour le mouvement de l'armée sur Paris qu'il se proposait de commencer le lendemain (1), quand M. Piétri, secrétaire de l'Empereur, lui remit vers 10 heures une dépêche du maréchal Bazaine, datée du Ban-Saint-Martin, 19 août, transmise par le Ministre de la guerre et ainsi conçue :

« L'armée s'est battue hier toute la journée sur les positions de Saint-Privat-la-Montagne à Rozérieulles, et les a conservées. Les 4e et 6e corps seulement ont fait, vers 9 heures du soir, un changement de front, l'aile droite en arrière, pour parer à un mouvement tournant par la droite, que les masses ennemies tentaient d'opérer à l'aide de l'obscurité. Ce matin, j'ai fait descendre de leurs positions les 2e et 3e corps, et l'armée est de nouveau groupée sur la rive gauche de la Moselle, de Longeville au Sansonnet, formant une ligne courbe, passant derrière les forts de Saint-Quentin et de Plappeville. Les troupes sont fatiguées de ces combats incessants, qui ne leur permettent pas les soins matériels, et il est indispensable de les laisser reposer deux ou trois jours. Le roi de Prusse était ce matin à Rezonville, avec M. de Moltke, et tout indique que l'armée prussienne va tâter la place de Metz.

« Je compte toujours prendre la direction du Nord et

---

(1) Maréchal de Mac-Mahon, *Souvenirs inédits*.

me rabattre ensuite par Montmédy, sur la route de Sainte-Menehould à Châlons, si elle n'est pas fortement occupée ; dans le cas contraire, je continuerai sur Sedan et même Mézières pour gagner Châlons..... (1) »

De ce télégramme, le maréchal de Mac-Mahon conclut tout au moins que le maréchal Bazaine allait se mettre en mouvement à bref délai et que l'armée de Châlons pourrait le joindre aux environs de Montmédy (2). Peut-être même pensa-t-il, comme il le dit dans ses *Souvenirs inédits*, que le maréchal Bazaine « était, en ce moment, en marche sur Montmédy ».

Jusqu'alors, le maréchal de Mac-Mahon ne s'était pas dissimulé que l'opinion publique ne manquerait pas de lui faire un grief d'avoir abandonné son collègue, mais il avait conscience, en préconisant la retraite sur Paris, de faire passer au premier plan les véritables intérêts de la France, en n'exposant pas, dans une entreprise téméraire, la dernière armée capable de la défendre (3). Désormais, la situation était toute différente dans son esprit, dès l'instant où il avait reçu des nouvelles du maréchal Bazaine et des renseignements sur ses projets (4).

Que le départ de Metz fût un fait accompli ou sur le point de se réaliser, le maréchal de Mac-Mahon jugea « qu'il ne pouvait laisser l'armée de Metz, affaiblie par plusieurs batailles, rencontrer seule des forces aussi considérables (5) ». La pensée de pouvoir venir en

---

(1) Ce télégramme fut remis par le maréchal Bazaine lui-même au garde-forestier Braidy, le 20 août, à 3 heures de l'après-midi. Ce courageux émissaire le porta de Metz à Verdun. (*Procès Bazaine*, p. 304.)

(2) *Enquête*, déposition du maréchal Mac-Mahon, t. Ier, p. 31.

(3) Renseignements fournis à la Section historique le 4 mars 1903, par M. le général Broye.

(4) *Ibid.*

(5) Renseignements fournis par M. le général Péting de Vaulgrenant.

aide à son collègue lui fut d'ailleurs un véritable soulagement (1), et plusieurs généraux, parmi lesquels le général Ducrot, exprimèrent la satisfaction qu'ils éprouvaient de voir qu'on n'abandonnait pas le maréchal Bazaine (2).

Sans hésiter, le maréchal de Mac-Mahon annula donc les ordres qu'il venait de donner et prit ses dispositions pour se lier au mouvement du maréchal Bazaine, en se dirigeant sur Montmédy où il espérait le rencontrer.

C'est un point qu'il importe de bien remarquer, en effet. En quittant Reims pour prendre la direction du Nord-Est, le duc de Magenta croyait le maréchal Bazaine sorti de Metz et en marche sur Montmédy. Son intention n'était nullement d'aller à Metz mais seulement de dégager son collègue en facilitant sa retraite (3).

Quand, dans ses *Souvenirs inédits*, le maréchal de Mac-Mahon, exposant sa nouvelle détermination, ajoute :

---

(1) Renseignements fournis par M. le général Broye.

(2) Renseignements fournis à la Section historique le 6 mars 1903 par M. le général Kessler. (Cf. *Vie militaire du général Ducrot*, t. II, p. 387.)

(3) « Lorsque le maréchal de Mac-Mahon a quitté Reims le 23, il avait pour but de donner la main à l'armée de Metz et de faciliter sa retraite; *il ne pouvait en avoir d'autre*. S'il avait reçu du maréchal Bazaine l'ordre d'aller jusqu'à Metz, il aurait obéi, j'en suis persuadé. Mais ce projet ne pouvait pas se présenter, le 23, à son esprit. (Renseignements fournis par M. le général de Vaulgrenant.)

« Depuis le 19, je n'ai aucune nouvelle de Bazaine ; si je me porte à sa rencontre..... », écrivait le maréchal de Mac-Mahon au Ministre de la guerre, le 27 août. « Abandonner le maréchal Bazaine, que je croyais pouvoir arriver d'un moment à l'autre sur la Meuse me causait un véritable déchirement..... » a dit le maréchal de Mac-Mahon après la guerre. (*Enquête*, t. 1er, p. 30.)

Le général Ducrot, qui fut à maintes reprises le confident du maréchal de Mac-Mahon, écrit à la date du 24 août. « ..... Nous nous avançons vers le Nord-Ouest avec l'espoir de donner la main à Bazaine dans la vallée de la Meuse. » (*Vie militaire*, t. II, p. 388.)

« Ce fut cette persuasion, et cette persuasion seule, qui me fit prendre cette résolution », il veut affirmer, sans doute, qu'aucune influence extérieure n'est intervenue. Mais il entend affirmer aussi sa conviction du mouvement imminent, ou déjà commencé, du maréchal Bazaine vers l'Ouest.

Sa décision prise, le maréchal de Mac-Mahon en informa immédiatement le Ministre de la guerre.

A 10 h. 45 du matin, il lui expédia le télégramme suivant :

« Le maréchal Bazaine a écrit le 19 qu'il comptait toujours opérer son mouvement de retraite par Montmédy. Par suite, je vais prendre mes dispositions pour me porter sur l'Aisne. Prévenez le Conseil des Ministres et accusez-moi réception de cette dépêche. »

Il rédigea aussitôt après, à 10 h. 55, un second télégramme, destiné au maréchal Bazaine, et conçu en ces termes :

« Reçu votre dépêche du 19. Suis à Reims ; me porte dans la direction de Montmédy ; serai après-demain sur l'Aisne, d'où j'agirai selon les circonstances pour vous venir en aide. Envoyez-moi de vos nouvelles. »

Il chargeait à la fois le commandant supérieur de Verdun, celui de Montmédy et le maire de Longuyon de faire parvenir ce message au maréchal Bazaine, « par des émissaires différents (1) ».

Le télégramme que venait de recevoir le maréchal de Mac-Mahon était-il suffisant pour le déterminer à renverser ses premiers projets ? Les raisons qu'il avait données la veille à M. Rouher, pour expliquer la nécessité du mouvement sur Paris, cessaient-elles d'être

---

(1) Le maréchal de Mac-Mahon au général commandant à Verdun, au commandant supérieur de Montmédy et au maire de Longuyon, Courcelles-les-Reims, 22 août.

vraies le 22 ? Il ne se croyait pas, le 21, en état de risquer de se trouver « au milieu des armées prussiennes ». Cet argument si sérieux n'était-il donc plus valable le lendemain ? Le maréchal Bazaine exprimait, à la vérité, son intention déjà connue de marcher vers le Nord, mais rien ne prouvait qu'il fût déjà en mesure de le faire, et surtout qu'il fût en route. Il y eut donc, en réalité, de la part du maréchal de Mac-Mahon, interprétation défectueuse du télégramme du maréchal Bazaine. Mais, une fois sa décision prise, il est certain que la direction choisie par le maréchal de Mac-Mahon était bien celle qui répondait le mieux à la situation. C'était, en effet, sur Vouziers et Rethel qu'il fallait se porter pour aider au mouvement de l'armée de Metz, à qui la route de Verdun était interceptée, et qui ne pouvait effectuer sa retraite que par Montmédy et Mézières. Cette opération offrait en outre, relativement, peu de dangers, car, à supposer qu'au bout de quelques jours, on apprît que le maréchal Bazaine était toujours à Metz, on pouvait regagner facilement la vallée de l'Oise. En quittant Reims — il faut insister sur ce point, — le maréchal de Mac-Mahon ne se proposait pas, vraisemblablement, d'aller à Metz, mais seulement de tendre la main au maréchal Bazaine qu'il croyait en marche.

Sur ces entrefaites, M. Rouher, de retour à Paris, avait fait connaître au Conseil des Ministres, à 9 heures du matin, son voyage à Reims, la démarche qu'il avait faite et ses résultats. Le général de Palikao « exprima une contrariété sérieuse de voir la détermination prise par le maréchal de Mac-Mahon ». Son opinion s'affirmait de plus en plus : le Maréchal devait marcher sur Metz. « Il fit et il exposa des calculs militaires pour établir sa conviction. » Le Conseil partagea presque unanimement son avis ; on rédigea, à l'adresse de l'Empereur, une dépêche, au nom du Ministre et au nom du Conseil des Ministres, par laquelle on le priait d'examiner encore une fois s'il ne devait pas se décider à marcher sur Metz (1).

Ce télégramme, expédié à 1 h. 5 du soir, se croisa avec celui que le maréchal de Mac-Mahon avait expédié à 10 h. 45 du matin; il était conçu en ces termes :

« Le sentiment unanime (2) du Conseil en présence des nouvelles du maréchal Bazaine est plus énergique que jamais. Les résolutions prises hier devraient être abandonnées. Ni décrets, ni lettres, ni proclamations ne devraient être publiés. Un aide de camp du Ministre de la guerre part pour Reims avec toutes les instructions nécessaires. Ne pas secourir Bazaine aurait à Paris les plus déplorables conséquences. En présence de ce désastre, il faudrait craindre que la capitale ne se défendît pas. Votre dépêche à l'Impératrice nous donne la conviction que notre opinion sera partagée (3). Paris sera à même de se défendre contre l'armée du prince royal de Prusse. Les travaux sont poussés promptement. Une armée nouvelle se forme à Paris. Nous attendons une réponse par le télégraphe. »

L'Empereur ne communiqua pas le texte de cette dépêche au maréchal de Mac-Mahon, dont il connaissait déjà la résolution de marcher sur Montmédy; il lui en indiqua seulement le sens, à titre de renseignement (4).

A 4 heures du soir, Napoléon III répondit au Ministre de la guerre que l'armée se mettrait en mouvement le lendemain, 23 août, vers Montmédy; il le priait, dans le but de tromper l'ennemi, de faire annoncer par la

---

(1) *Enquête*, déposition de M. Rouher, t. 1er, p. 240.

(2) On a vu précédemment que M. Rouher dit : « presque unanimement ».

(3) Cette dépêche n'a pu être retrouvée. Peut-être s'agit-il de la dépêche du 18 août.

(4) *Enquête*, déposition du maréchal de Mac-Mahon, t. 1er, p. 32.

presse que le maréchal de Mac-Mahon se dirigeait sur Saint-Dizier, à la tête de 150,000 hommes (1).

Pendant ce temps, d'autres nouvelles du maréchal Bazaine, expédiées dans la soirée du 20 août, étaient arrivées à Paris et à Reims. Le Maréchal mandait à l'Empereur que ses troupes « occupaient toujours les mêmes positions »; que l'ennemi paraissait établir des batteries qui devaient servir à appuyer son investissement et recevait constamment des renforts; que le général Marguenat avait été tué à la bataille du 16 et qu'il y avait dans la place plus de 16,000 blessés(2). « Nous sommes sous Metz, écrivait-il au Ministre de la guerre, nous ravitaillant en vivres et en munitions. L'ennemi grossit toujours et paraît commencer à *nous investir*.... J'ai reçu une dépêche du maréchal de Mac-Mahon, auquel j'ai répondu ce que je compte pouvoir faire dans *quelques jours* (3). »

Le général de Palikao recevait le même jour, 22 août, un télégramme, daté du 20 août, du général Coffinières au colonel Turnier, commandant supérieur de Thionville : « ..... Si vous êtes certain de faire passer une dépêche, vous pouvez dire que les Prussiens ont attaqué notre armée sur le plateau d'Amanvillers, à 12 kilomètres environ à l'Ouest de Metz. Après un combat des plus vigoureux, nos troupes, cédant vers leur droite, faute de cartouches, se sont retirées sous Metz et sont

---

(1) *Papiers et Correspondance de la famille impériale*, t. Ier, p. 48.

(2) L'Empereur reçut ce télégramme le 22, à 2 h. 12 de l'après-midi. A l'Instruction relative au *Procès Bazaine*, le maréchal de Mac-Mahon a déclaré qu'il ne pensait pas que l'Empereur lui eût communiqué la dépêche entière; il se rappelait seulement que l'Empereur lui avait parlé de la mort du général Marguenat.

(3) Le Ministre reçut ce télégramme le 22, à 2 h. 20 de l'après-midi. A l'Instruction relative au *Procès Bazaine*, le maréchal de Mac-Mahon a déclaré n'avoir « aucune connaissance de cette dépêche ».

entassées entre Longeville, Saint-Quentin, Plappeville, le Coupillon, et la droite au fort Moselle. C'est une assez mauvaise position, attaquable sur les deux faces de l'Est et de l'Ouest. Les Prussiens s'établissent fortement autour de nous et ne nous laisserons pas longtemps pour nous refaire. Nous avons 11,000 à 12,000 blessés dans la place et peu de ressources pour les soigner (1). »

Le maréchal Bazaine avait expédié, également le 20 août, au maréchal de Mac-Mahon, un troisième télégramme, auquel le commandant de l'armée de Châlons attribua, par la suite, une très grande importance (2). Il était conçu en ces termes :

« J'ai dû prendre position près de Metz pour donner du repos aux soldats et les ravitailler en vivres et en munitions. L'ennemi grossit toujours *autour de moi*, et je suivrai très probablement, pour vous rejoindre, la ligne des places du Nord, et je vous préviendrai de ma marche, *si toutefois je puis l'entreprendre sans compromettre l'armée* (3) »

---

(1) Ce télégramme parvint au Ministre le 22, à une heure qui ne peut être précisée.

A l'Instruction relative au *Procès Bazaine*, le maréchal de Mac-Mahon a déposé qu'il ne se rappelait pas « avoir eu connaissance de cette dépêche. » Le maréchal de Mac-Mahon a ajouté à ce sujet :

« L'Empereur avait un bureau télégraphique attaché à son quartier général. Toutes les dépêches à mon adresse ou envoyées par moi passaient par ce bureau spécial, portant souvent l'indication : « A l'Empereur. » « L'Empereur arrivait le plus souvent avant moi au bivouac ; à mon arrivée, il me donnait, de vive voix, communication des dépêches arrivées depuis le moment où je l'avais quitté. Il ne me faisait remettre par écrit que celles importantes; il est donc possible que toutes les dépêches que vous venez de me citer et qui n'avaient point pour moi une grande importance, à l'exception de celle adressée au colonel Stoffel (*voir plus loin*), m'aient été communiquées sans que je me les rappelle. »

(2) Maréchal de Mac-Mahon, *Souvenirs inédits*.

(3) Les trois télégrammes furent portés de Metz à Thionville, le

Ainsi que dans ses messages précédents, le maréchal Bazaine ne faisait pas mention de l'échec qu'il avait subi le 18 août et présentait toujours, comme très probable, la reprise de son mouvement vers l'Ouest. Toutefois, ce dernier télégramme contenait, à cet égard, une réserve que ne mentionnaient pas les précédents et qui était de nature à appeler sérieusement l'attention du destinataire. Le maréchal Bazaine mettait, en effet, à la marche ultérieure vers les places du Nord la condition de ne pas « compromettre l'armée ». En tout cas, il préviendrait le commandant de l'armée de Châlons.

Mais bien que, d'une part, la dépêche eût été expédiée, le 22 août, à la fois de Givet, à 1 heure de l'après-midi, à l'adresse du maréchal de Mac-Mahon (1), et de Longwy,

---

21 août, par une femme courageuse, Mme Imbert, qui les remit, le même jour, à midi 15, au colonel Turnier. (*Procès Bazaine*, p. 333.) Des duplicata de ces télégrammes et la lettre du général Coffinières lui parvinrent à peu près en même temps par l'intermédiaire de l'agent de police Flahaut. (*Ibid.*, p. 321.)

Le télégraphe, à l'Ouest de Thionville, ayant été coupé le 21 août, vers 10 heures du matin, le colonel Turnier confia les télégrammes et la lettre à M. Guyard, commissaire de police cantonal à Longwy (*Procès Bazaine*, p. 364); il en remit également une expédition à M de Bazelaire, qui se rendait à Paris, par la Belgique et Givet. (*Ibid.*, p. 365.)

M. Guyard apporta ces pièces au lieutenant-colonel Massaroli, commandant de la place de Longwy. Celui-ci les remit aux inspecteurs de la sûreté, Rabasse et Miès, envoyés aux nouvelles par le colonel Stoffel; il transmit pourtant directement à l'Empereur le télégramme qui lui était destiné et au Ministre la lettre du général Coffinières. Rabasse et Miès expédièrent de leur côté, par le télégraphe, le 22. à 4 h. 50 du soir, au colonel Stoffel, les trois télégrammes et la lettre qui leur avaient été remis.

M. de Bazelaire, à son arrivée à Givet, le 22, vers 1 heure de l'après-midi, s'était empressé de faire partir les trois télégrammes; il remit la lettre du général Coffinières, le 23 août, au Ministre de l'intérieur. (*Procès Bazaine, passim.*)

(1) Par M. de Bazelaire. (Voir la note ci-dessus.)

en deux expéditions, à 4 h. 25 et à 4 h. 50 du soir, également au Maréchal sous le couvert du colonel Stoffel (1); bien que, d'autre part, l'original eût été remis en mains propres le 26 août, à Rethel, à ce même officier supérieur (2), elle ne parvint pas au commandant de l'armée de Châlons (3). Celui-ci déclarait, dans sa déposition au procès Bazaine : « Je ne me rappelle point avoir reçu cette dépêche et il me semble impossible qu'elle m'ait échappé, puisqu'elle m'aurait permis d'arrêter le mouvement vers l'Est, si les circonstances m'avaient paru l'exiger (4). »

Le maréchal de Mac-Mahon n'a pas voulu dire par là

---

(1) Par les inspecteurs de la sûreté Miès et Rabasse. (Voir p. 89, note 3.) Ces deux expéditions passèrent par Paris et arrivèrent à Reims à 6 h. 50 et à 9 h. 40 du soir.

M. Amiot, directeur du service télégraphique du quartier impérial, dit qu'il peut affirmer avec certitude avoir reçu ces dépêches et les avoir transmises au destinataire. (*Procès Bazaine*, p. 380.) Elles se terminaient par la demande des agents : « Faut-il rentrer ? » demande à laquelle il fut répondu de Reims, le même jour, 22, à 9 h. 40 du soir, par l'ordre de rallier le quartier impérial, à Béthenivillle.

(2) *Procès Bazaine*, p. 385, 390 et 402; colonel Stoffel, *La Dépêche du 20 août*, p. 38.

(3) D'après le colonel Stoffel (*Procès Bazaine*, p. 389; *La Dépêche du 20 août*, p. 32), le télégramme serait bien parvenu au quartier général du maréchal de Mac-Mahon, à Courcelles, mais aurait été remis à un officier de l'état-major particulier ou de l'état-major général qui l'aurait communiqué déchiffré au Maréchal. Le colonel Stoffel en aurait trouvé une traduction complète sur sa table de travail et serait resté convaincu que le maréchal de Mac-Mahon en avait eu connaissance. Tel serait également le motif pour lequel il ne remit pas au Maréchal les originaux que lui apportèrent les inspecteurs de la sûreté le 25 août, à Rethel. Le *Rapport* du général de Rivière ayant accusé le colonel Stoffel d'avoir intercepté au moins deux fois le télégramme adressé au maréchal de Mac-Mahon (*Procès Bazaine*, p. 27), le colonel Stoffel demanda à comparaître devant un conseil de guerre. Le 13 juillet 1874, le Ministre de la guerre rendit une ordonnance de non-lieu.

(4) *Procès Bazaine*, p. 377.

qu'il ne se serait pas porté de Reims au-devant du maréchal Bazaine si ce télégramme lui était parvenu : « Vous me demandez, déposait-il à l'Instruction relative au procès Bazaine, si l'ayant reçu, j'aurais continué mon mouvement vers l'Est. Cette question est délicate. Je vous répondrai cependant consciencieusement qu'il est probable que, même après sa réception, j'aurais continué ma marche vers la Meuse, sauf à voir ce qu'il y avait à faire, y étant arrivé (1). »

Comme le rapporteur semblait penser que le souverain avait peut-être retenu cette dépêche de crainte que sa divulgation ne fît abandonner définitivement par le maréchal de Mac-Mahon le projet vers Metz, celui-ci déclara :

« Ma conviction intime est que l'Empereur n'est pour rien dans cette affaire. A Reims, comme quelques jours plus tard au Chêne-Populeux, l'Empereur désirait rentrer à Paris avec l'armée de Châlons..... Je pense que le moment décisif de la campagne a été non à Reims, mais au Chêne-Populeux (2). »

En tout état de cause, il semble acquis que le maréchal de Mac-Mahon n'a pas eu connaissance de la dépêche du 20 août qui lui était destinée (3), mais il ressort aussi de ses déclarations mêmes, que sa réception n'aurait exercé que peu d'influence sur sa détermi-

---

(1) Dans ses *Souvenirs inédits* rédigés postérieurement au *Procès Bazaine*, le maréchal de Mac-Mahon a été moins affirmatif. « Cette dépêche, dit-il, avait une importance capitale. Dans les dispositions d'esprit où je me trouvais, elle m'aurait probablement décidé, soit dans ce moment, soit un peu plus tard, sur la Meuse, à abandonner ma marche sur Metz pour me reporter sur Paris. »

(2) Instruction relative au *Procès Bazaine*.

(3) Le 27 août, le maréchal de Mac-Mahon télégraphiait au Ministre de la guerre : « ..... Depuis le 19, je n'ai aucune nouvelle de Bazaine..... »

nation d'entamer le mouvement vers Metz et de le poursuivre jusqu'à la Meuse.

Quoi qu'il en soit, le 22 août, à 5 h. 30 du soir, le commandant de l'armée de Châlons fit expédier des ordres, dans le but d'atteindre la ligne de la Suippe, dans la journée du 23 et de marcher ensuite « dans la direction de Montmédy ».

Le mouvement est résumé par le tableau ci-après :

ÉLÉMENTS.	POINTS de DÉPART.	HEURES de DÉPART.	ITINÉRAIRES.	STATIONNEMENT.	OBSERVATIONS.
Grand quartier général.	Courcelles.	»	»	Bétheniville.	
7e corps. { 1re et 2e divis.	Sillery.	4 h. 30 matin.	Route de Reims à Sainte-Menehould, puis chemin de Baconnes à Vaudesincourt.	Saint-Martin-l'Heureux et Dontrien. Quartier général à Saint-Martin-l'Heureux.	Les corps devaient s'alléger le plus possible en bagages de toute nature et n'emporter que le strict nécessaire.
7e corps. { 3e division. Réserves d'artillerie et du génie.	Reims. ?	10 h. matin. ?	Non fixé. ?	Prosnes. ?	
1er corps.	Ormes, Taissy, Cormontreuil.	4 h. 30 matin (colonne de droite). 6 h. 00 matin (colonne de gauche).	DEUX COLONNES. Colonne de droite : 1re et 2e division ; réserve d'artillerie, voitures de l'administration, division de cavalerie ; par Nauroy et Moronvilliers. Colonne de gauche : 3e et 4e division par Saint-Léonard. Beine, Pont-Faverger, Bétheniville.	Entre Saint-Hilaire-le-Petit et Bétheniville. Quartier général à Saint-Hilaire-le-Petit.	La division de cavalerie du 1er corps doit se rendre du camp de Châlons à Saint-Hilaire-le-Grand.
5e corps (1).	Entre Cormontreuil, Reims et Tinqueux.	4 h. 30 matin.	Reims, Cernay-lès-Reims, Époye.	Selles et Pont-Faverger. Quartier général à Pont-Faverger.	
12e corps.	Neuvillette et Saint-Thierry.	4 h. 30 matin.	Reims, Witry-lès-Reims, Caurel-lès-Lavannes.	Hentrégiville et St-Masmes. Quartier général à Hentrégiville.	
1re division de cavalerie de réserve.	Camp de Châlons.	Non fixée.	Non fixé.	Vaudesincourt et Auberive-sur-Suippe. Quartier général à Vaudesincourt.	
2e division de cavalerie de réserve.	Berzieux (2).	Ibid.	Ibid.	Monthois.	Surveillera les défilés de Grand-Pré et de la Croix-aux-Bois.

(1) Tout le 5e corps, sauf la division de cavalerie stationnée à Sommesous, avait rejoint la division de Lespart, soit dans la soirée du 21, soit dans la journée du 22 août.

(2) La 2e division de cavalerie de réserve (Marguerite) s'était rendue le 22 août de Sainte-Menehould à Berzieux.

DEUXIÈME PARTIE

La marche vers Montmédy.

CHAPITRE Ier

Journée du 23 août.

Le 23 août, par une pluie battante, l'armée de Châlons se porte, des environs de Reims, sur la Suippe. Le mouvement, dans son ensemble, s'exécute conformément aux instructions données la veille, sauf au 1er corps, où la colonne de droite, composée des 1re et 2e divisions, change d'itinéraire, à cause du mauvais état des chemins de traverse qu'elle doit prendre, et vient, à partir de Beine, s'engager sur la route suivie par la colonne de gauche. D'une manière générale, la marche a été mal préparée : de nombreux croisements et encombrements se produisent à la traversée de Reims ; des corps attendent pendant plusieurs heures, sous les armes, le moment de commencer leur mouvement ; les heures de départ de certaines unités, pour lesquelles déjà on n'a pas tenu compte suffisamment de la durée d'écoulement des colonnes, se trouvent encore retardées par ces incidents. Au 1er corps par exemple, les derniers éléments n'arrivent guère au bivouac qu'à la tombée de la nuit.

Le grand quartier général est établi à Béthéniville.

Le 7e corps bivouaque à Saint-Martin (quartier général) et Dontrien, sa 3e division à Prosnes ; le 1er à Saint-Hilaire-le-Petit (quartier général) et Bétheniville ; le 5e à Pont-

Faverger (1) (quartier général), Selles et Jonchery (2); le 12ᵉ à Heutrégiville (quartier général) et à Saint-Masmes.

La 1ʳᵉ division de cavalerie de réserve (Margueritte) se porte de Berzieux à Monthois, avec mission de surveiller les débouchés de Grand-Pré et de la Croix-aux-Bois. La 2ᵉ division de cavalerie de réserve (Bonnemains), venant du camp de Châlons, stationne à Auberive-sur-Suippe et Vaudesincourt.

Au 12ᵉ corps, l'administration, manquait d'un personnel suffisant pour livrer aux troupes les approvisionnements qui leur étaient nécessaires. « Il fallut recourir aux réquisitions pour se procurer le pain, la viande, le bois et les fourrages (3).... ». Ce fut l'origine de quelques désordres. Il y eut également au 1ᵉʳ et au 5ᵉ corps des actes d'indiscipline qui provoquèrent, de la part des généraux Ducrot et de Failly, des ordres destinés à les réprimer. Le général Lebrun se rendit à Bétheniville, avec l'intention de rendre compte de la situation au maréchal de Mac-Mahon ; il y rencontra le général de Failly que le même motif avait amené au grand quartier général.

Tous deux représentèrent au commandant en chef que si l'administration de l'armée ne prenait pas immédiatement des mesures telles qu'elle pût, à l'avenir, subvenir aux besoins des troupes par des moyens réguliers, il était à craindre que les soldats ne se livrassent à la

---

(1) La 1ʳᵉ brigade (Saurin) de la division Goze, venant des Petites-Loges avec le 5ᵉ hussards, rejoint le gros du 5ᵉ corps.

(2) Le général Brahaut, commandant la division de cavalerie du 5ᵉ corps, s'était rendu dans la journée du 23, avec cinq escadrons, de Sommesous à Châlons où il avait trouvé l'ordre du général de Failly de doubler l'étape pour rejoindre le corps d'armée. En conséquence, après un repos de deux heures, le général Brahaut était reparti et était venu stationner dans la soirée à Jonchery, où toute la division de cavalerie du 5ᵉ corps, sauf deux escadrons du 5ᵉ lanciers, se trouva réunie.

(3) Général Lebrun, *Bazeilles-Sedan*, p. 42.

maraude, ce qui les disposerait infailliblement à la désertion (1).

Le maréchal de Mac-Mahon qui, avant le départ de Reims, avait donné l'ordre de pourvoir l'armée de quatre jours de vivres, s'étonna de ce que ses prescriptions à ce sujet n'eussent pas été exécutées.

Les généraux de Failly et Lebrun lui expliquèrent « qu'ils avaient bien transmis l'ordre de toucher les vivres au point et à l'heure indiqués par l'état-major général, mais que, n'ayant point trouvé les sous-intendants qui devaient signer les bons de vivres, les corvées avaient dû rentrer au camp peu de temps avant le départ, sans que les distributions eussent été faites. Ils rejetaient la faute sur leurs intendants qui n'étaient arrivés que le 22, sans agents, et ne connaissant pas même les lieux de distribution (2) ».

Déjà était préparé l'ordre de mouvement pour le 24 août, qui devait amener l'armée à Ardeuil (7ᵉ corps), Monthois (5ᵉ), Ville-sur-Retourne (12ᵉ), Semide et Contreuve (1ᵉʳ). Les nécessités du ravitaillement obligèrent le maréchal de Mac-Mahon à modifier la direction de sa marche et à remonter vers le Nord pour rapprocher ses corps de la voie ferrée Reims—Mézières.

Si le maréchal de Mac-Mahon avait eu l'intention de se rendre à Metz, cette modification eût été une erreur que la pénurie des vivres n'eût pas suffi à justifier. En effet, les corps de gauche qui auraient eu la distance la plus grande à parcourir, l'augmentaient encore en se dirigeant sur Rethel, tandis que ceux de droite, qui suivaient la route la plus courte, seraient forcés de s'arrêter plus tard pour attendre que les premiers fussent arrivés à leur hauteur. Or, ce stationnement présentait de graves

---

(1) Général Lebrun, *Bazeilles-Sedan*, p. 45.
(2) *Souvenirs inédits* du maréchal de Mac-Mahon.

Châlons. — I.

inconvénients : l'ennemi pouvait s'apercevoir de l'évacuation du camp de Châlons, et le Maréchal perdait l'avantage de lui dérober quelques étapes. Dans l'hypothèse de la marche sur Metz, il eût été certainement bien préférable, si l'on était obligé de suspendre le mouvement, par suite de la difficulté des subsistances, de le faire sur la Suippe, non loin de Reims, de manière à terminer les préparatifs sans mettre l'adversaire en éveil. En les achevant, par contre, sur l'Aisne, on risquait d'attirer l'attention des Allemands avant d'être soi-même en mesure de poursuivre la marche.

A considérer, au contraire, les projets réels du maréchal de Mac-Mahon qui consistaient, non pas à aller jusqu'à Metz, mais à se porter au-devant du maréchal Bazaine qu'il croyait en route sur Montmédy, le mouvement vers le Nord offrait peu d'inconvénients, l'important étant, avant tout, de se rapprocher de l'armée de Metz, de façon à la secourir au premier signal.

Les renseignements sur l'ennemi reçus au quartier général français étaient dus généralement aux fonctionnaires, surtout aux préfets et aux sous-préfets des départements envahis, et aux commandants supérieurs des places fortes.

Le 23 août, des reconnaissances de cavalerie allemande s'étaient montrées sur la Meuse, en aval de Verdun ; l'une d'elles avait même franchi le fleuve vers Consenvoye ; le chemin de fer de Verdun à Sainte-Menehould avait été coupé près de Nixéville. Le sous-préfet de Montmédy, transmettant les nouvelles apportées par des émissaires envoyés au maréchal Bazaine, mandait vers midi, qu'entre Metz et Verdun, il y avait « une ligne continue de troupes prussiennes et pas de troupes françaises ». Un peu plus tard, le commandant supérieur de Verdun annonçait que l'ennemi traversait la Meuse en amont et en aval de Verdun, et semblait marcher sur les défilés de l'Argonne ; en même temps, des forces plus nombreuses apparaissaient autour de la place.

Le 22, un détachement de cavalerie prussienne était entré à Chaumont ; le 23 un détachement de uhlans atteignait Châlons-sur-Marne. On signalait de Mirecourt « un corps d'armée considérable », pourvu de 200 bouches à feu environ, et se dirigeant sur Gondrecourt ou Vaucouleurs. Plusieurs divisions bavaroises auraient passé les jours précédents à Colombey-les-Belles. On entendait une assez forte canonnade dans la direction de Toul.

Les mouvements des armées allemandes étaient en réalité les suivants :

D'après l'ordre du 21 août (1), la IIIe armée devait, d'une manière générale, conserver toujours une avance d'une marche sur l'armée de la Meuse, « de manière à se ménager la faculté, dans le cas où l'ennemi ferait mine de tenir, de l'attaquer à la fois de front et dans son flanc droit, afin de le couper de la capitale, en le refoulant dans la direction du Nord (2) ».

Les mouvements des deux armées sur Paris devaient commencer le 23 août.

Le 26, les avant-gardes de la IIIe armée avaient pour mission d'atteindre la ligne Vitry—Saint-Mard ; celles de l'armée de la Meuse arrivant, le même jour, sur la ligne Givry-en-Argonne—Sainte-Menehould.

a) *Armée de la Meuse.* — Le 23 août, les divisions de cavalerie de l'armée de la Meuse gagnent cette rivière : la 5e en aval de Verdun, à Neuville et à Bras ; la *12e* à Dieue et la *6e* à Génicourt, en amont de la place. Les avant-gardes de celles-ci stationnent à Senoncourt,

---

(1) Voir 10e fascicule, p. 53.
(2) *Historique du Grand État-Major prussien*, 7e livraison, p. 914.

Souilly et Mondrecourt. La division de cavalerie de la Garde se rassemble à Fresnes-au-Mont et pousse des partis sur Neuville-en-Verdunois, Érize-la-Petite, Rosnes, Érize-la-Brûlée.

Le XII° corps, chargé d'exécuter le lendemain le coup de main sur Verdun, se porte de Jeandelize à Haudiomont et Eix; l'avant-garde de la 24° division, dépassant Haudiomont, s'établit dans la forêt de Fontaine, à 7 kilomètres environ au Sud-Est de la place. Le IV° arrive à Vadonville, avec son avant-garde à Triconville et la Vallée; la Garde à Saint-Mihiel et au Nord de cette ville.

Le quartier général de l'armée de la Meuse est transféré à Fresnes-en-Woëvre.

b) *III° armée.* — Le gros de la 4° division de cavalerie se porte le 23, de Stainville à Saint-Dizier; elle n'est plus qu'à 6 kilomètres environ en avant de la tête de colonne du V° corps. Son avant-garde occupe Perthes et lance des flanqueurs : au Nord jusque vers Sermaize; au Sud sur Eclaron. Les 3° et 4° escadrons du 5° dragons qui, le 22, avaient atteint Outrepont, arrivent à l'Est de Châlons. Ils trouvent tous les villages complètement évacués par les Français; apprennent que ceux-ci sont partis de Châlons à 2 heures de l'après-midi (1), et qu'il n'y a plus au camp que des gardes mobiles. Le rapport du major de Klocke, commandant ces deux escadrons, expédié de Courtisols à 9 heures du soir, arriva au grand quartier général, à Ligny-en-Barrois, le 24 à midi, au moyen d'un certain nombre de postes de correspondance.

Ce rapport venait y confirmer des renseignements antérieurs d'après lesquels l'armée française, réunie au camp de Châlons, se serait mise en mouvement (2). On

---

(1) Division de cavalerie du 5° corps.
(2) *Historique du Grand État-Major prussien*, 7° livraison, p. 915.

pensait qu'elle s'était repliée sur Paris (1). Comme il importait d'être fixé le plus tôt possible à ce sujet, le maréchal de Moltke écrivit au général de Blumenthal : « Il est à désirer que la cavalerie poussée vers l'avant, ainsi qu'au Sud de Châlons, détermine nettement la direction de marche de l'ennemi ; de là pourrait éventuellement aussi résulter, pour l'ensemble de la IIIe armée, une destination différente dans les marches à effectuer le 26 de ce mois (2). »

Le Prince royal prescrivit en conséquence à la 4e division de cavalerie de franchir la Marne au Sud de Vitry et de se diriger, par la rive gauche, sur Châlons, Vertus et Épernay, tandis que la brigade de cavalerie würtembergeoise exécuterait le même mouvement par la rive droite.

La 2e division de cavalerie, venue le 23 de Martigny à Dainville-aux-Forges, ayant appris que 6,000 gardes mobiles pourvus d'artillerie se rassemblaient à Langres, reçut l'ordre de marcher, les jours suivants, par Vassy vers Arcis-sur-Aube et de couper la voie ferrée entre Troyes et Méry-sur-Seine. Le VIe corps devait lui fournir, à cet effet, un détachement de pionniers montés sur des voitures.

A l'aile droite de la IIIe armée, le IIe corps bavarois se porte le 23, de Ménil-la-Horgne au Nord-Ouest de Ligny-en-Barrois, poussant sa brigade de uhlans jusqu'à Bar-le-Duc et Mussey. Les autres corps de première ligne atteignent la Saulx : le Ve corps à Stainville, la division würtembergeoise à Ménil-sur-Saulx, le XIe corps à Moutiers. Leurs avant-gardes sont sur la Marne : celle du Ve corps à Haironville et Sommelonne, celle du XIe à Fontaines.

---

(1) Von Hahnke, *loc. cit.*, p. 137.
(2) *Correspondance militaire du maréchal de Moltke*, t. I, n° 196.

En seconde ligne le Ier corps bavarois gagne Saint-Aubin, le VIe corps Gondrecourt.

Le quartier général de la IIIe armée est transféré de Vaucouleurs à Ligny; le grand quartier général de Pont-à-Mousson à Commercy.

Des informations nouvelles et les reconnaissances de la place de Toul et de ses abords, ayant fait espérer que le tir énergique de pièces de campagne suffirait probablement pour amener une capitulation, les Allemands exécutaient, le 23 août, une nouvelle tentative pour s'emparer de Toul par une attaque brusquée (1). Le Prince royal avait chargé de l'opération trois bataillons et l'artillerie de corps du VIe corps ; celle-ci devait bombarder la ville de la rive droite de la Moselle tandis que les troupes bavaroises, sous les ordres du général de Thiereck (2), assureraient l'investissement sur la rive opposée.

En conséquence, le 22, de très grand matin, le lieutenant général de Gordon, commandant la *11e* division d'infanterie, s'était porté, des environs de Pagny-sur-Meuse, sur Bicqueley, avec le *38e* régiment d'infanterie, l'artillerie de corps, la 2e compagnie de pionniers, « la colonne d'outils » et une colonne de munitions d'artillerie. Le *38e* avait franchi la Moselle à Pierre-la-Treiche, sur le pont jeté par les Bavarois : le IIIe bataillon s'était dirigé sur Chaudeney, le Ier sur Gondreville, le IIe avait occupé le bois de Dommartin et poussé des détachements dans le village du même nom.

---

(1) La première tentative avait été faite le 16 août par le IVe corps. (*Historique du Grand État-Major prussien*, 6e livraison, p. 167 et suiv.)

(2) Ces troupes étaient :

La 7e brigade $\left(\frac{I, II}{5^e}, \frac{I, II}{9^e}, 6^e \text{ bataillon de chasseurs}\right)$;

Le 2e régiment de chevau-légers, et deux batteries du 4e régiment d'artillerie.

Le commandant de l'artillerie de corps avait fait construire dans la soirée des épaulements de batteries sur les hauteurs au Nord-Est de Chaudeney, sous la protection des troupes avancées déployées le long de la Moselle. De leur côté, les Bavarois étaient passés sur la rive gauche et avaient établi leurs deux batteries sur le mont Saint-Michel.

Le 23 au matin, après une inutile sommation adressée au commandant de la place, le feu fut ouvert à 8 h. 45. La place riposta vigoureusement, mais sans pertes sensibles pour les Allemands. Espérant que les incendies allumés dans la ville décideraient le gouverneur à capituler, le général Gordon envoya, vers midi, un second parlementaire qui revint, vers 4 heures, porteur d'un refus. Le bombardement recommença, mais on se rendit compte bientôt du peu d'effet que produisaient les pièces de campagne et, à 6 h. 30 du soir, le général Gordon fit cesser le feu. L'artillerie s'établit au bivouac à Bicqueley ; le *38ᵉ* se rallia à Gondreville.

Le 24 août, toutes les troupes allemandes reprirent leur marche vers l'Ouest, pour rejoindre leurs corps respectifs. L'artillerie de corps du VIᵉ corps prit par Vaucouleurs ; le *38ᵉ* par Void, avec la brigade bavaroise qui laissait devant Toul le *9ᵉ* régiment d'infanterie, un escadron et une batterie. Ces dernières unités devaient être relevées ultérieurement par trois bataillons de landwehr, auxquels seraient adjointes 25 pièces de place françaises trouvées à Marsal, avec lesquelles on se proposait « de reprendre le bombardement de la ville (1) ».

Dans la soirée, l'armée de Châlons occupait les emplacements ci-après :

---

(1) *Historique du Grand État-Major prussien*, 7ᵉ livraison, p. 948.

Grand quartier général.......... Bétheniville.

1er corps
- Quartier général..... Saint-Hilaire-le-Petit.
- 1re division......... Entre Saint-Hilaire-le-Petit et Bétheniville.
- 2e — .... Ibid.
- 3e — .... Ibid.
- 4e — .... Ibid.
- Division de cavalerie.
  - 1re brigade : Saint-Hilaire-le-Grand.
  - 2e brigade : Saint-Hilaire-le-Petit.
- Réserves d'artillerie et du génie........ Entre Saint-Hilaire-le-Petit et Bétheniville.

5e corps
- Quartier général..... Pont-Faverger.
- 1re division......... Entre Pont-Faverger et Bétheniville.
- 2e — .... Pont-Faverger.
- 3e — .... Selles.
- Division de cavalerie. Jonchery.
- Réserves d'artillerie et du génie........ Au Sud-Est de Pont-Faverger.

7e corps
- Quartier général..... Saint-Martin-l'Heureux.
- 1re division......... Entre Dontrien et Saint-Martin-l'Heureux.
- 2e — .... Entre Saint-Martin-l'Heureux et Saint-Hilaire-le-Petit.
- 3e — .... Prosnes.
- Division de cavalerie. Saint-Martin-l'Heureux.
- Réserves d'artillerie et du génie........ Ibid.

12e corps
- Quartier général..... Heutrégiville.
- 1re division......... Saint-Masmes.
- 2e — .... Heutrégiville.
- 3e — .... Ibid.
- Division de cavalerie.
  - 1re brigade.
    - 7e chasseurs : Vaudesincourt.
    - 8e chasseurs : Heutrégiville et Auberive.
  - 2e brigade. Vaudesincourt.
  - 3e brigade. Entre Saint-Hilaire-le-Petit et Bétheniville.
- Réserves d'artillerie et du génie........ Saint-Masmes.

1re division de réserve de cavalerie.	Monthois.
2e division de réserve de cavalerie.	Auberive-sur-Suippe.

Parcs d'artillerie.	5e corps..........	Reims (sauf l'équipage de pont en route de Langres à Paris).
	7e corps..........	Reims (sauf l'équipage de pont à Soissons).
	12e corps..........	Reims.

Équipage de pont de réserve ..... Château-Thierry.

CHAPITRE II

Journée du 24 août.

Le 24 août, l'armée de Châlons fait une marche dans la direction générale du Nord-Est.

Le 7ᵉ corps, à droite, forme deux colonnes. L'une comprenant la 2ᵉ division, les réserves du génie et d'artillerie, la 1ʳᵉ division, part de ses bivouacs entre Saint-Martin-l'Heureux et Dontrien à 5 heures du matin, et se porte à Semide, par Sainte-Marie-à-Py et Somme-Py. Elle campe sur les hauteurs au Sud de Contreuve. L'autre, composée de la 3ᵉ division, quitte Prosnes à la même heure et se dirige sur Saint-Martin-l'Heureux et Saint-Étienne-à-Arnes où elle s'établit au Sud du village. La division de cavalerie va de Saint-Martin-l'Heureux à Contreuve (1). Le quartier général du corps d'armée est transféré de Saint-Martin-l'Heureux à Contreuve.

Le 1ᵉʳ corps effectue son mouvement également en deux colonnes. Les 1ʳᵉ et 2ᵉ divisions, puis le convoi du service administratif, enfin la division de cavalerie suivent l'itinéraire Saint-Hilaire-le-Petit, Hauviné, Cauroy et stationnent à Bignicourt, sauf la division de cavalerie

---

(1) Il n'a pas été possible de spécifier l'itinéraire suivi par la division de cavalerie du 7ᵉ corps. L'ordre de mouvement pour le 24 août dit que : « Des ordres ultérieurs seront donnés pour la cavalerie et pour les services administratifs. » Ces ordres n'ont pas été retrouvés. Les *Historiques* des corps de la division ne fournissent pas, non plus, d'indications suffisantes.

qui bivouaque à Ville-sur-Retourne (1). Les heures de départ sont respectivement : 7 heures (1re division), 8 heures (2e), 9 heures (convoi), 11 heures (cavalerie). Les 4e et 3e divisions et la réserve d'artillerie (2), lèvent leur camp à 7, 8 et 9 heures, et se dirigent sur Juniville par la Neuville.

La marche s'exécute facilement et les troupes arrivent de bonne heure à l'étape.

Le quartier général du corps d'armée est transféré de Saint-Hilaire-le-Petit à Juniville.

Le 5e corps se porte de Pont-Faverger sur Rethel en une seule colonne dont la tête se met en marche à 5 heures du matin et qui suit l'itinéraire Aussonce, Alincourt, Perthes-le-Châtelet. Les divisions d'infanterie, précédées des 1er et 3e escadrons du 5e hussards et des 5e et 6e escadrons du 12e chasseurs, se succèdent dans l'ordre de leurs numéros, l'artillerie de réserve intercalée entre la 2e et la 3e (3), le convoi administratif suivant la 3e. Le camp est installé au Sud et près de Rethel sur la rive gauche de l'Aisne, à l'Est de la grande route de Paris. Les 5e et 6e escadrons du 12e chasseurs poussent jusqu'à Doux (4). La division de cavalerie, partie de Jonchery, à 7 heures du matin, est ralliée, près de Bétheniville, par deux escadrons du 5e lanciers qui avaient été embarqués à Chaumont et dirigés sur Paris et Reims ; elle

---

(1) Elle est rejointe par la brigade de Septeuil qui avait marché jusque-là avec la division Bonnemains.
(2) Il n'est pas question de la réserve du génie dans l'ordre de mouvement du 1er corps pour le 24 août.
(3) L'ordre de mouvement pour le 24 août ne parle pas de la réserve du génie.
(4) C'est l'indication donnée par l'*Historique* du corps. Le *Journal* de marche du 5e corps et celui de la division de cavalerie disent : Amagne.

gagne ensuite Biermes, où elle n'arrive qu'à 8 heures du soir. Le général Brahaut ne dispose réellement que du 5ᵉ lanciers et des 3ᵉ et 4ᵉ escadrons du 12ᵉ chasseurs (1).

Le quartier général du corps d'armée va de Pont-Faverger à Rethel.

Le 12ᵉ corps quitte ses bivouacs entre Saint-Masmes et Heutrégiville à 5 h. 30 du matin (3 escadrons de cavalerie) (2), 6 heures (2ᵉ division), 7 heures (3ᵉ), 8 heures (1ʳᵉ), 9 heures (réserves d'artillerie et du génie) et, formant une seule colonne, prend la grande route de Paris à Rethel. Il stationne à l'Est d'Acy-Romance. La marche est lente et fatigante; les troupes de la 1ʳᵉ division n'arrivent au bivouac qu'entre 7 et 8 heures du soir. La division de cavalerie, partant de Bétheniville, Vaudesincourt et Auberive, se rend isolément à Rethel par Pont-Faverger, Aussonce, Alincourt et Perthes-le-Châtelet.

Le quartier général du corps d'armée est installé à Rethel.

La 1ʳᵉ division de réserve de cavalerie séjourne à Monthois; la 2ᵉ se rend d'Auberive-sur-Suippe et de Vaudesincourt à Pont-Faverger.

Le grand quartier général est transféré de Bétheniville à Rethel.

Jugeant avec raison que la conservation de Reims était d'une certaine importance pour les ravitaillements de l'armée, le maréchal de Mac-Mahon demanda au Ministre

---

(1) Le 3ᵉ lanciers était resté avec la brigade Lapasset; le 5ᵉ hussards était réparti entre les divisions d'infanterie et le quartier général du corps d'armée.

(2) Les 5ᵉ et 6ᵉ escadrons du 8ᵉ chasseurs et le 5ᵉ du 6ᵉ cuirassiers, qui avaient été débarqués à Reims le 20 août, en étaient partis le 23 et étaient venus camper le même jour à Vaudétré.

de la guerre de faire occuper cette ville par une division d'infanterie, la 1re du 13e corps qui devait être transportée en chemin de fer de Paris à destination.

Déjà l'indiscipline des troupes prenait « des proportions inquiétantes » (1) : Des officiers furent insultés, des habitants pillés (2). Le général Ducrot autorisa l'emploi « des derniers moyens de rigueur » pour la répression de ces excès. Il se préoccupa aussi d'assurer l'ordre dans les colonnes de bagages et dans les villages voisins des campements. Dans ce but, il fit désigner par les corps des officiers et des sous-officiers pour diriger et surveiller leurs voitures régimentaires, et il prescrivit la réunion au quartier général du corps d'armée, de toute la gendarmerie des divisions (3). Le général de Failly prescrivit de traduire en conseil de guerre et de juger, dans les vingt-quatre heures, les maraudeurs qui seraient pris en flagrant délit (4).

La division de cavalerie Margueritte, qui se trouvait à Monthois depuis la veille, était restée immobile le 24 août, couverte par le 1er hussards dont les cinq escadrons étaient établis à l'Est de Grand-Pré, mais dépourvue d'un service de découverte susceptible d'éclairer le commandement sur la situation des forces adverses.

Aussi les renseignements du 24 août étaient-ils généralement dus, comme ceux de la veille, aux préfets et sous-préfets des départements envahis. Ils constituaient deux groupes, suivant qu'ils avaient trait à l'armée de la Meuse ou à celle du Prince royal.

De Montmédy on signale une importante colonne allemande qui, venant d'Étain a défilé, toute la journée du

---

(1) Ordre n° 3 du 1er corps : « L'indiscipline prend des proportions alarmantes. » Cf. Capitaine Achard, *Souvenirs personnels*.
(2) Ordre du 5e corps, 24 août.
(3) Ordre n° 3 du 1er corps.
(4) Ordre du 5e corps, 24 août.

23, sur la route de Maucourt à Orne, se dirigeant sur Brabant-sur-Meuse et Consenvoye. A 7 heures du soir, 10,000 hommes environ et 80 bouches à feu étaient sur le bord de la rivière et avaient commencé le passage. Une colonne de cavalerie a franchi la Meuse à gué vers Champneuville. Les communications télégraphiques de Verdun avec Paris sont interceptées par l'ennemi. Telles étaient les seules nouvelles qui parvenaient au maréchal de Mac-Mahon de la région où il supposait, à son départ de Reims, que se trouvait l'armée du maréchal Bazaine, en marche vers l'Ouest. L'absence complète d'informations relatives à celle-ci, d'un effectif considérable pourtant, et la présence incontestable de forces ennemies au Nord de Verdun ne manquèrent pas sans doute de surprendre le duc de Magenta. Il pouvait en inférer que, suivant toutes probabilités, le maréchal Bazaine n'était pas en mouvement vers Montmédy, comme il l'avait pensé, mais qu'il se trouvait toujours aux environs de Metz (1). Dès lors, la tâche de l'armée de Châlons devenait plus difficile et plus dangereuse, surtout si le maréchal de Mac-Mahon se conformait aux instructions de l'Impératrice qui recommandait « de secourir à tout prix le maréchal Bazaine » (2).

Les renseignements sur l'armée du Prince royal se précisent. D'après un télégramme du préfet de la Haute-Marne, elle se trouverait, le 23 août, dans la zone Neufchâteau, Gondrecourt, Ligny, Joinville et Vassy, forte de plus de 100,000 hommes. Une dépêche ultérieure du

---

(1) Une lettre du général de Stolberg, commandant la 2ᵉ division de cavalerie, oubliée à Coussey par l'auteur et transmise par le sous-préfet de Neufchâteau au Ministre de l'intérieur, puis au maréchal de Mac-Mahon, disait même : « Troupes françaises près Metz repoussées dans les fortifications. »
(2) L'Impératrice à l'Empereur, Paris, 24 août, 12 h. 35 du soir. (D. T. Ch.).

même fonctionnaire annonce que le Prince royal est entré à Saint-Dizier le 22; elle signale, de ce côté, un corps de cavalerie « d'environ 12,000 hommes », dont une avant-garde a occupé Châlons le 23 et dont les coureurs sont signalés à Mourmelon (1). Le général commandant la 4ᵉ division militaire dirige en conséquence sur Paris les pièces de siège qui étaient au camp de Châlons et sur Laon, la réserve de munitions du grand parc. Un autre corps de cavalerie, comprenant cinq régiments et de l'artillerie, s'est rendu, le 23, de Coussey à Dainville-aux-Forges (2). Le même jour, on signale encore un régiment prussien marchant de Bayon sur Haroué et 10,000 hommes de la landwehr à Blamont.

Le gouverneur de Strasbourg s'attend à un bombardement sérieux très prochain.

Les mouvements des armées allemandes, dans la journée du 24, étaient les suivants :

a) *Armée de la Meuse*. — Le XIIᵉ corps exécutait, le 24 août, la tentative contre Verdun prescrite par le grand quartier général. D'après les dispositions arrêtées par le commandant de l'armée de la Meuse, les 5ᵉ et *12*ᵉ divisions de cavalerie investissaient la ville sur la rive gauche, en s'établissant respectivement à Esnes et à Nixéville, d'où elles poussaient des avant-postes à la fois vers la place et vers Varennes et Clermont.

Pendant ce temps, le XIIᵉ corps se portait sur Verdun par Eix (*23*ᵉ division) et Haudiomont (*24*ᵉ division et artillerie de corps). A 10 heures du matin, l'avant-garde de la *23*ᵉ division, comprenant le *108*ᵉ, un escadron du

---

(1) Le général commandant la 4ᵉ division militaire au Ministre de la guerre.
(2) Le préfet de la Haute-Marne au maréchal de Mac-Mahon.

1ᵉʳ régiment de cavalerie et les batteries divisionnaires, sous les ordres du colonel de Hausen, débouche à l'Ouest du bois située entre Eix et Verdun. La 6ᵉ brigade reste abritée dans les bois; le reste de la 23ᵉ division à Eix. Le Iᵉʳ bataillon, formant tête de colonne, arrive jusqu'au faubourg Pavé inoccupé par la garnison, le traverse et avance jusqu'en face des remparts. Une vive fusillade s'engage entre ses tirailleurs embusqués dans des vignes, derrière des murs de clôture, dans des maisons, et les défenseurs de la place (1). Le IIᵉ bataillon se poste en repli à l'Est du faubourg, tandis que les batteries, couvertes par le IIIᵉ bataillon et par l'escadron d'avant-garde, prennent position sur les hauteurs au Sud de la grande route de Metz, et ouvrent le feu sur la ville.

De son côté, la 24ᵉ division s'était rassemblée entre Haudainville et la côte de Belrupt; ses batteries lourdes et l'artillerie de corps avaient pris position sur cette dernière et, depuis 10 heures du matin, elles bombardaient la place. L'avant-garde de la division, comprenant le 12ᵉ bataillon de chasseurs, le 105ᵉ, un escadron du 2ᵉ régiment de cavalerie et une batterie légère, occupait l'intervalle entre la côte de Belrupt et la Meuse.

L'artillerie de Verdun riposte faiblement aux batteries de Belrupt, mais énergiquement, au contraire, à celles de la 23ᵉ division qui s'étaient progressivement rapprochée jusqu'à 1400 mètres environ des ouvrages (2).

Après trois quarts d'heure de bombardement, un parlementaire se présenta et somma la place de se rendre, mais le général Guérin de Waldersbach, gouver-

---

(1) Les abords de l'enceinte n'avaient pas été dégagés. (*Rapport* du général Guérin de Waldersbach sur la défense de Verdun.)

(2) L'*Historique du Grand État-Major prussien* (7ᵉ livraison, p. 921) dit 1700 pas. Le *Rapport* adressé par le gouverneur de Verdun au Ministre de la guerre, le 26 août 1870, dit que les batteries saxonnes étaient établies à 800, 1000 et 1400 mètres des remparts.

neur de Verdun, déclina de la manière la plus formelle toute proposition de capitulation (1).

Le bon état des ouvrages et la ferme attitude du commandant de la place ne permettant pas au prince de Saxe d'espérer une solution favorable, il se décida à reprendre la marche vers l'Ouest. Vers midi, les troupes exécutent successivement leur mouvement sous le feu extrêmement vif des défenseurs.

La *23e* division traverse la Meuse à Bras, sur un pont établi au moyen de l'équipage léger et fait halte sur la rive gauche, à Charny, où ses derniers éléments la rejoignent dans l'après-midi. La *24e* division, laissant provisoirement devant la place la *18e* brigade d'infanterie, le *2e* régiment de cavalerie et la 3e batterie légère (2), passe également sur la rive gauche à Dieue. Les troupes saxonnes avaient perdu 1 officier, 19 hommes et 5 chevaux ; la garnison avait eu 1 officier et 6 hommes de troupe tués et 12 soldats blessés.

La *12e* division de cavalerie resta à Nixéville ; la *5e* se porta, dans l'après-midi, d'Esnes aux environs de Dombasle.

Le même jour, l'aile gauche de l'armée de la Meuse avait continué sa marche en avant entre la Meuse et les sources de l'Aisne. La *6e* division de cavalerie marchait sur Foucaucourt et jetait ses avant-postes jusque sur l'Ante ; plus au Sud, la division de cavalerie de la Garde arrivait entre Vaubécourt et Charmontois. La Garde

---

(1) « Pendant tout le temps que le parlementaire fut dans la place, dit le général Guérin de Waldersbach dans le *Rapport* précité, le feu de l'ennemi ne fit que s'accroître en rapidité. » — De son côté, l'*Historique du Grand État-Major prussien* s'exprime ainsi : « Les pourparlers n'avaient pas encore pris fin, que déjà quelques-unes des pièces de la défense rouvraient leur feu ; par suite les batteries saxonnes en faisaient aussitôt de même. » (7e livraison, p. 922.)

(2) Ces troupes rejoignirent le XIIe corps dès les jours suivants.

atteignait l'Aire à Pierrefitte et Chaumont ; le IVᵉ corps stationnait à Rosnes ; son avant-garde à Génicourt-en-Barrois.

Le quartier général de l'armée de la Meuse s'établissait à Petit-Monthairon (1).

On observera que, dans cette journée du 24, deux divisions de cavalerie de l'armée de la Meuse cantonnent dans l'Argonne même ; les deux autres sont à quelques kilomètres du défilé des Islettes, et pas une reconnaissance n'a encore été poussée à la sortie Ouest de la forêt. D'une manière générale, la cavalerie n'a pas su se détacher suffisamment des têtes de colonnes d'infanterie.

b) *IIIᵉ armée*. — Le Prince royal qui avait reçu, le 23 août, le télégramme du maréchal de Moltke lui enjoignant de pousser la cavalerie « vers l'avant ainsi qu'au Sud de Châlons (2) », avait donné à la 4ᵉ division de cavalerie l'ordre de franchir la Marne, de chercher l'ennemi dans la direction de Vertus, Épernay et Châlons, et de se renseigner, d'une manière générale, sur ses mouvements (3).

En conséquence la division franchit la Marne le 24 à Larsicourt et à Norrois ; le gros stationne à Arzillières, l'avant-garde à Châtel-Raould. Le major de Klocke, avec les 3ᵉ et 4ᵉ escadrons du 5ᵉ dragons, s'était porté de Courtisols sur Châlons, non sans avoir détaché deux pelotons vers le camp de Châlons. Ceux-ci le trouvèrent récemment mais complètement abandonné ; les magasins principaux étaient incendiés ; néanmoins on y recueillit encore des approvisionnements considérables

---

(1) *Historique du Grand État-Major prussien*, 7ᵉ livraison, p. 922-923.
(2) *Correspondance militaire du maréchal de Moltke*, t. I, p. 196.
(3) Von Hahnke, *loc. cit.*, p. 137.

en vivres et en fourrages, un millier de tentes, un certain nombre de pièces de siège et de place sans affûts, et beaucoup de matériel de guerre de toute nature. « La retraite des Français des environs de Châlons était désormais hors de doute (1). »

Les corps de tête de la III⁰ armée commencent à converser vers la nouvelle ligne qu'ils doivent atteindre le 26 août.

A l'aile droite, le II⁰ corps bavarois se porte des environs Nord-Ouest de Ligny-en-Barrois à Bar-le-Duc et Laimont; les reconnaissances de sa brigade de uhlans poussent jusqu'au Nord de Revigny-aux-Vaches. Le V⁰ corps et la division würtembergeoise, suivant la vallée de la Saulx, se dirigent respectivement de Stainville sur Robert-Espagne et Couvonges, et de Ménil-sur-Saulx sur Saudrupt; la réserve de cavalerie würtembergeoise gagnant Cheminon-la-Ville. Le XI⁰ corps, venant de Montiers-sur-Saulx, s'établit à Ancerville et Saint-Dizier, son avant-garde au delà de cette ville, à Hallignicourt.

En seconde ligne, le I⁰ʳ corps bavarois va de Saint-Aubin à Tronville, le VI⁰ corps de Gondrecourt à Joinville, la 2⁰ division de cavalerie de Dainville-aux-Forges à Vassy et Doulevant (2).

En se portant de Vassy sur Eclaron, un détachement de flanqueurs du *14⁰* régiment de hussards, attaché au XI⁰ corps, rencontrait à Pont-Varin des gardes mobiles qui faisaient feu et lui causaient quelques pertes. De son côté, il tuait aussi quelques hommes aux Français et leur enlevait d'assez nombreux prisonniers (3).

Dès le 23 août, le grand quartier général avait reçu, à Commercy, la nouvelle de la présence à Reims de

---

(1) *Historique du Grand État-Major prussien*, 7⁰ livraison, p. 923.
(2) *Ibid.*, 7⁰ livraison, p. 923-924.
(3) *Ibid.*, 7⁰ livraison, p. 924.

l'Empereur avec une grande partie des forces françaises (1). Le Prince royal connaissait leur composition à peu près exactement; il n'y avait d'erreur dans leur estimation qu'à propos du 12ᵉ corps que l'on croyait composé de deux divisions d'infanterie seulement; on doutait aussi de la destination donnée au 6ᵉ corps; on savait enfin qu'un 13ᵉ corps était en formation à Paris, sous les ordres du général Vinoy, et que vingt-quatre bataillons de mobiles avaient été ramenés du camp de Châlons à celui de Saint-Maur (2).

Dans la matinée du 24 août, le quartier général de la IIIᵉ armée reçut à Ligny divers rapports émanant de la 4ᵉ division de cavalerie, qui confirmaient l'évacuation des environs de Châlons et rendaient assez vraisemblable l'hypothèse d'une retraite des Français sur Reims.

Mais quelle allait être la destination de la nouvelle armée française ?

Le commandant en chef de la IIᵉ armée avait fait parvenir au grand quartier général une lettre interceptée dans laquelle « un officier français de haut grade, appartenant à l'armée bloquée sous Metz, exprimait son ferme espoir d'être bientôt secouru par l'armée de Châlons (3) ». Mais, tout d'abord, on ne

---

(1) D'après le prince de Hohenlohe (*Lettres sur la Stratégie*, t. II, p. 87), ce renseignement avait été trouvé dans les journaux français et confirmé par un télégramme venu de Londres.

(2) Von Hahnke, *loc. cit.*, p. 141-142.

(3) *Historique du Grand État-Major prussien*, 7ᵉ livraison, p. 924.

« Des lettres privées, qui semblent ne rien dire que d'inoffensif, dit à ce sujet le prince de Hohenlohe, contiennent souvent des renseignements de la plus haute importance. Nous avons fait autrefois de cruelles expériences à ce sujet; aussi, en 1870, le prince de Wurtemberg, par exemple, qui commandait la Garde, avait-il formellement interdit aux militaires sous ses ordres, sous peine de passation en conseil de guerre, de parler, dans leurs lettres à leur famille ou à leurs amis, de choses concernant l'armée. » (*Lettres sur la Stratégie*, t. II, p. 87.)

tint pas grand compte de cette opinion. Le grand quartier général inclinait plutôt à croire que les Français couvriraient Paris, peut-être par une position de flanc, vers Reims ou Laon (1). Néanmoins, on envoya communication au prince de Saxe de toutes les nouvelles recueillies ; on le chargea de surveiller, non seulement la direction de Reims, mais aussi la voie ferrée de cette ville à Thionville par Longuyon, et on lui prescrivit de la couper sur plusieurs points (2). Le commandant de la IIIe armée fut invité à se renseigner, au moyen de sa cavalerie, sur la véritable situation de l'ennemi et à rapprocher le VIe corps qui formait son aile gauche (3).

En se rendant le 24 de Commercy à Bar-le-Duc, le grand quartier général s'arrêta à Ligny pour s'entretenir avec l'état-major général de la IIIe armée de la situation militaire actuelle. C'est à cette conférence que le quartier-maître général de Podbielski émit, le premier, l'avis « qu'une tentative des Français pour se porter de Reims au secours de Bazaine, si elle était difficilement admissible en raison des objections qu'elle soulevait au point de vue militaire, pouvait cependant s'expliquer par des considérations politiques (4) ». Il préconisa en conséquence, avec raison, le resserrement de l'armée allemande vers sa droite, dans la continuation de la marche offensive, de façon à faciliter un changement de direction éventuel.

Mais tous les renseignements que l'on possédait alors paraissaient contredire l'hypothèse d'un mouvement des Français de Châlons vers Metz, et indiquaient au

---

(1) *Tagebücher des Generalfeldmarschalls Graf von Blumenthal*, p. 85 ; Verdy du Vernois, *Im grossen Hauptquartier*, p. 118.
(2) *Correspondance militaire du maréchal de Moltke*, t. I, n° 199.
(3) *Ibid.*, n° 196.
(4) *Historique du Grand État-Major prussien*, 7e livraison, p. 925.

contraire que leur intention était de couvrir la capitale, soit directement, soit latéralement vers Reims. Aussi la proposition du général de Podbielski ne fut-elle pas adoptée. On considéra comme plus sage de continuer le mouvement suivant la direction générale adoptée jusqu'alors, et de l'accélérer le plus possible de façon à engager dans le plus bref délai la lutte avec le maréchal de Mac-Mahon afin de le couper à la fois de Paris et de Metz (1). Le Prince royal résolut donc de porter la IIIe armée, dès le 25, sur la ligne Saint-Mard-sur-le-Mont, Vitry-le-François qu'aux termes de ses précédentes instructions, elle ne devait atteindre que le 26.

Dans la soirée, on reçut encore au quartier général de la IIIe armée, par les soins de la 4e division de cavalerie, un journal français de Paris qui confirmait les nouvelles de la matinée relatives à la présence à Reims du maréchal de Mac-Mahon, avec 150,000 hommes environ.

Dans la soirée du 24 août, les corps de l'armée de Châlons occupaient les emplacements ci-après :

Grand quartier général.......... Rethel.

	Quartier général.....	Juniville.
	1re division.........	Bignicourt.
	2e —	*Ibid.*
1er corps..	3e —	Juniville.
	4e —	*Ibid.*
	Division de cavalerie.	Ville-sur-Retourne.
	Réserves d'artillerie et du génie.........	Juniville.

5e corps.. { Tout entier au Sud de Rethel, sauf la division de cavalerie à Biermes.

---

(1) Von Hahnke, *loc. cit.*, p. 146.

7ᵉ corps..
- Quartier général..... Contreuve.
- 1ʳᵉ division......... Au Sud de Contreuve.
- 2ᵉ — .... *Ibid.*
- 3ᵉ — .... Saint-Etienne-à-Arnes.
- Division de cavalerie. Contreuve.
- Réserves d'artillerie et du génie........ Au Sud de Contreuve.

12ᵉ corps..................... Tout entier au Sud de Rethel.
1ʳᵉ division de réserve de cavalerie. Monthois.
2ᵉ division de réserve de cavalerie. Pont-Faverger.

Parcs d'artillerie.
- 5ᵉ corps............ Bergnicourt (sauf l'équipage de pont à Paris).
- 7ᵉ corps............ En marche de Reims sur Vouziers (sauf l'équipage de ponts à Soissons).
- 12ᵉ corps........... Saint-Rémy.

Équipage de pont de réserve..... Se rend de Château-Thierry à Paris par le canal de la Marne au Rhin.

CHAPITRE III

Journée du 25 août.

La journée du 25 août fut en partie employée aux ravitaillements et, par suite, les étapes furent raccourcies. L'aile droite de l'armée, pivotant pour ainsi dire autour du 12ᵉ corps qui séjourna à Rethel, atteignit l'Aisne à Vouziers et à Attigny.

Le 7ᵉ corps, levant ses camps à 6 heures du matin, se porta sur Vouziers. La 2ᵉ division, les réserves d'artillerie et du génie, et le convoi administratif, marchèrent en deux colonnes, l'une par Sainte-Marie, l'autre par Bourcq et Blaise; la 1ʳᵉ division passa par Contreuve et Sainte-Marie; la 3ᵉ prit, à l'Ouest de Semide, la grande route de Châlons à Mézières, puis celle de Rethel à Vouziers; elle fut suivie par la division de cavalerie.

Les troupes s'établirent autour de Vouziers où fut installé le quartier général : la 1ʳᵉ division au Sud, la 2ᵉ au Nord, la 3ᵉ à l'Est, sur la rive droite de l'Aisne, à cheval sur la route de Stenay; la division de cavalerie à l'entrée Ouest de la ville; les réserves d'artillerie et du génie au Nord de Vouziers (1).

Le général Douay avait reçu du grand quartier général

---

(1) D'après l'ordre de mouvement du grand quartier général du 24 août, le 7ᵉ corps devait prendre à Vouziers deux jours de vivres (60,000 rations).

l'ordre de s'éclairer avec sa cavalerie dans la direction de Grand-Pré et de Buzancy (1). En conséquence, le 4ᵉ hussards fut envoyé le jour même à Grand-Pré, d'où des reconnaissances furent poussées pendant la nuit du 25 au 26 vers Charpentry, sur la route de Varennes, et au delà d'Apremont, sur la rive gauche de l'Aire (2).

Le 1ᵉʳ corps se porta de ses bivouacs de Juniville, Bignicourt, Ville-sur-Retourne, sur Attigny. Il s'établit tout entier au Sud de cette localité, sauf les 3ᵉ et 4ᵉ divisions qui campèrent entre Givry et Attigny (3). Le quartier général fut installé à Attigny même (4).

Le 5ᵉ corps, après avoir utilisé la matinée à s'aligner en vivres jusqu'au 28 août, partit à 1 heure de l'après-midi en deux colonnes (5) pour Amagne. La division de cavalerie et la division Goze passèrent par Thugny et Coucy ; la division de l'Abadie, la réserve d'artillerie et la division de Lespart par Doux. La marche fut mal réglée (6) et il y eut

---

(1) Ordre de mouvement du 24 août.

(2) *Historique* manuscrit du 4ᵉ régiment de hussards.

(3) L'ordre de mouvement du 1ᵉʳ corps pour la journée du 25 août n'existant plus aux Archives de la guerre et le *Journal* de marche du 1ᵉʳ corps étant très succinct pour cette journée, il n'a pas été possible de reconstituer les itinéraires suivis par les grandes unités du 1ᵉʳ corps. Les *Historiques* des régiments ne fournissent d'autre renseignement que l'itinéraire de la 4ᵉ division fourni par l'*Historique* du 36ᵉ de ligne : Aunelles, Ménil-Annelles, Mont-Laurent, Ambly, Givry.

(4) D'après l'ordre de mouvement du grand quartier général du 24 août, le 1ᵉʳ corps devait trouver 120,000 rations de vivres de toute nature à Attigny.

(5) L'ordre de mouvement ne mentionne qu'une seule colonne, mais les deux *Journaux* de marche du 5ᵉ corps s'accordent à dire qu'il y en eut deux.

(6) « La 3ᵉ division prend les armes à 8 heures du matin pour ne partir qu'à 2 heures de l'après-midi. On a mis douze heures à faire 10 kilomètres. Une fois pour toutes, il faut s'élever ici contre l'incurie de l'état-major qui, ne faisant aucune reconnaissance, allonge les

dans Rethel des encombrements qui la retardèrent (1).

Le quartier général fut établi à Amagne ; la 1re division campa au Nord, la 2e à l'Est, la 3e et la réserve d'artillerie à l'Ouest du village ; la division de cavalerie poussa jusqu'à Ecordal, « formant ainsi l'avant-garde du 5e corps sur la route du Chesne-Populeux (2) ».

Le 12e corps resta à Rethel et y reçut des vivres jusqu'au 28 août (3). Par ordre du maréchal de Mac-Mahon, la 1re batterie à cheval du 19e fut attachée à la 1re division de réserve de cavalerie, qu'elle rejoignit, dans la soirée même, à Semuy ; la 2e du 19e fut mise à la disposition du général Fénelon (4).

Depuis son départ du camp de Châlons, le 12e corps avait été rejoint par un certain nombre de détachements destinés aux quatrièmes bataillons de la 2e division. De 400 à 500 hommes que ces bataillons comptaient le

---

routes, fatigue les hommes inutilement en les mettant sur pied deux ou trois heures avant le départ, et ne donne aucune heure pour les distributions. » (*Historique* manuscrit du 27e de ligne.)

« A 6 heures du soir seulement, après cinq heures d'attente, le régiment se met en marche. Par suite des ordres mal donnés, les hommes ne peuvent ni se reposer, ni nettoyer leurs effets, ni faire la soupe. Ils doivent se passer de manger..... » (*Historique* manuscrit du 17e de ligne.)

(1) *Historiques* manuscrits du 46e de ligne (1re division) et de la 2e division du 5e corps.

(2) *Journal* de marche du 5e corps. — La division de cavalerie du 5e corps ne comprenait que huit escadrons du 5e lanciers et du 12e chasseurs.

(3) « Les distributions ne se firent pas encore à Rethel avec tout l'ordre désirable, parce que les corvées des différents corps se présentèrent toutes, en même temps, au dépôt des vivres, le chef d'état-major général et l'intendant en chef de l'armée ne s'étant pas concertés à l'avance pour assigner à ces corvées des heures de distribution distinctes pour les différents corps d'armée. » (Général Lebrun, *Bazeilles-Sedan*, p. 47.)

(4) Ces deux batteries à cheval comptaient à la réserve d'artillerie du 12e corps.

18 août, ils étaient arrivés à en avoir de 1200 à 1500 à la date du 25. Des chiffres aussi élevés étaient tout à fait hors de proportion avec les cadres des officiers et sous-officiers, et avaient porté l'effectif du corps d'armée à plus de 41,000 hommes, ce qui l'alourdissait et entraînait pour les troupes des fatigues excessives. Aussi le général Lebrun obtint-il du maréchal de Mac-Mahon que ces bataillons verseraient chacun 300 à 400 soldats dans les régiments du 1er corps. La mesure fut mise à exécution à Rethel (1).

La 1re division de réserve de cavalerie se porta de Monthois sur Semuy (2), par Vouziers, Terron-sur-Aisne et Voncq; elle stationna ainsi à 7 kilomètres à peine en avant du 1er corps, et le flanc droit de l'armée resta absolument dégarni. Le général Margueritte avait reçu du grand quartier général l'ordre de « s'éclairer au loin, principalement dans la direction du Chesne-Populeux (3) ». Le 6e chasseurs s'établit dans cette localité, poussant des grand'gardes à Brieulles et aux Petites-Armoises (4).

Le mouvement de la division de cavalerie Margueritte montre que le maréchal de Mac-Mahon cherchait surtout à être éclairé dans la direction de Stenay—Montmédy que devait suivre le maréchal Bazaine, qu'il supposait parti de Metz et en marche vers l'Ouest. Il importe d'insister sur ce point. Le commandant de l'armée de Châlons n'avait, à cette époque, nullement l'intention d'aller à Metz, mais uniquement le projet de se porter au-devant du maréchal Bazaine, qu'il croyait sorti de la place, et de faciliter ainsi sa retraite.

---

(1) Général Lebrun, *loc. cit.*, p. 49.
(2) Ordre du grand quartier général en date du 24 août.
(3) *Ibid.*
(4) *Historique* manuscrit du 6e chasseurs.

La 2ᵉ division de réserve de cavalerie se rendit de Pont-Faverger à Rethel. Le 8ᵉ et trois escadrons du 7ᵉ chasseurs, le 5ᵉ et trois escadrons du 6ᵉ cuirassiers qui l'avaient accompagnée depuis le camp de Châlons, rejoignirent le 25, à Rethel, les autres éléments de la division de cavalerie du 12ᵉ corps qui se trouva ainsi définitivement constituée.

Le grand quartier général demeura à Rethel (1).

Sauf en ce qui concerne l'armée de Metz, les renseignements abondaient au grand quartier impérial, dans la journée du 25 août. A Épinal, « des renseignements assez précis, venus de deux côtés et de différentes sources, accréditaient la nouvelle d'un grand succès remporté par le maréchal Bazaine sur l'armée de Steinmetz (2) » entre Toul et Pont-à-Mousson, disait-on.

Cette information, si elle était exacte, aurait eu une importance considérable en soi et par l'influence qu'elle pouvait exercer sur les mouvements de l'armée de Châlons; aussi le maréchal de Mac-Mahon s'efforça-t-il d'en obtenir la confirmation en s'adressant au préfet des Vosges et au commandant de la place de Montmédy. Ce dernier n'avait encore, dans la soirée du 25, aucune nouvelle du maréchal Bazaine.

D'après des renseignements émanant du capitaine Vosseur, en mission à Montmédy, l'armée ennemie

---

(1) Il y a lieu de noter, dans l'ordre de mouvement pour la journée du 26, la prescription suivante : « Le Maréchal commandant en chef ne peut faire connaître le jour où il y aura de nouvelles distributions régulières. MM. les commandants de corps d'armée devront envoyer à l'avance, sur les points où leurs troupes s'établiront, les fonctionnaires de l'intendance pour requérir toutes les ressources en vivres que le pays peut fournir afin de ménager et de conserver en réserve les vivres de l'administration. »

(2) Le procureur impérial d'Épinal au Ministre de la justice, 25 août.

signalée précédemment au Sud de cette ville, paraissait se diriger sur Varennes. On évaluait à 25,000 hommes l'effectif de la colonne qui avait passé le 24 par Azannes et Chaumont-lès-Damvillers, marchant sur Consenvoye ; à 60,000 celui des troupes qui avaient franchi la Meuse à Bras. A Ornes seraient passés sept régiments de cavalerie, avec de l'artillerie, se dirigeant sur Varennes par Beaumont, Samogneux, Consenvoye, Vilosnes. Verdun avait été attaqué, le 24, par un corps prussien de 8,000 à 10,000 hommes, commandé par le prince de Saxe.

On pouvait suivre la continuation du mouvement vers l'Ouest des corps de l'armée du Prince royal. Tout l'arrondissement de Vassy était envahi. Le 24 août, 15,000 hommes venant par la route de Toul, étaient arrivés à Vaucouleurs ; de là, ils se seraient portés sur Gondrecourt. Colombey était occupé, le même jour, par des forces assez considérables. Depuis le matin, jusqu'à une heure assez avancée de l'après-midi, Joinville avait été traversé par des troupes allemandes paraissant se diriger sur Saint-Dizier par les vallées de la Blaise et de la Marne. Une autre colonne était en marche sur Saint-Rémy-en-Bouzemont. Le Prince royal se trouvait encore dans cette ville le 24, avec 6,000 hommes environ, mais suivant avis du maire de Brienne, l'ennemi aurait évacué Vassy et Saint-Dizier pour reprendre la route de Metz.

On signalait de forts détachements de cavalerie à Doulevant et aux environs ; un escadron environ à Châlons ; 450 dragons commandés par un major, au camp de Châlons. L'ennemi avait été vu à 3 kilomètres de Brienne ; il y serait même entré, d'après un renseignement fourni par le bureau télégraphique de Troyes (1), sans toutefois que son effectif fût spécifié.

---

(1) On voit, d'après ce qui précède, que l'appréciation suivante du

Strasbourg avait été bombardé le 15, puis le 19 et le 20 août; d'après une dépêche du préfet, le bombardement régulier avait commencé et continuait sans trêve.

Les mouvements réels des armées allemandes étaient les suivants :

a) *Armée de la Meuse*. — En exécution des instructions reçues du grand quartier général dans la matinée du 24, le commandant de l'armée de la Meuse avait prescrit à la 5ᵉ division de cavalerie de pousser un de ses régiments vers le Nord, par Dun, pour détruire le chemin de fer à l'Ouest de Montmédy (1). Désigné à cet effet, le *17ᵉ* régiment de hussards se portait le 25 jusqu'à Mouzay et, dans la nuit suivante, il incendiait, à Lamouilly, le pont de bois sur lequel la voie ferrée franchit la Chiers (2). Les autres régiments de la division marchaient de Dombasle sur Sainte-Menehould; leur avant-garde à Dommartin-sous-Hans.

La *12ᵉ* division de cavalerie venant de Nixéville, suivait le même itinéraire jusqu'à Clermont-en-Argonne, où elle stationnait après une étape de 16 kilomètres seulement et envoyait des patrouilles dans la direction de Varennes.

La *6ᵉ* division de cavalerie, partie de Foucaucourt, faisait une marche de 16 kilomètres et s'établissait à Vieil-Dampierre, avec des avant-postes à Dommartin-sur-Yèvre. Derrière elle, la division de la cavalerie de

---

général Ducrot n'est pas justifiée, au moins en ce qui concerne le grand quartier impérial : « Chose incroyable ! nous ne savons pas au juste ce que font les Prussiens, où ils sont..... » (*Vie militaire du général Ducrot*, t. II, p. 388.)

(1) *Correspondance militaire du maréchal de Moltke*, t. 1ᵉʳ, nº 199.

(2) L'incendie fut éteint avant tout dommage, les rails replacés et les communications rétablies dès le 26 août. (Le procureur impérial de Sedan au Ministre de la justice, D. T., Sedan, 26 août.)

la Garde, venant de Vaubécourt et Charmontois atteignait le Chemin après une courte étape de 15 kilomètres. Déjà la *6ᵉ* division avait pris, en partie, ses cantonnements, quand l'escadron d'avant-garde de la *14ᵉ* brigade signalait, à l'Ouest d'Épense, un bataillon de gardes mobiles, le IVᵉ du département de la Marne, qui n'avait reçu que quelques notions d'instruction militaire, et qui se dirigeait de Vitry sur Sainte-Menehould pour gagner ensuite Paris par chemin de fer (1). A cette nouvelle, le colonel von der Grœben, commandant la brigade se portait rapidement sur Épense avec le *6ᵉ* cuirassiers et le *3ᵉ* uhlans puis remontait au Nord, vers Braux, tandis que la batterie à cheval de la division, prenant position entre Vieil-Dampierre et Épense, ouvrait le feu sur le bataillon français qui suivait la voie romaine en colonne de route. Avertie, la *15ᵉ* brigade de cavalerie se rassemblait à Sivry d'où son chef, le colonel d'Alvensleben, se dirigeait vers la ferme de la Basse, avec les premiers escadrons prêts. Sur ces entrefaites, les gardes mobiles avaient gagné cette même ferme et y avaient pris position. Menacés sur leurs derrières par la *14ᵉ* brigade, ils avaient en face les 3ᵉ et 4ᵉ escadrons du *15ᵉ* uhlans auxquels s'était joint un peloton du *6ᵉ* cuirassiers.

Les gardes mobiles n'avaient jamais tiré un coup de fusil ni même une capsule, et ils étaient pourvus d'armes à tabatière en mauvais état (2). Aussi leur feu fut-il à peu près inoffensif. Le combat, d'ailleurs, fut de courte durée. La batterie ennemie ayant lancé quelques obus sur la ferme, les gardes mobiles s'enfuirent pour la plupart et furent faits prisonniers par la cavalerie prussienne; une quarantaine seulement restèrent groupés

---

(1) Ce bataillon avait constitué la garnison de Vitry-le-François dont on avait décidé l'évacuation.

(2) *Rapport* du chef de bataillon Duval au Ministre de la guerre.

autour des officiers et opposèrent une vigoureuse résistance jusqu'au moment où le manque de munitions les obligea à se rendre. 6 officiers et 18 hommes avaient été blessés, 1 sous-lieutenant tué; 27 officiers et 1000 gardes mobiles étaient prisonniers. L'ennemi n'avait eu qu'un officier supérieur mortellement atteint, 2 soldats tués, 3 blessés. A 1 h. 30 de l'après-midi, la *6e* division de cavalerie regagnait ses cantonnements et établissait des avant-postes vers l'Ouest, sur l'Yèvre.

Très brutalement traités, injuriés, frappés même, les prisonniers furent rassemblés près de Sivry-sur-Ante et mis en route sous l'escorte d'un détachement du *16e* hussards (1). La colonne venait de dépasser Passavant quand, soudain, un coup de feu jeta à bas de son cheval un cavalier prussien (2). Il en résulta un certain désordre dont une grande partie des gardes mobiles profita pour s'enfuir dans les vignes voisines. L'escorte et des soldats des *1er* et *2e* régiments de dragons de la Garde, cantonnés à Passavant, les poursuivirent et en massacrèrent un grand nombre, bien qu'ils fussent désarmés, jusqu'au moment où l'intervention de quelques officiers fit cesser cette scène de barbarie (3).

---

(1) *Rapport* du chef de bataillon Duval au Ministre de la guerre.

(2) D'après l'*Historique* du *1er* régiment de dragons de la Garde, le mousqueton d'un hussard de l'escorte se serait déchargé de lui-même (p. 107).

(3) D'après le *Rapport* précité du chef de bataillon Duval, accompagné d'un état de pertes, il y eut : 17 tués, 7 disparus, 98 blessés. L'*Historique* du *1er* régiment de la Garde indique 60 morts (p. 107). Celui du *2e* régiment de dragons de la Garde relate plus de 100 tués (p. 72).

« Cette affaire, dit l'*Historique* du *1er* dragons, fut particulièrement triste pour nous ; chacun eût désiré la chasser de son esprit. »

« Il est certain, dit l'*Historique* du *2e* dragons, que, dans cette circonstance, on a dépassé de beaucoup les limites de l'humanité que le soldat ne doit jamais oublier vis-à-vis d'un ennemi désarmé. »

Le XIIe corps, qui avait stationné le 24 à Charny et à Dieue, se trouvait dans la journée du 25 : la *23e* division aux environs de Dombasle, la *24e* entre Auzéville et Jubécourt, l'artillerie de corps à Ville-sur-Cousances, la *48e* brigade, laissée la veille devant Verdun, franchissait la Meuse et venait vers Lempire d'où elle continuait à surveiller les abords Ouest de la place.

La Garde se portait, de Pierrefitte et Chaumont, sur Triaucourt (*1re* division), Foucaucourt (*2e*), Érize-la-Petite (artillerie de corps). De Rosnes et de Génicourt-en-Barrois, le IVe corps venait occuper : Sommeilles et Laheycourt (*8e* division), Villotte-devant-Louppy (artillerie de corps), Génicourt-en-Barrois (*7e* division).

Le quartier général de l'armée de la Meuse s'établissait à Fleury-sur-Aire.

b) *IIIe armée.* — La IIIe armée, rapprochant de plus en plus sa droite de l'armée de la Meuse, continuait, le 25, son changement de direction progressif vers le Nord-Ouest.

La *4e* division de cavalerie, venant de Châtel-Raould et d'Arzillières, se présentait devant Vitry. La garnison de cette petite place, dont tous les ouvrages étaient en terre, se composait du IVe bataillon de gardes mobiles de la Marne et d'une batterie de garde mobile en formation depuis le 12 août seulement, celle-ci renforcée par un détachement de 35 canonniers de l'armée active envoyés de Châlons le 19 août. Dans un télégramme adressé au Ministre de la guerre à cette date, le chef d'escadron Terquem, commandant supérieur de Vitry, avait exposé la situation défectueuse de la place, mal armée, faiblement approvisionnée, et pourvue d'une garnison insuffisante. Le 20, le Ministre avait répondu par l'ordre d'enclouer les canons au dernier moment, d'évacuer la place à temps, et de détruire ponts et chemin de fer en se retirant. Le 24, le commandant Terquem apprit que l'ennemi était à courte distance de Vitry et que son intention était de commencer l'attaque le lendemain à 7 heures du matin. En conséquence, l'évacuation de la place eut lieu dans la nuit du 24 au 25.

La *4e* division de cavalerie, après avoir pris possession de la ville, continuait dans la direction de Châlons jusqu'à la Chaussée et Pogny, tandis que le major Klock, avec ses deux escadrons de dragons moins un détachement laissé au camp de Châlons, allait bivouaquer à Saint-Léonard, à 4 kilomètres de Reims. La brigade de cavalerie würtembergeoise, partie le matin de Cheminon, allait d'un bond à Courtisols et à Saint-Martin; la brigade de cavalerie bavaroise, venant de Laimont, Villers-aux-Vents, Brabant-le-Roi, s'établissait au Fresne-sur-Moivre.

Derrière cette cavalerie, les trois corps de première ligne occupaient les emplacements qu'ils ne devaient primitivement atteindre que le 26, sur le front Saint-Mard-sur-le-Mont, Vitry-le-François :

IIe corps bavarois :

Avant-garde............	Possesse.
Gros de la *3e* division.....	Charmont et environs.
4e division..............	Nettancourt et environs.
Réserve d'artillerie........	Brabant-le-Roi.
Trains.................	Entre Chardogne et Varney.

V^e corps :

Avant-garde............	Rosay et Vavray-le-Grand.
Gros de la *9e* division......	Heiltz-l'Évêque et environs.
10e division.............	Heiltz-le-Maurupt et environs.
Artillerie de corps........	Maurupt.
Trains.................	Robert-Espagne.

XIᵉ corps :

Avant-garde............	Vitry (1).
Gros de la 22ᵉ division....	Thiéblemont et environs.
21ᵉ division.............	Entre Perthes, Hallignicourt, la Neuville-au-Pont.
Trains.................	Saint-Dizier.

En seconde ligne se trouvaient :

1ᵉʳ corps bavarois :

1ʳᵉ division.............	Revigny-aux-Vaches et environs.
2ᵉ division.............	Bar-le-Duc.
Réserve d'artillerie.......	Mussey.
Trains.................	Trémont.
Division wurtembergeoise...	Sermaize et environs.

VIᵉ corps :

Avant-garde............	Montiérender.
12ᵉ division............	Voillecomte, Vassy, Magneux, Sommancourt.
11ᵉ division............	Au Sud de Vassy jusqu'à Dommartin-le-Franc.
Trains.................	A l'Ouest de Joinville.

A l'extrême gauche, la 2ᵉ division de cavalerie atteignait les environs de Chavanges.

Le quartier général de la IIIᵉ armée demeurait à Ligny ; le grand quartier général à Bar-le-Duc.

Tous les renseignements reçus les 23 et 24 août, au grand quartier général allemand, permettaient d'admettre que

---

(1) La carte n° 3, annexée à l'ouvrage *Heeresbewegungen im Kriege 1870-1871*, ne porte pas l'avant-garde du XIᵉ corps à Vitry. Le fait ressort des *Historiques* des *32ᵉ* (p. 105-106) et *95ᵉ* (p. 45).

l'armée française de nouvelle formation avait abandonné le camp de Châlons et s'était repliée sur Reims (1). Aussi, dans la soirée du 24, le maréchal de Moltke avait-il fait rédiger la minute d'un ordre en vertu duquel les armées allemandes devaient se reposer le 26 ou le 27, et atteindre, le 28, la ligne Suippes—Châlons—Coole, puis obliquer sur Reims ou continuer directement leur marche sur Paris, suivant les circonstances. La cavalerie de l'armée de la Meuse était particulièrement chargée d'exécuter des reconnaissances dans la direction de la frontière belge, d'observer Montmédy et Sedan, d'éclairer ensuite vers Reims, Rethel, Mezières, en interrompant, si possible, la voie ferrée de Reims à Laon (2). Mais ces instructions ne furent pas communiquées, car, à 11 heures du soir, on possédait une série d'informations qui modifiaient dans une certaine mesure les appréciations premières (3) et donnaient plus de poids à l'hypothèse d'un mouvement de l'armée de Châlons vers Metz (4). D'une part, les rapports établis à la date du 23 par la 4ᵉ division de cavalerie confirmaient la disparition des Français des environs de Châlons. Puis, le journal de Paris, saisi le 24 (5), relatait d'une manière « assez positive » que l'armée du maréchal de Mac-Mahon, forte de 150,000 hommes, avait pris position à Reims. Enfin, et comme confirmation de ce qui précède, un télégramme de Paris, daté du 23 au soir et reçu par la voie de Londres, mandait : « L'armée de Mac-Mahon se concentre à Reims. L'empereur Napoléon et le Prince sont avec elle.

---

(1) *Correspondance militaire du maréchal de Moltke*, t. Iᵉʳ, nᵒˢ 199 et 200.
(2) *Ibid.*, t. Iᵉʳ, nᵒ 203.
(3) *Historique du Grand État-Major prussien*, 7ᵉ livraison, p. 930.
(4) *Heeresbewegungen im Kriege 1870-1871*, herausgegeben vom grossen Generalstabe, p. 24.
(5) Voir Journée du 24 août.

Mac-Mahon cherche à faire sa jonction avec Bazaine (1). »
Toutefois, on ne savait rien des voies et moyens que se proposait d'employer l'adversaire pour exécuter ce mouvement : la ligne la plus courte de Reims à Metz lui était barrée et un détour le long de la frontière belge semblait, non sans raison, une entreprise assez hasardeuse. Il fallait pourtant en examiner l'éventualité et prévoir les mesures qu'il y aurait à prendre si elle venait à se présenter.

Il devenait nécessaire, évidemment, de surseoir momentanément au mouvement sur Paris de la IIIe armée et de l'armée de la Meuse ; de les orienter vers le Nord, en partie à travers l'Argonne; d'assigner une nouvelle direction aux ravitaillements de toute nature dont le transport était déjà réglé vers l'Ouest, et d'admettre de ce chef des retards sérieux dans leur arrivée. Ces considérations, jointes aux inconvénients qu'entraîne toujours avec lui l'abandon précipité d'un plan en voie d'exécution, conseillaient de ne pas modifier le sens du mouvement des armées allemandes avant de s'être procuré des renseignements plus précis sur les opérations de l'adversaire. N'agir qu'à bon escient, en toute connaissance de cause, mais tout préparer pour une conversion vers le Nord, tel fut le programme du grand quartier général allemand. Il fut décidé que, pour le moment, on se contenterait d'appuyer un peu plus au Nord-Ouest, c'est-à-dire vers Reims, en redoublant de vigilance dans la surveillance à exercer sur le flanc droit.

En conséquence, le maréchal de Moltke fit expédier, de Bar-le-Duc, le 25, à onze heures du matin, des instructions en vertu desquelles l'armée de la Meuse devait atteindre le 26 la ligne Vienne-le-Château, Villers-en-Argonne, tandis que la IIIe armée gagnerait, à cette

---

(1) *Historique du Grand État-Major prussien,* 7e livraison, p. 930.

même date, le front Givry-en-Argonne, Changy. Ces instructions étaient ainsi conçues :

Quartier général de Bar-le-Duc, 25 août 1870, 11 heures du matin.

« Toutes les nouvelles reçues ici s'accordent à dire que l'ennemi a complètement évacué Châlons et marche sur Reims.

« Sa Majesté prescrit à la subdivision de S. A. R. le prince royal de Saxe et à la IIIe armée *de continuer leur marche en se dirigeant vers le Nord-Ouest, afin de répondre à ce mouvement.*

« La subdivision d'armée portera demain le XIIe corps à Vienne-le-Château (avant-garde Autry et Servon), la Garde à Sainte-Menehould (avant-garde Vienne-la-Ville et vers Berzieux), et le IVe corps à Villers-en-Argonne (avant-garde vers Dommartin). La cavalerie sera poussée au loin en avant pour éclairer sur le front et le flanc droit. Elle devra, en particulier, atteindre Vouziers et Buzancy.

« La IIIe armée avancera demain ses têtes jusqu'à la ligne Givry-en-Argonne, Changy au Nord-Est de Vitry. Observer cette place.

« S'il n'arrive pas de nouvelles tout à fait importantes, les armées feront séjour le 27. Cette journée devra éventuellement être employée à faire rejoindre les convois et à assurer les subsistances, de manière à pouvoir ultérieurement traverser sans difficultés la partie déserte de la Champagne.

« Le grand quartier général de Sa Majesté se rend demain à Sainte-Menehould. Envoyer ici les comptes rendus jusqu'à 10 heures du matin (1). »

On observera que, pour la première fois, depuis le commencement de la campagne, le généralissime donnait des objectifs à la cavalerie d'exploration.

---

(1) *Correspondance militaire du maréchal de Moltke*, t. Ier, n° 205.

Tandis que les troupes exécutaient l'étape du 25, on se préparait, au grand quartier général, à Bar-le-Duc, à continuer les opérations soit vers l'Ouest, soit vers le Nord, suivant les nouvelles qui parviendraient.

Si les Français effectuaient, de Reims, leur retraite sur Paris, les armées allemandes les suivraient, occupant d'abord un front de 75 kilomètres, la droite passant par Reims, la gauche par Arcis-sur-Aube ; la largeur de la zone totale de marche se réduisant ensuite à 35 kilomètres sur la ligne Penchard-Guignes. Si, au contraire, il était nécessaire d'opérer une conversion face au Nord, le grand quartier général se proposait de faire tête à l'adversaire sur la rive droite de la Meuse.

Si le maréchal de Mac-Mahon avait réellement formé le projet de secourir l'armée de Metz, même au prix d'un détour, il pouvait être parti de Reims le 23, être arrivé dans la région de Vouziers le 25 et commencer à franchir la Meuse le 27, entre Dun et Stenay. Il eût été possible sans doute, en demandant au IVe corps une marche de 40 kilomètres, de grouper le 26, au moyen d'une conversion à droite, trois corps de l'armée de la Meuse sur la ligne Montfaucon, Varennes, Vienne-le-Château, et d'attaquer les Français le 27 sur la rive gauche de la Meuse. Mais on admit avec raison, au grand quartier général, que ces forces ne seraient pas suffisantes pour assurer le succès dans la lutte contre une armée de 120,000 à 150,000 hommes ; il était impossible d'ailleurs de compter sur le concours de la IIIe armée, trop éloignée. Les deux corps de droite eux-mêmes, les Ier et IIe Bavarois, n'auraient pu intervenir, le 27, dans une bataille livrée aux environs de Dun. Aussi le maréchal de Moltke résolut-il de s'opposer aux entreprises de l'armée de Châlons, sur la rive droite de la Meuse, dans la région de Damvillers, où il pourrait, le 28 août, réunir les trois corps et les quatre divisions de cavalerie de l'armée de la Meuse, les deux corps bavarois de la IIIe armée et des troupes empruntées à l'armée chargée du blocus de Metz. De la sorte, une supériorité numérique décisive lui était acquise et, avec elle, de très grandes probabilités de remporter la victoire.

Par contre, la concentration projetée à Damvillers offrait des inconvénients : au point de vue du moral, c'était, pour les troupes de la III⁰ armée et de l'armée de la Meuse, presque un mouvement de retraite ; les deux corps bavarois seraient obligés de marcher en seconde ligne et en partie sur les mêmes routes que suivaient déjà les corps de l'armée de la Meuse ; l'affaiblissement des forces affectées au blocus de Metz pouvait avoir pour conséquence une sortie du maréchal Bazaine, couronnée de succès. Très sagement, on jugea, au grand quartier général allemand, que toutes ces considérations étaient de second ordre, comparées à la nécessité d'obtenir la supériorité numérique sur l'armée du maréchal de Mac-Mahon. On s'en tint donc au plan de concentration à Damvillers.

En toute éventualité, le maréchal de Moltke établit, pour lui seul, dans l'après-midi du 25, le projet suivant d'une conversion partielle de l'armée allemande vers le Nord (1).

---

(1) Le tableau qui suit est donné par la *Correspondance militaire du maréchal de Moltke*, t. I⁰ʳ, n° 208.

CORPS.	26	27	28	29
XIIe.	Varennes.	Dun.	Éventuellement, retraite sur Damvillers.	
Garde.	Dombasle.	Montfaucon.	Damvillers.	
IVe.	Fleury.	A l'Ouest de Verdun.	Damvillers.	Marville.
IIIe.	»	Étain.	Damvillers.	Longuyon.
IXe.	»	Landres.	Mangiennes.	
Bavarois.	Chaumont.	Nixéville. Dombasle.	Azannes. »	

Le 28 août, sept corps d'armée, présentant un effectif total de 150,000 fusils, auraient arrêté le maréchal de Mac-Mahon dans son entreprise, soit qu'il acceptât la bataille le 28, aux environs de Damvillers, soit qu'il fallût attendre au lendemain pour obtenir la décision sur son flanc gauche vers Marville et Longuyon.

Mais si le XIIe corps, qui se trouvait le plus rapproché de l'armée ennemie, parvenait à l'arrêter sur la Meuse ou si les Français marchaient lentement, on pouvait espérer les joindre à l'Ouest de Damvillers. Dans ce cas, d'autres éléments de la IIIe armée étaient en situation d'intervenir et se substitueraient avantageusement aux deux corps de la IIe armée qu'on préférait maintenir devant Metz.

Mais il importait de ne pas modifier momentanément la direction de marche vers l'Ouest de ces unités de la IIIe armée, parce qu'une conversion en arrière et à droite les eût placées en troisième ligne derrière l'armée de la Meuse, suivie elle-même des deux corps bavarois. Abstraction faite même des difficultés du mouvement, il en serait résulté une accumulation excessive de troupes dans la zone étroite comprise entre l'Aire et la Meuse, et une profondeur d'échelonnement qui eût rendu impossible le déploiement de toutes les forces pour la bataille.

On n'aurait pu songer à une manœuvre quelconque pour ces éléments : il eût fallu les engager de front. Si, au contraire, on les laissait poursuivre encore un jour leur mouvement vers l'Ouest et si on leur faisait effectuer ensuite une conversion pour les orienter vers le Nord et le Nord-Est, ils se présenteraient d'abord en un dispositif échelonné à gauche qui permettrait de les porter sans difficulté sur la ligne de retraite de l'adversaire.

Telles furent les considérations que le grand quartier général allemand examina et pesa, et les conclusions qui en résultèrent (1). La situation n'allait pas tarder d'ailleurs à se préciser.

Dans la soirée du 25 août, de nouvelles informations reçues au grand quartier général, à Bar-le-Duc, permettaient de considérer comme vraisemblable un mouvement de troupes françaises de Reims sur Vouziers. A l'un des bulletins de renseignements était joint un journal français contenant un article emprunté à un journal belge, et dont il ressortait « qu'un général français ne saurait abandonner ses compagnons d'armes sans encourir la malédiction du pays (2) ». D'autres feuilles de Paris, envoyées au grand quartier général, relataient « les discours prononcés au Corps législatif, pour signaler la honte qui rejaillirait sur le peuple français, si l'armée du Rhin n'était pas secourue (3) ». Un nouveau télégramme expédié de Londres annonçait, d'après le *Temps* du 23 août, que « Mac-Mahon s'était subitement décidé à courir à l'aide de Bazaine, bien qu'en décou-

---

(1) *Historique du Grand État-Major prussien*, 7e livraison, p. 931-934 ; *Heeresbewegungen im Kriege 1870-1871*, p. 25-27.

(2) *Historique du Grand État-Major prussien*, 7e livraison, p. 934.

(3) *Ibid.* — Les discours prononcés au Corps législatif du 16 au 22 août ne font pas mention du fait rapporté par l'*Historique du Grand État-Major prussien* d'après des journaux de Paris.

vrant la route de Paris, il compromît la sécurité de la France ; que toute l'armée de Châlons avait déjà quitté les environs de Reims, mais que, cependant, les nouvelles reçues de Montmédy ne faisaient pas encore mention de l'arrivée de troupes françaises dans ces parages (1) ». D'autre part, d'après des informations ultérieures, elles avaient déjà dépassé Rethel (2).

On jugea, au grand quartier général, que ces données n'étaient pas suffisantes « pour élucider complètement la situation », et l'on se tint en garde contre les renseignements d'une presse « toujours sujette à caution (3) » et chargée de répandre de fausses nouvelles. A supposer que celles-ci fussent exactes, il y avait encore à considérer l'hypothèse d'une feinte du maréchal de Mac-Mahon destinée à faire abandonner aux armées allemandes leur marche sur Paris, à leur faire perdre tout au moins quelques jours, et à les fatiguer inutilement. Toutefois, on considéra qu'il était « de plus en plus plausible, eu égard à la situation particulière de la France, que les exigences politiques pouvaient l'avoir emporté sur toute considération militaire (4) ».

Le maréchal de Moltke et le général de Podbielski se rendirent donc chez le Roi, le mirent au courant de la situation et lui firent approuver le projet de conversion de l'armée de la Meuse et des deux corps bavarois. Dans la nuit même, toutes les dispositions furent prises pour que ces troupes pussent marcher vers le Nord le 26, si les renseignements de la cavalerie, lancée sur Vouziers

---

(1) *Historique du Grand État-Major prussien*, 7ᵉ livraison, p. 934.
(2) Général de Verdy du Vernois, *Im grossen Hauptquartier*, 1870-1871, p. 123.
L'*Historique du Grand État-Major prussien* ne relate pas ces dernières informations.
(3) *Historique du Grand État-Major prussien*, 7ᵉ livraison, p. 934.
(4) *Ibid.*

et Buzancy, confirmaient la nouvelle de la marche de l'armée française vers Metz.

L'ordre ci-après fut adressé au prince de Saxe à Fleury :

Quartier général de Bar-le-Duc, 25 août 1870, 11 heures du soir.

« D'après un renseignement qui vient d'arriver, il n'est pas invraisemblable que Mac-Mahon se soit décidé à aller au secours de l'armée principale ennemie enfermée dans Metz. Dans cette hypothèse, il se serait mis en marche de Reims le 23 et ses têtes pourraient avoir aujourd'hui atteint Vouziers.

« Il y aurait lieu alors, pour la subdivision d'armée de S. A. R. le prince royal de Saxe, de *se concentrer sur sa droite* en portant le XIIe corps sur Varennes, et en amenant la Garde et le IVe corps sur la route Varennes—Verdun.

« Les Ier et IIe corps bavarois suivraient éventuellement aussi ce mouvement. Mais on ne peut décider de l'entreprendre que d'après les renseignements qu'a dû recevoir S. A. R. le prince royal de Saxe, et dont on ne saurait attendre ici l'arrivée.

« La Garde et le IVe corps ont reçu, d'ici-même, l'ordre de ne pas entamer demain matin la marche à eux prescrite aujourd'hui. Ils doivent faire la soupe et attendre de nouveaux ordres de mouvement (1) ».

Cette dépêche fut communiquée au commandant de la IIIe armée qui fut avisé en même temps que les Ier et IIe corps bavarois avaient reçu directement l'ordre de s'arrêter (2). Les autres corps de cette armée devaient

---

(1) *Correspondance militaire du maréchal de Moltke*, t. Ier, n° 209.
(2) *Ibid.*, n° 210.

continuer leur mouvement, conformément aux instructions qui leur avaient été adressées antérieurement. On se réservait de les faire appuyer sur Sainte-Menehould, s'il y avait lieu.

Enfin le lieutenant-colonel de Verdy, du grand état-major, porteur de l'ordre précédent, fut envoyé, dans la nuit du 25 au 26, au quartier général de l'armée de la Meuse avec mission d'exposer au prince de Saxe l'opinion qu'on se faisait de la situation au grand quartier général et les projets qu'on y formait (1). Le changement de direction pouvait être différé jusqu'au 26 à midi, si cela était nécessaire; mais, si aucun rapport n'était parvenu à ce moment, il devait être exécuté en tout cas. On ne devait revenir aux ordres donnés dans la matinée du 25, pour la continuation de la marche vers le Nord-Ouest, qu'autant que les renseignements reçus jusqu'alors et les considérations qui en avaient été la conséquence seraient reconnus erronés (2).

Dans la soirée du 25 août, l'armée de Châlons occupait les emplacements ci-après :

Grand quartier général..........		Rethel.
1ᵉʳ corps..	Quartier général.....	Attigny.
	1ʳᵉ division........	*Ibid.*
	2ᵉ —	*Ibid.*
	3ᵉ —	Entre Givry et Attigny.
	4ᵉ —	*Ibid.*
	Division de cavalerie.	Attigny.
	Réserves d'artillerie et du génie.........	*Ibid.*
5ᵉ corps..	Tout entier autour d'Amagne, sauf la division de cavalerie à Écordal.	

---

(1) Général de Verdy du Vernois, *loc. cit.*, p. 124.
(2) *Historique du Grand État-Major prussien*, 7ᵉ livraison, p. 937.

7ᵉ corps..	Quartier général	Vouziers.
	1ʳᵉ division.........	Au Sud de Vouziers.
	2ᵉ —	Au Nord de Vouziers.
	3ᵉ —	A l'Est de Vouziers.
	Division de cavalerie.	A l'Ouest de Vouziers.
	Réserves d'artillerie et du génie.........	*Ibid.*

12ᵉ corps.................... Tout entier au Sud de Rethel.

1ʳᵉ division de réserve de cavalerie. Semuy.
2ᵉ division de réserve de cavalerie. Rethel.

Parcs d'artillerie	5ᵉ corps	Rethel (sauf l'équipage de ponts dirigé sur Mézières).
	7ᵉ corps	En marche sur Mézières (sauf l'équipage de ponts à Soissons).
	12ᵉ corps..........	Tagnon (parc du 6ᵉ corps affecté provisoirement au 12ᵉ corps), et Vincennes (parc du 12ᵉ corps).

Grand parc................... En formation à Mézières.

Équipage de ponts de réserve .... En route par eau de Château-Thierry à Paris.

CHAPITRE IV.

Journée du 26 août.

En vertu des ordres du maréchal de Mac-Mahon, l'armée de Châlons, après s'être ravitaillée, reprend la direction de Stenay et exécute, le 26 août, les mouvements ci-après, en pivotant autour du 7ᵉ corps qui doit faire séjour à Vouziers.

Le 1ᵉʳ corps formant deux colonnes, ne fait qu'une courte marche pour se porter d'Attigny entre Voncq, Semuy et Neuville-et-Day.

La division de cavalerie part à 6 heures du matin, passe par Roche et Voncq, et s'établit sur le plateau au Nord-Est de cette dernière localité, entre Semuy et le bois de Voncq. Elle détache à Montgon le 3ᵉ régiment de hussards avec mission de se relier à la fois avec le 5ᵉ corps qui occupe Le Chesne et avec le 12ᵉ dont le quartier général est à Tourteron (1). Elle est suivie des 3ᵉ et 4ᵉ divisions qui s'ébranlent respectivement à 9 et 10 heures, et viennent camper auprès d'elle.

La 1ʳᵉ division, levant son camp à 6 heures du matin, franchit l'Aisne à Attigny, passe par Mont-de-Jeux et Semuy, et bivouaque à l'Ouest de Neuville-et-Day, détachant la 2ᵉ brigade sur le plateau à l'Ouest de Montgon. La 2ᵉ division se met en marche à 7 heures du matin, à la suite de la 1ʳᵉ, derrière laquelle elle stationne.

La réserve d'artillerie, les services administratifs et l'ambulance du quartier général du corps d'armée

---

(1) Le 3ᵉ hussards plaça deux escadrons en grand'garde, l'un à Longwé, l'autre à Lametz.

prennent, à la sortie d'Attigny, par Charbogne et Saint-Lambert, et suivent ensuite l'itinéraire des 1re et 2e divisions.

Le quartier général du corps d'armée s'installe à Neuville-et-Day.

Le 5e corps, partant à 5 heures du matin, se porte d'Amagne au Chesne par Écordal, Tourteron, Lametz, en une seule colonne et dans l'ordre : divisions de Lespart, Goze, réserve d'artillerie, division de L'Abadie. La division de cavalerie, précédant le mouvement de l'infanterie, s'établit à la ferme Basancourt et détache les 5e et 6e escadrons du 12e chasseurs à Châtillon-sur-Bar.

Le parc d'artillerie, quittant Rethel après le 12e corps, se rend à Tourteron.

Le 12e corps, en une seule colonne, comme le 5e, suit, à partir de Rethel, l'itinéraire Doux, Coucy, Amagne, pour aller stationner à Tourteron. Les divisions rompent à une heure d'intervalle à partir de 5 heures du matin dans l'ordre 2e, 1re, 3e, précédées par la cavalerie et suivies des réserves d'artillerie et du génie, de l'ambulance et des bagages de toutes sortes. Le parc d'artillerie se rend de Rethel à Amagne.

De Tourteron, le 4e régiment de chasseurs d'Afrique (1) est envoyé à Lametz pour se relier au 5e corps; il doit s'éclairer vers l'Est, mais sans dépasser la ligne ruisseau des Prés, Montgon (2).

La marche, exécutée par une pluie battante, fut rendue très pénible par de nombreux arrêts occasionnés par le mouvement mal réglé des convois appartenant au 5e corps, à la division de cavalerie du 12e, à la maison

---

(1) Le 4e régiment de chasseurs d'Afrique comptait provisoirement à la division de cavalerie Lichtlin, du 12e corps.

(2) Ordre de mouvement du 12e corps pour la journée du 26.

de l'Empereur (1). Les troupes formant la queue de la colonne n'arrivèrent pas au bivouac avant la nuit tombante, bien que l'étape ne fût que de 21 kilomètres environ.

La 1re division de réserve de cavalerie (Margueritte) se porte de Semuy à Tannay où s'établit le quartier général, et aux Petites-Armoises.

L'ordre de mouvement du 25 août lui prescrivait de s'éclairer et de pousser au loin des reconnaissances. C'est sans doute pour répondre à ces instructions un peu vagues que le 6e chasseurs fut envoyé à Saint-Pierremont, d'où le 1er escadron fut détaché à Sommauthe et le 2e à Stonne, à 16 et à 12 kilomètres des bivouacs du 5e corps.

La 2e division de réserve de cavalerie (Bonnemains) part de Rethel à midi et vient s'établir au Sud d'Attigny, sensiblement en arrière des corps d'armée.

Le grand quartier impérial est transféré de Rethel à Tourteron.

Le général Douay, commandant le 7e corps, avait reçu l'ordre de faire séjour à Vouziers le 26, en « s'éclairant au loin et poussant des postes avancés dans la direction de Grand-Pré et de Buzancy (2) ».

Bien que le Maréchal n'eût pas spécifié que ces deux localités dussent être occupées par de l'infanterie, à une si grande distance du gros des corps d'armée, le général Douay y envoya la 1re brigade de la 3e divison, le 52e de ligne devant s'établir à Grand-Pré, sous les ordres directs du général de brigade Bordas, le 72e à Buzancy ; chaque régiment renforcé par deux pelotons du 3e escadron du 4e lanciers, une batterie de 4 et une section du génie.

---

(1) *Journal* de marche de la 3e division du 12e corps, général Lebrun, *loc. cit.*, p. 50.
(2) Ordre de mouvement du 25 août.

En même temps, tout le 7e corps passa sur la rive droite de l'Aisne et prit position, face à l'Ouest, sur les hauteurs qui dominent immédiatement la rivière, la droite à Chestres, la gauche vers Falaise. Seule, la 2e brigade de la 2e division, renforcée par une batterie de 4, resta sur la rive gauche de l'Aisne, immédiatement au Sud de Vouziers, observant la direction de Monthois, et éclairée par les 4e et 5e escadrons du 8e lanciers, ceux-ci relevés, à 2 heures, par les 1er et 2e.

Cependant, le colonel de Lavigerie commandant le 4e hussards, qui occupait Grand-Pré depuis la veille, avait lancé vers Varennes deux reconnaissances, l'une par la rive droite, l'autre par la rive gauche de l'Aire, et une troisième sur Senuc. Elles se heurtèrent toutes trois à des fractions de cavalerie allemande dont l'une fut refoulée vers Fléville (1), mais elles rétrogradèrent finalement sur Grand-Pré. Les reconnaissances ennemies arrivèrent bientôt en vue de cette localité, mais apercevant la colonne du général Bordas qui débouchait par la route de Vouziers, elles se replièrent à leur tour.

A son arrivée à Grand-Pré, le général Bordas crut, « d'après les renseignements fournis par plusieurs maires des localités voisines et par le 4e hussards, qu'il avait devant lui des forces considérables (2) ». La présence d'un parti de cavalerie ennemie à Senuc lui fit penser, en outre, qu'il était coupé de Vouziers et, dans son premier mouvement d'anxiété, il prit la détermination au moins prématurée de rallier à Buzancy le second régiment de sa brigade.

Il écrivit au général Douay qu'il avait devant lui des forces supérieures et qu'il était forcé de se retirer sur Buzancy (3). Ne jugeant pas convenable de prendre la

---

(1) C'était une patrouille du *18e* régiment de uhlans. Voir p. 154.
(2) *Historique* manuscrit du 52e de ligne.
(3) Prince Bibesco, *loc. cit.*, p. 55.

grande route, que l'on disait occupée par l'ennemi, le général Bordas engagea sa colonne dans le bois de Bourgogne par un chemin de traverse qu'on lui avait assuré être praticable aux charrois, mais qui, après un kilomètre de marche, fut reconnu trop étroit et d'ailleurs détrempé (1). Le détachement fut obligé de rétrograder et vint prendre position sur les hauteurs au Nord de Grand-Pré (2), la gauche appuyée à l'éperon boisé situé à l'Ouest de la ferme Bellejoyeuse.

Cependant, le général Douay avait désapprouvé le projet du général Bordas, qui pouvait avoir pour conséquence de séparer la brigade du gros du corps d'armée et de laisser la route de Vouziers ouverte à l'ennemi. Pour y remédier, il fit partir immédiatement pour Grand-Pré les 4e et 5e escadrons du 8e lanciers, chargés de rapporter des nouvelles du général Bordas et du 4e hussards; il envoya, par deux voies différentes, au colonel du 72e, à Buzancy, l'ordre de rallier Vouziers par la Croix-aux-Bois; il prévint enfin, par télégramme, le maréchal de Mac-Mahon de ces incidents, en ajoutant qu'il allait faire prendre à son corps d'armée une position de combat à Longwé et renvoyer les bagages sur Le Chesne, par Ballay et Quatre-Champs.

Le général Douay croyant, comme le général Bordas, à l'imminence d'une attaque, se prépara donc à tenir tête à l'ennemi assez longtemps pour permettre au reste de l'armée de venir l'appuyer (3). Son premier soin fut

---

(1) Aujourd'hui encore, le chemin qui s'engage, au Nord de Grand-Pré, dans le bois de Bourgogne, se rétrécit dès son entrée dans le bois et est facilement détrempé après quelques pluies. Il en est de même de celui qui remonte le vallon de Talma et passe à la ferme de Fumuy.
(2) *Historique* du 52e de ligne.
(3) Prince Bibesco, *loc. cit*, p. 55.

de diriger sur Terron son grand convoi de vivres, sa colonne de bagages et son parc du génie.

Les renseignements recueillis dans le pays semblaient d'ailleurs confirmer ceux qu'on avait reçus de Grand-Pré. Au dire des paysans, 60,000 Prussiens se concentraient à Sainte-Menehould ; le 8e régiment de lanciers signalait leurs éclaireurs à Monthois et Liry. Le 4e hussards, qui rentra de Grand-Pré vers 4 heures du soir, apporta des nouvelles analogues.

En conséquence, le général Douay jugea prudent de prendre, avant la nuit, une position de combat sur les hauteurs à l'Ouest de Longwé, qu'il occupait déjà, mais en plaçant cette fois la droite près de Falaise, la gauche près de Chestres, et en faisant face par conséquent du côté opposé, vers l'Est. La brigade de la division Liébert demeura sur la rive gauche de l'Aisne, au Sud de Vouziers; une partie de la réserve d'artillerie fut mise en batterie ; des épaulements et des tranchées-abris furent construits. La cavalerie fut placée en arrière (1).

Il était 7 heures du soir environ quand arriva un cavalier envoyé par le général Bordas qui, croyant toujours la route de Vouziers coupée par l'ennemi, faisait prévenir qu'il était resté à Grand-Pré, mais qu'il ne jugeait pas pouvoir revenir en arrière. La seconde brigade de la 3e division partit aussitôt, sous les ordres du général Dumont et précédée du 4e lanciers, pour rejoindre la première et la ramener. Elle poussa jusqu'à Beaurepaire, d'où le général Dumont prescrivit au général Bordas de se replier sur ce point. Vers 1 heure du matin, toute la division s'étant ralliée, le général Dumont se remit en route vers Vouziers.

Tout le 7e corps avait passé la nuit sur ses positions,

---

(1) Prince Bibesco, *loc. cit.*, p. 56.

constamment en alerte et par une pluie battante. Vers 2 heures du matin, un avis du général Dumont annonçant son retour, avec toutes ses troupes, vint éclairer la situation et montrer que les bruits relatifs à l'approche de l'ennemi et à l'imminence d'une attaque étaient au moins exagérés.

La sûreté était si précaire dans l'armée française de 1870 qu'il avait suffi de quelques patrouilles de cavalerie ennemie pour donner l'alarme à tout un corps d'armée. L'incident avait eu, d'ailleurs, une plus grande répercussion.

Le maréchal de Mac-Mahon reçut à Tourteron, dans la soirée, le rapport du général Douay, qui lui représentait une attaque des Allemands comme imminente (1). Il modifia immédiatement l'ordre de mouvement qui avait été donné pour le 27 et en vertu duquel l'armée devait continuer sa marche vers l'Est, et il prit le parti très logique, avec l'idée qu'il se faisait de la situation, de diriger toutes ses forces vers le Sud, pour appuyer le 7e corps.

Le général Douay fut avisé de ces nouvelles dispositions; il lui fut prescrit en même temps « de s'engager carrément » si l'ennemi se présentait (2). Il devait être soutenu directement : par le 1er corps débouchant de Semuy par Voncq, Terron, Vandy; vers l'Est, par le 5e, se portant du Chesne sur Buzancy, par les deux routes de Châtillon et de Brieulles; en seconde ligne, par

---

(1) D'après le *Journal* des marches et opérations du 1er corps, par le commandant Corbin, sous-chef d'état-major général, ce *Rapport* était conçu à peu près en ces termes :

« Le général Bordas me fait savoir de Grand-Pré qu'il est en présence de forces très supérieures; en conséquence, il va se replier sur Buzancy, où il a le second régiment de sa brigade. Je me porte à Longwé pour soutenir ce mouvement. »

(2) *Journal* de marche de l'armée.

le 12ᵉ, qui franchirait le canal à Montgon et marcherait sur Châtillon ; enfin, par la division de cuirassiers Bonnemains, qui suivait le 12ᵉ corps. La division de cavalerie Margueritte était chargée de surveiller « au loin toutes les routes dans la direction de Stenay et de Dun (1) ».

L'apparition de ce que l'on croyait être des « forces considérables (2) » sur le flanc droit de l'armée de Châlons était un événement grave et d'autant plus important que le maréchal de Mac-Mahon n'avait aucune nouvelle du maréchal Bazaine. Aussi invita-t-il le colonel Stoffel « à faire de nouveaux efforts pour découvrir où il se trouvait (3) ». Il adressa en outre au général commandant de la place de Sedan une lettre où, après avoir fait ressortir qu'il était « de la plus haute importance de savoir en ce moment où se trouve le maréchal Bazaine », il le chargeait d'employer tous les moyens possibles pour avoir de ses nouvelles. Il mettait à sa disposition tous les fonds nécessaires, 10,000, 15,000, 20,000 francs, disait-il, à quiconque lui rapporterait un mot du maréchal Bazaine faisant connaître sa situation.

« Vous avez à Sedan, ajoutait le Maréchal, le capitaine du génie Mélard, que l'on dit très intelligent, très énergique. Chargez-le de trouver des agents capables de remplir cette mission. S'il voulait s'en charger lui-même, il rendrait au pays un immense service. S'il ne pouvait parvenir jusqu'au Maréchal, ce serait déjà beaucoup de s'assurer qu'il n'a pas quitté Metz et, dans le cas contraire, de savoir quelle direction il a prise (4). »

A cette lettre était jointe une dépêche destinée au

---

(1) Ordre de mouvement pour le 27 août.
(2) C'est l'expression employée dans l'ordre de mouvement du grand quartier général français du 26 août.
(3) *Souvenirs* inédits du maréchal de Mac-Mahon.
(4) *Ibid.*

maréchal Bazaine et que le commandant de la place de Sedan était chargé de lui faire parvenir :

« J'occupe, aujourd'hui 26, Vouziers et Le Chesne avec plus de 100,000 hommes, disait le maréchal de Mac-Mahon. L'ennemi, en forces, étant déjà entre la Meuse et l'Aisne, et le Prince royal ayant dépassé Saint-Dizier, je ne crois pas pouvoir me porter beaucoup plus loin vers l'Est sans avoir de vos nouvelles et connaître vos projets, car si l'armée du Prince royal marchait sur Rethel, je serais obligé de me retirer (1) ».

Cette dépêche dénote chez le commandant de l'armée de Châlons un sentiment très juste de la situation. Il y avait tout lieu d'admettre, en effet, que les reconnaissances de cavaliers allemands signalées le jour même vers Vouziers—Buzancy, allaient rendre compte de la présence, dans cette région, de forces françaises de toutes armes. Ce renseignement de première importance ne pouvait manquer d'être transmis sans retard au Prince royal, qui allait probablement se diriger vers Rethel et intercepter ainsi toute retraite vers l'Ouest à l'armée de Châlons, si celle-ci continuait son mouvement vers l'Est.

Tout commandait donc la prudence. Si le maréchal Bazaine était encore à Metz, il ne paraissait pas possible, sans s'exposer aux plus graves dangers, de chercher à le débloquer. S'il avait effectué sa sortie par l'Est ou par le Sud, il était absolument inutile de pousser au delà de l'Aisne. Si enfin il était en marche sur Montmédy, on ne pouvait tarder à avoir de ses nouvelles.

A la vérité, cette dernière hypothèse était la plus invraisemblable, car on se trouvait en communication avec Sedan, Montmédy et même Longwy, et une armée de plus de 150,000 hommes était une masse trop impor-

---

(1) *Souvenirs* inédits du maréchal de Mac-Mahon.

tante pour ne pas être aussitôt signalée si elle opérait dans ces parages. Or, jusqu'alors, aucune information n'était parvenue à ce sujet.

Les renseignements reçus dans la journée sur les mouvements de l'ennemi étaient d'ailleurs assez rares. On signalait des uhlans à Épernay où ils avaient eu un léger engagement avec quelques soldats du génie gardant la gare; à Sillery, distant de Reims de 10 kilomètres seulement; à Château-Thierry même. C'étaient vraisemblablement les coureurs d'une masse importante de cavalerie et d'artillerie dont on annonçait l'arrivée à Châlons. 400 Prussiens étaient, disait-on, à Longuyon, où ils mettaient la gare hors de service; d'autres, en assez grand nombre, occupaient Monthois.

On relatait la présence, dans les vallées de la Marne et de la Blaise, vers Saint-Dizier, Joinville, Vassy, Vitry, de forces ennemies importantes dont la marche avait été signalée les jours précédents. D'après un Journal de Berlin, le *Staats-Anzeiger* du 25 août, le grand quartier général du roi de Prusse avait été transféré récemment de Pont-à-Mousson à Bar-le-Duc; les Ire et IIe armées étaient restées en face du maréchal Bazaine, tandis que tous les autres corps allemands disponibles marchaient sur Paris.

Les pressentiments du maréchal de Mac-Mahon sur l'imminence d'un danger menaçant vers le Sud ne l'avaient pas trompé.

Le lieutenant-colonel de Verdy du Vernois, envoyé de Bar-le-Duc au quartier général de l'armée de la Meuse pour faire connaître au prince de Saxe les intentions du maréchal de Moltke (1), était arrivé à Fleury-sur-Aire, le 26 août, au point du jour. Il lui notifia que le changement de direction vers le Nord pouvait être différé jus-

---

(1) Voir page 141.

qu'à midi, si cela était nécessaire, mais que si aucun rapport n'était parvenu, passé ce délai, le mouvement devait être exécuté en tout cas.

Tous calculs faits, le prince de Saxe jugea, non sans raison, que sa cavalerie ne pouvait lui fournir des renseignements, sur les mouvements de l'adversaire, avant le 26 au soir. Aussi prescrivit-il, dès 5 heures du matin, au XIIe corps de marcher sur Varennes; tandis que la *12e* et la *5e* division de cavalerie s'avanceraient plus au Nord, la première sur Bantheville, la seconde sur Grand-Pré et que la *6e* surveillerait depuis Tahure les abords de Reims, en restant liée à la *5e*. Puis, à 6 h. 30, le Prince prit le parti de mettre également en marche vers le Nord les autres corps de l'armée de la Meuse.

Leur mouvement devant s'effectuer, d'une manière générale, suivant les mêmes itinéraires, il fut décidé, pour éviter les encombrements, que la Garde laisserait les trains régimentaires, les voitures portant les sacs, les convois particuliers des divisions, parqués dans les cantonnements et romprait, en deux colonnes sur Dombasle à 11 heures du matin.

Le IVe corps suivrait, vers 2 heures de l'après-midi, jusqu'au delà de Fleury.

La division de cavalerie de la Garde fut invitée à se rapprocher de son corps d'armée (1).

Ces mesures prises, le commandant de l'armée de la Meuse se rendit à Clermont-en-Argonne pour y attendre des renseignements qui arrivèrent en effet, en grand nombre, dans le courant de la journée (2).

La division de cavalerie saxonne s'était déjà mise en

---

(1) *Historique du Grand État-Major prussien*, 7e livraison, p. 937; *Heeresbewegungen*, p. 27-28.

(2) Verdy du Vernois, *loc. cit.*, p. 126.

mouvement de Clermont-en-Argonne sur Autry, quand elle reçut, à 6 heures du matin, l'ordre de marcher sur Bantheville. Tandis qu'elle se dirigeait sur ce point, par Charpentry, une patrouille du *18e* régiment de uhlans suivait la route de Varennes à Grand-Pré et se heurtait, près de Fléville, à un parti de quarante cavaliers du 4e escadron du 4e hussards (1) devant lequel elle se repliait vers Exermont. Le général comte de Lippe commandant la division, dirigeait alors sur Fléville le 1er escadron du régiment de Reiter de la Garde, avec mission d'éclairer vers Grand-Pré et de se relier avec la 5e division en marche dans cette direction.

A 2 heures de l'après-midi, la division de cavalerie saxonne s'établissait au bivouac à Bantheville et lançait une reconnaissance d'officier dans la direction de Beaumont. Le *18e* régiment de uhlans jeté au Nord-Est, vers Aincreville, poussait son 1er escadron sur Dun, qu'il trouvait inoccupé, tandis que le 3e escadron battant l'estrade vers Buzancy, apercevait, vers 4 heures du soir, au Nord du bois de la Folie, deux bataillons du 72e de ligne (brigade Bordas) « qui semblaient en marche vers l'Ouest (2) ». Ce dernier escadron se replia ensuite et fut suivi, par Barricourt, jusqu'à Villers-devant-Dun, par les deux pelotons du 3e escadron du 4e lanciers qui étaient adjoints au 72e de ligne.

A 4 heures, l'escadron de Reiter dirigé sur Grand-Pré, mandait des environs de Saint-Juvin :

« Il y a des troupes françaises à Grand-Pré et Chevières. L'ennemi défile, en ce moment, au Nord de

---

(1) Division de cavalerie du 7e corps.

(2) *Historique du Grand État-Major prussien*, 7e livraison, p. 938.
D'après l'*Historique* du 72e de ligne, ce régiment ne se remet en marche de Buzancy sur Vouziers par la grande route, qu'à 6 h. 30 du soir.

Grand-Pré. On voit de l'infanterie, de la cavalerie et même des voitures, mais sans pouvoir distinguer si c'est de l'artillerie (1). »

A sa rentrée au bivouac, vers 9 heures du soir, le capitaine commandant cet escadron évalua l'infanterie française à cinq bataillons. On apprenait aussi qu'à 7 heures du soir, il n'y avait plus personne à Buzancy, mais, au dire des habitants, un régiment d'infanterie avec de la cavalerie et du canon en était parti dans la matinée dans la direction de Vouziers.

La 5ᵉ division de cavalerie était déjà en marche de Sainte-Menehould sur Vouziers, quand elle reçut, dans la matinée du 26, l'ordre de se porter sur Grand-Pré. Elle obliqua alors vers Montcheutin, poussant comme avant-garde le *19ᵉ* régiment de dragons par Senuc. Des patrouilles de ce régiment envoyées sur Grand-Pré essuyaient le feu de deux compagnies de grand'-garde du 52ᵉ de ligne et « apercevaient des masses françaises de toutes armes dans le voisinage de cette localité (2) ». Une autre patrouille du *11ᵉ* hussards, envoyée d'abord sur Varennes avec une mission spéciale revint ensuite sur Grand-Pré qu'elle croyait occupé par la division. Elle y fut reçue par une vive fusillade et laissa son chef et huit cavaliers entre les mains des Français.

A 5 heures du soir, la 5ᵉ division prit ses bivouacs entre Autry et Montcheutin ; un escadron du régiment d'avant-garde restait à Senuc (3).

Un officier du *13ᵉ* uhlans envoyé, à ce moment, en reconnaissance sur Vouziers, trouva à Monthois et Saint-

---

(1) Ce *Rapport* parvint au grand quartier général vers 7 heures du soir.
(2) *Historique du Grand État-Major prussien*, 7ᵉ livraison, p. 938.
(3) Le *Rapport* de la division arriva au grand quartier général à 7 heures du soir.

Morel des bivouacs abandonnés ; il apprit par des gens du pays que, depuis trois jours, de forts passages de troupes avaient eu lieu dans la direction de Vouziers. En arrivant à la nuit, sur les hauteurs à l'Ouest de cette ville, il put constater, par de nombreux feux de bivouac, que des forces considérables étaient campées aux alentours. Il rejoignit son régiment, à Montcheutin, à 11 heures du soir (1).

Un escadron du *13e* dragons avait été également envoyé dès le matin sur Séchault. Une de ses patrouilles, commandée par un sous-officier, avait poussé jusqu'à 4 kilomètres de Vouziers, et faisait connaître aussi « que l'ennemi se trouvait en forces sérieuses à l'est de la ville (2). »

Conformément aux instructions qui lui étaient parvenues à Auve, la *6e* division de cavalerie s'était portée de Vieil-Dampierre sur Tahure, où elle avait établi son bivouac, après avoir lancé trois reconnaissances d'officier.

La première, du *16e* hussards, dirigée sur Vouziers, arrivait vers 5 h. 30 du soir sur les hauteurs au Nord de Savigny d'où elle pouvait discerner, dans leur ensemble, les positions des Français autour de Vouziers. D'après les renseignements fournis par cette reconnaissance, la division expédiait à Clermont le rapport suivant : « Des troupes ennemies de toutes armes campent sur les hauteurs à l'Est de Vouziers, entre Chestres et Falaise. Un ou deux régiments d'infanterie sont sur la route de Longwé, couverts par une batterie et un bataillon de chasseurs. A Chestres, des colonnes dé-

---

(1) *Historique* du *13e* régiment de uhlans, p. 29-30.
(2) *Historique du Grand État-Major prussien*, 7e livraison, p. 939.
Par suite d'un accident de transmission, ce *Rapport* ne parvint au grand quartier général que le 27 août, à 4 heures du soir.

bouchent précisément du bois et se disposent à camper. Un escadron de lanciers se tient en avant de Vouziers. Il ne paraît pas se trouver d'infanterie dans la ville même. Les habitants disent qu'il y aurait environ 140,000 hommes dans les environs ; que Mac-Mahon serait à Attigny et qu'on l'attendait dans deux jours. »

La division mandait en outre que jusqu'alors les deux autres reconnaissances du *3e* hussards et du *3e* uhlans, lancées sur Reims et sur Châlons, n'avaient rencontré personne ; mais que les forces françaises précédemment stationnées dans le voisinage de cette dernière ville se seraient, dit-on, dirigées vers le Nord (1). A 11 heures du soir, on apprit que les villages aux environs de Reims étaient évacués, mais que la ville même était occupée par 4,000 à 5,000 hommes.

En somme, le 26 août, le contact avait été pris par trois divisions : par la *12e* et la *6e* grâce à un service de découverte parfaitement orienté ; par la *5e* grâce au hasard de la marche, qui avait amené la colonne sur Grand-Pré, à portée de fusil d'un camp français.

La cavalerie allemande qui, du 19 au 25 août, semblait n'exécuter que des marches du temps de paix, venait d'être réveillée par l'ordre du maréchal de Moltke et, dès le premier jour, sa découverte donnait des résultats précieux. A la vérité, elle n'avait pas rencontré d'obstacles de la part de la cavalerie adverse.

Si l'on considère les emplacements occupés par les divisions, on constate que les *5e* et *6e* sont assez rapprochées pour pouvoir, à la rigueur, se prêter un mutuel appui; mais la *12e*, absolument isolée à l'Est, est

---

(1) *Historique du Grand État-Major prussien*, 7e livraison, p. 940.
Ces nouvelles importantes furent expédiées de Tahure vers 7 heures du soir, mais ne parvinrent au grand quartier général que le lendemain matin à 5 h. 15.

hors d'état d'être soutenue par aucune des deux précédentes. Quant à la division de cavalerie de la Garde, elle est, avec les têtes de colonnes d'infanterie, à 30 kilomètres en arrière, séparée de la 12ᵉ par le massif de la forêt de Hesse. Le fait est imputable au manque d'unité de direction, et cet individualisme des corps d'armée, qui ne voyait dans les divisions de cavalerie qu'un instrument personnel, eût coûté cher à la cavalerie allemande si elle s'était trouvée en face d'un adversaire concentré et offensif.

Derrière ces masses de cavalerie s'exécutait le mouvement de conversion vers le Nord de l'armée de la Meuse.

Le XIIᵉ corps était déjà en marche sur Vienne-le-Château quand l'ordre lui parvint de se porter sur Varennes et de diriger la 48ᵉ brigade d'infanterie (1) sur Montfaucon, par Esnes. La 23ᵉ division gagne Varennes et les environs ; la 24ᵉ et l'artillerie de corps stationnent à Baulny et Apremont, avec un escadron détaché sur Épinonville. Une patrouille du régiment de tirailleurs, transportée en voitures, explorait l'Argonne sur le flanc gauche du corps d'armée et faisait connaître que la 5ᵉ division de cavalerie n'était pas arrivée jusqu'à Grand-Pré et qu'elle bivouaquait à Autry.

La Garde avait également commencé son mouvement sur Sainte-Menehould quand elle reçut l'avis de se diriger en deux colonnes sur Dombasle. De nouveaux ordres furent donnés aux troupes à cet effet. La 1ʳᵉ division d'infanterie s'engagea à gauche sur l'itinéraire Brizeaux, Beaulieu, Clermont-en-Argonne ; la 2ᵉ passa par Waly, Lavoye, Ville-sur-Cousances, Jouy-devant-Dombasle, suivie de l'artillerie de corps venant de

---

(1) Cette brigade était renforcée du 2ᵉ régiment de cavalerie et de la 3ᵉ batterie légère. Un escadron resta en observation à Nixéville.

Vaubecourt, et dont la destination était Brocourt. Aux convois et aux colonnes de munitions du corps d'armée était affectée une route particulière allant de Chaumont-sur-Aire, par Beauzée sur Saint-André. La division de cavalerie de la Garde se porta, de Le Chemin, par Futeau et les Islettes, sur Récicourt. Elle empruntait ainsi à l'Est de Clermont l'itinéraire de la 1re division, mais on comptait qu'elle marcherait assez rapidement pour ne pas gêner celle-ci (1).

Les troupes n'emmenèrent que les voitures à vivres et à fourrages absolument indispensables. Les trains régimentaires, les voitures portant les sacs de l'infanterie (2), les convois attribués aux divisions (3), furent rassemblés par division et parquèrent dans la zone même des cantonnements. Il leur fut spécialement recommandé de ne troubler en aucune façon le mouvement des colonnes du IVe corps.

Les têtes de colonnes des divisions d'infanterie devaient se mettre en marche à 11 heures du matin, mais, par suite des lenteurs dans la rédaction et dans l'expédition des ordres, le départ n'eut lieu qu'à 1 heure de l'après-midi. La colonne de droite atteignit Jouy-devant-Dombasle entre 6 et 9 heures du soir (4). La colonne de gauche, qui avait eu beaucoup de peine à arriver de Brizeaux à Beaulieu, en raison des pentes très raides et du mauvais état du chemin, fut obligée, à partir de cette dernière localité, qui n'était réunie à Clermont-en-Argonne que par de mauvais sentiers, de

---

(1) Hohenlohe, *Lettres sur la stratégie*, t. II, p. 141.
(2) L'infanterie de la Garde avait ses sacs sur des voitures depuis le 17 août.
(3) Colonnes de vivres et hôpitaux de campagne.
(4) *Heeresbewegungen*, p. 29. Le prince de Hohenlohe dit que « les dernières troupes arrivèrent au bivouac et au cantonnement à 11 heures du soir. » (*Lettres sur la stratégie*, t. II, p. 144.)

se rejeter vers l'Ouest, pour ne pas gêner l'autre division et de passer par Futeau et les Islettes. Elle n'arriva que très avant dans la nuit, à son bivouac de Récicourt-Dombasle (1).

Le IV⁰ corps exécuta aussi son mouvement en deux colonnes. A gauche, la *8ᵉ* division se porta de Laheycourt, par Triaucourt, sur Fleury; son avant-garde poussant jusqu'à Ippécourt. A droite, la 7ᵉ division, partant de Condé-en-Barrois, passa par Rembercourt-aux-Pots, où l'artillerie de corps vint se joindre à elle, puis par Beauzée pour gagner Fleury où elle établit son bivouac. Les trains régimentaires et les convois attribués aux divisions ne devaient suivre que lorsque les équipages de la Garde auraient dégagé les routes. Les autres convois et les sections de munitions se rendirent à Beauzée et au Sud de cette localité.

Le quartier général de l'armée de la Meuse fut installé à Clermont-en-Argonne.

La III⁰ armée commençait le même jour, 26 août, son mouvement de conversion vers le Nord.

En exécution de l'ordre du 25 août, la *4ᵉ* division de cavalerie s'avançait sur Châlons en dirigeant un escadron sur le camp de Mourmelon pour y recueillir les approvisionnements encore utilisables. Elle se reliait à Courtisols avec la cavalerie würtembergeoise et, au delà de Suippes, avec la *6ᵉ* division de cavalerie. Les deux escadrons de dragons qui observaient Reims depuis la veille, constataient que la ville était occupée par des troupes ennemies.

Le matin, en quittant Pogny, le prince Albrecht avait

---

(1) Les dernières unités à 3 heures du matin (Hohenlohe, *ibid.*). Voir *Historiques* du *1ᵉʳ* régiment d'infanterie de la Garde, p. 180; du *3ᵉ*, p. 305-306; du *4ᵉ*, p. 189. Tous trois s'accordent à déclarer que cette marche fut la plus pénible de la campagne.

dirigé sur Épernay un détachement de quarante cavaliers prélevé sur les quatre escadrons du *10ᵉ* uhlans. Ils avaient pour mission de détruire les communications télégraphiques et ferrées, de saisir les correspondances et les caisses publiques et de faire préparer une réquisition. Après avoir occupé les issues de la ville, le reste du détachement se rendit sur la place du Marché, puis à la gare, où il fut accueilli par la fusillade de dix sapeurs du génie (1) auxquels se joignirent des gardes mobiles. Le lieutenant, chef du parti de uhlans, fut frappé de deux balles ; il réussit pourtant à se dégager avec la majeure partie de sa troupe et, le jour même, il rentrait à Châlons en laissant aux mains des Français un officier, un sous-officier et quatre uhlans (2).

A 8 h. 30 du matin, le Prince royal avait envoyé à la *4ᵉ* division de cavalerie l'ordre de s'avancer immédiatement, ou au plus tard le 27 de grand matin, par la route d'Attigny à Vouziers et, dans le cas où l'ennemi paraîtrait marcher dans la direction de Metz, d'attaquer ses colonnes sur leur flanc droit (3).

Un peu plus tard (4), il fut prescrit à la *4ᵉ* division de cavalerie de partir sur-le-champ, de se porter au delà de la Suippes dans la direction de Vouziers, de s'y reposer quelques heures et de poursuivre sa marche le lendemain de grand matin (5).

En avant de l'aile gauche de la IIIᵉ armée, la *2ᵉ* division de cavalerie venait de Chavanges à Aulnay, d'où elle faisait couper par un détachement la voie ferrée de Mul-

---

(1) Le colonel du génie au Ministre des travaux publics, 27 août.
(2) *Historique du Grand État-Major prussien*, 7ᵉ livraison, p. 943.
(3) Von Hahnke, *loc. cit.*, p. 156.
(4) C'est l'expression même de von Hahnke, sans qu'on puisse déterminer l'heure réelle par une autre source. On sait seulement que l'ordre en question parvint assez tard dans la soirée du 26.
(5) Von Hahnke, *loc. cit.*, p. 156.

house à Paris, à Payns, au Sud-Est de Méry. Elle reçut, assez tard dans la soirée, l'ordre de marcher sur Châlons pour y être employée suivant les circonstances.

Le Ve corps restait provisoirement sur ses emplacements de la veille; toutefois, la *9e* division se portait au Nord sur Vanault-les-Dames et Vanault-le-Châtel.

La division wurtembergeoise demeurait autour de Sermaize.

Le XIe corps appuyait de Thiéblemont sur Heiltz-l'Évêque, et son avant-garde de Vitry sur Saint-Lumier et Bassuet.

Le VIe corps se portait de Vassy sur Thiéblemont, où il était rejoint par des fractions laissées devant Toul et Phalsbourg. Le Ier bataillon du *62e*, un peloton de dragons et un petit détachement de pionniers étaient désignés pour occuper Vitry.

Les deux corps bavarois avaient été prévenus, dans la nuit du 25 au 26, d'attendre de nouvelles instructions dans leurs cantonnements; seule, la brigade de uhlans du IIe corps bavarois reçut dans la matinée l'ordre du commandant en chef de se porter de Frêne sur Suippes, où elle arriva vers minuit.

Ainsi, le 26 août, vers midi, après l'exécution des mouvements indiqués précédemment, le gros des forces de la IIIe armée se trouvait étroitement concentré sur sa droite et en mesure « soit de prolonger le mouvement de son aile gauche sur Reims, soit de la rabattre aussi vers le Nord, à la suite de l'armée de la Meuse (1) ».

Le Prince royal et son chef d'état-major, le lieutenant général de Blumenthal, se prononcèrent nettement en faveur de cette dernière solution dans une entrevue qu'ils eurent à Bar-le-Duc, dans la matinée, avec le Roi

---

(1) *Historique du Grand État-Major prussien*, 7e livraison, p. 944.

et le maréchal de Moltke. On n'avait reçu aucune nouvelle positive sur la situation de l'ennemi, mais en rassemblant une foule de renseignements, insignifiants en apparence, il parut à peu près certain que le maréchal de Mac-Mahon se portait de Reims vers le Nord ou le Nord-Est, avec environ 110,000 hommes transportés par chemin de fer.

Le Prince royal fut laissé libre de poursuivre son mouvement sur Paris parce que le maréchal de Moltke estimait qu'il disposait de forces suffisantes. Le général de Blumenthal ne fut pas de cet avis et fit observer très judicieusement qu'il était préférable de s'exposer à un détour et à un retard dans la marche sur Paris que de risquer une bataille décisive sans s'assurer le concours de toutes les forces disponibles. Le Roi et le maréchal de Moltke adoptèrent cette opinion et laissèrent au Prince royal toute liberté d'action dans les limites tracées par un ordre de mouvement qui lui fut remis à Bar-le-Duc même (2).

Cet ordre était ainsi conçu :

Grand quartier général, Bar-le-Duc, 26 août, midi.

« Les dernières nouvelles rendent vraisemblable la concentration de l'armée du maréchal de Mac-Mahon à Vouziers.

« Sa Majesté ordonne de mettre *immédiatement* en marche, dans cette direction, l'armée de S. A. R. le prince de Saxe, le Ier et le IIe corps bavarois.

« Le XIIe corps, les 5e et 6e divisions de cavalerie sont déjà en mouvement.

« La Garde marchera sur Dombasle, un bataillon du

---

(1) *Historique du Grand État-Major prussien*, 7e livraison, p. 944-945; von Hahnke, *loc. cit.*, p. 157; von Blumenthal, *Tagebücher*, p. 86.

XIIe corps restera à Clermont pour couvrir le grand quartier général.

« Le IVe corps s'avancera sur Fleury (1).

« Le Ier corps bavarois marchera sur Érize-la-Petite.

« Le IIe corps bavarois sur Triaucourt.

« Toutes les troupes se mettront en marche après avoir mangé ; elles emporteront trois jours de vivres et laisseront en arrière, avec les escortes suffisantes, toutes les voitures qui ne seront pas absolument indispensables.

« Le grand quartier général de S. M. le Roi se rendra dans la journée à Clermont (2). »

Une copie de cet ordre fut transmise au prince Frédéric-Charles, avec l'invitation de diriger deux corps de l'armée d'investissement de Metz vers Damvillers et Mangiennes, où ils devaient être rendus le 28 (3). Le maréchal de Moltke le prévenait, en même temps, qu'il était autorisé, si les circonstances l'exigeaient, à abandonner temporairement le blocus sur la rive droite de la Moselle, mais qu'une tentative des Français pour s'ouvrir un passage vers l'Ouest devait être arrêtée à tout prix (4).

De son côté, le prince royal de Prusse envoya, dès son arrivée à Revigny-aux-Vaches, à 4 heures de

---

(1) Le maréchal de Moltke ignorait donc ou approuvait le mouvement de la Garde et du IVe corps dont le commandant de l'armée de la Meuse avait pris l'initiative.

(2) *Correspondance militaire du maréchal de Moltke*, t. Ier, n° 211.

L'ordre fut adressé aux commandants des IVe corps, de la Garde, des Ier et IIe corps bavarois.

(3) Un télégramme expédié de Clermont le 26, à 7 heures du soir, prescrivait au prince Frédéric-Charles de ne pas les mettre en marche avant le 27 août à midi. (*Correspondance militaire du maréchal de Moltke*, t. Ier, n° 215.)

(4) *Correspondance militaire du maréchal de Moltke*, t. Ier, n° 212.

l'après-midi, des ordres aux trois corps prussiens et à la division würtembergeoise dans le but de les faire converser à droite et de les amener, le lendemain 26, dans le voisinage de Sainte-Menehould et de Vavray (1). A 6 heures du soir, il reçut un rapport de la 2e division de cavalerie, daté de Chavanges 26 août, qui confirmait la nouvelle de la marche de l'armée française d'après un article du journal *Le Siècle*, daté du 24 août (2). Les reconnaissances envoyées par la division jusqu'à Lamarche, Montigny-le-Roi et Chaumont, n'avaient pas rencontré de troupes régulières françaises ; elles avaient appris seulement que 6,000 à 8,000 hommes se réunissaient à Langres (3).

Cependant, en exécution des ordres donnés par le grand quartier général à midi, les deux corps bavarois avaient entamé la conversion vers le Nord. Au 1er corps bavarois, la 2e division d'infanterie se porta de Bar-le-Duc par Rumont à Pierrefitte et environs ; la réserve d'artillerie la suivit jusqu'à Rosnes. La 1re division, partant de Laimont, marcha par Louppy-le-Château, Condé-en-Barrois, sur Marats-la-Grande et stationna autour de cette localité. Les trains, colonnes de munitions et convois furent groupés à Bar-le-Duc. Mais en raison du temps nécessaire à l'expédition des ordres, la marche ne put commencer qu'entre 4 et 5 heures de l'après-midi, de sorte que les troupes n'arrivèrent à leurs cantonnements qu'après minuit.

Au IIe corps bavarois, l'étape fut encore plus pénible. A gauche, les éléments qui constituaient l'avant-garde

---

(1) Le Prince royal trouva à Revigny « des lettres de soldats français récemment interceptées, et qui parlaient toutes d'un mouvement de Reims sur Verdun. » (Von Hahnke, *loc. cit.*, p. 160.)
(2) Von Hahnke, *loc. cit.*, p. 162.
(3) *Ibid.*

(moitié de la *3e* division) partirent de Possesse à 7 h. 15 du soir, passèrent par Givry-en-Argonne et Charmontois, et atteignirent Triaucourt entre 1 heure et 3 heures du matin. Tout le reste du corps d'armée, précédé de l'artillerie de réserve formant la colonne de droite, se dirigea sur Nettancourt et Sommeilles, traversa la forêt de Belval par un chemin de terre où des voitures de la *4e* division s'embourbèrent et arrêtèrent la marche des unités qui suivaient. La *4e* division d'infanterie bivouaqua près de Belval ; la *3e*, moins l'ancienne avant-garde, près de Charmontois. Toutes deux n'arrivèrent à destination qu'au point du jour. Les convois et colonnes de munitions se portèrent de Fains sur Neuville-sur-Ornain ; les trains régimentaires parquèrent à Sommeilles (1).

Dans le courant de l'après-midi le grand quartier général allemand fut transféré de Bar-le-Duc à Clermont-en-Argonne où était installé également celui de l'armée de la Meuse. Les renseignements fournis par les *5e* et *12e* divisions de cavalerie dont on eut connaissance à 7 heures du soir, ne permettaient pas encore, sans doute, de se rendre compte d'une manière complète de la situation dans la région de Vouziers-Buzancy. Toutefois, « la présence désormais avérée, à Grand-Pré, de troupes ennemies de toutes armes, donnait un caractère de quasi-certitude à l'hypothèse déjà admise d'un projet de mouvement du maréchal de Mac-Mahon sur Metz. Un fait particulièrement important se dégageait d'ailleurs de tous ces renseignements : les Français n'avaient pas encore atteint la Meuse à Dun (2). »

En conséquence, le maréchal de Moltke décida, vers 11 heures du soir, que l'armée de la Meuse continuerait

---

(1) *Heeresbewegungen*, p. 30-31.
(2) *Historique du Grand État-Major prussien*, 7e livraison, p. 946.

le lendemain sa marche sur Damvillers, qu'elle occuperait les ponts de la Meuse à Dun et Stenay, et pousserait sa cavalerie dans le flanc droit des colonnes françaises. Ordre fut envoyé directement aux deux corps bavarois de suivre l'armée de la Meuse sur Nixéville et Dombasle (1). Le commandant de la IIIe armée fut avisé de ces dispositions et invité à diriger ses autres corps sur Sainte-Menehould (2). Enfin, une ligne télégraphique ayant été installée dans la journée depuis le quartier général du prince Frédéric-Charles jusqu'à Érize-la-Petite, l'ordre relatif au mouvement des deux corps d'armée à envoyer sur Damvillers, lui fut confirmé par télégramme dans la soirée même (3).

L'armée de Châlons occupait, après la marche de la journée, les emplacements suivants :

Grand quartier général..........		Tourteron.
1er corps..	Quartier général.....	Neuville-et-Day.
	1re division........	Ouest de Neuville-et-Day.
	2e —	*Ibid.*
	3e —	Nord-Est de Voncq.
	4e —	*Ibid.*
	Division de cavalerie.	Nord-Est de Voncq.
	Réserves d'artillerie et du génie........	Semuy.
5e corps.....................		Tout entier au Chesne, sauf la division de cavalerie à la ferme Basancourt.
7e corps.....................		Tout entier entre Chestres et Falaise, sauf la 2e brigade de la 2e division au Sud de Vouziers.

---

(1) *Correspondance militaire du maréchal de Moltke*, t. Ier, n°s 216 et 217.
(2) *Ibid.*, n° 218.
(3) *Ibid.*, n° 219.

12ᵉ corps......................		Tout entier à Tourteron.
1ʳᵉ division de réserve de cavalerie.		Tannay.
2ᵉ division de réserve de cavalerie.		Sud d'Attigny.

Parcs d'artillerie.	5ᵉ corps..........	Tourteron (sauf l'équipage de pont en route de Paris à Mézières).
	7ᵉ corps..........	En marche sur Mézières (sauf l'équipage de pont à Soissons).
	12ᵉ corps..........	Amagne.

Grand parc.................... En formation à Mézières.

Équipage de pont de réserve..... Se rend de Château-Thierry à Paris.

CHAPITRE V

Journée du 27 août.

Le 27 août, de grand matin, les 1er, 5e et 12e corps se mettent en mouvement vers le Sud-Est, pour appuyer le 7e, que le maréchal de Mac-Mahon, sur la foi de renseignements transmis par le général Douay, croit menacé par des forces considérables.

Le 1er corps marche en deux colonnes : à droite, les 4e et 3e divisions se portent sur les Alleux et Quatre-Champs ; à gauche, la cavalerie, les 2e et 1re divisions, sur Voncq, Terron-sur-Aisne, Vandy.

Les réserves d'artillerie et du génie restent provisoirement à Voncq, dont on étudie la mise en état de défense ; les bagages, les voitures de réquisition, le trésor sont dirigés sur Montgon.

L'ordre de mouvement du 26 indiquait Quatre-Champs, Noirval, Châtillon-sur-Bar, comme « les points de concentration de la première position de combat ». La colonne de droite est arrêtée à Terron par un encombrement produit par le parc du génie, le convoi de vivres et les bagages du 7e corps. La colonne de gauche atteint les Alleux, s'y arrête et envoie le 3e zouaves vers Quatre-Champs. Le régiment occupe la hauteur au Nord-Ouest du village ; le Ier bataillon est détaché dans le village même.

Le 5e corps, partant du Chesne à 3 heures du matin, marche sur Buzancy en deux colonnes précédées par la division de cavalerie qui, de la ferme Basancourt, se porte sur Brieulles-sur-Bar, Authe, Autruche, Bar, Buzancy. A droite, la 3e division, les réserves du génie et d'artillerie, la brigade de Maussion de la 2ᵉ division, suivent l'itinéraire Châtillon-sur-Bar, Belleville, Boult-aux-Bois, Briquenay. A gauche, la 1ʳᵉ division passe par Pont-Bar, les Petites-Armoises, Brieulles, Authe (1).

Tous les bagages et convois restent au Chesne, sous la garde du IIIᵉ bataillon du 49ᵉ, de la brigade de Maussion.

La marche est lente, en raison du mauvais état des chemins détrempés par les pluies. A 7 h. 30, le général de Failly donne l'ordre à la réserve d'artillerie et à la brigade de Maussion de suivre, à partir de Boult-aux-Bois, la grande route, par Germont et Bar. Vers 10 heures, les têtes de colonnes arrivent à Bar, où le commandant de corps d'armée prescrit une grand'halte, tandis que la cavalerie continue sa reconnaissance sur Buzancy.

Le 12ᵉ corps se dirige de Tourteron sur Châtillon-sur-Bar, par Lametz et Le Chesne, en une seule colonne et dans l'ordre : 1ʳᵉ, 3ᵉ, 2ᵉ divisions d'infanterie, division de cavalerie Lichtlin, réserve d'artillerie, division de cavalerie Fénelon. Le mouvement commence à 3 heures du matin (1).

Les troupes ne sont suivies que de leurs ambulances divisionnaires. Le parc du génie, l'ambulance du corps d'armée et les bagages partent à 11 heures du matin pour aller parquer au Chesne, au Nord du canal des Ardennes.

La division de cuirassiers Bonnemains, qui devait suivre le mouvement du 12ᵉ corps, d'après l'ordre de

---

(1) La 2ᵉ brigade (Nicolas) de la 1ʳᵉ division, campée au Sud du canal des Ardennes, sur la route de Châtillon-sur-Bar, rejoignit le gros de la division en passant par Châtillon et Brieulles.

(1) Les heures de départ sont échelonnées ainsi qu'il suit : 1ʳᵉ division, 3 heures; 3ᵉ, 4 h. 30; 2ᵉ, 6 heures; division Lichtlin, 7 h. 30; réserve d'artillerie, 8 h. 30.

mouvement du 26 août, avait reçu dans la nuit de nouvelles instructions qui lui prescrivaient de se mettre, le lendemain 27, à la disposition du commandant du 7e corps, à Vouziers.

En conséquence, elle se met en marche à 5 heures du matin, laissant les bagages à ses bivouacs d'Attigny. Arrivée à Vouziers à 8 heures, la division s'arrête à l'entrée de la ville, tandis que le chef d'état-major va prendre les ordres du général Douay.

La division de cavalerie Margueritte se porte de Tannay sur Stonne et Beaumont, dans le but de surveiller les routes qui viennent de Dun et de Stenay. Le 3e escadron du 6e chasseurs est envoyé en reconnaissance de Saint-Pierremont sur Nouart; le 4e du même régiment, de Saint-Pierremont sur Buzancy. Tous deux se heurtent à des patrouilles de cavalerie ennemie, qu'ils refoulent.

On ne songe pas, d'ailleurs, à occuper au plus tôt les ponts de la Meuse et à empêcher leur destruction par l'ennemi. De sa personne, le maréchal de Mac-Mahon se rend, en tête du 12e corps, de Tourteron au Chesne.

Avant de quitter son quartier général du 26, il avait écrit au général Douay qu'il arrêtait le mouvement vers l'Est de l'armée et qu'il orientait sa marche vers le Sud-Est, pour appuyer le 7e corps. Cette lettre parvint, vers 5 heures du matin, au général Douay, qui envoya aussitôt au Maréchal son aide de camp, le commandant Seigland, pour lui exposer en détail tout ce qui s'était passé depuis la veille et lui confirmer les renseignements déjà transmis. Cet officier supérieur annonça au Maréchal que, d'après les dernières informations, « le prince royal de Prusse serait à Sainte-Menehould et qu'une autre armée que la sienne monterait par Varennes (1) ».

---

(1) Prince Bibesco, *loc. cit.*, p. 58-59.

Appréciant aussitôt la gravité de ces nouvelles, le Maréchal télégraphia au général Douay pour lui demander de lui transmettre sans retard les renseignements qu'il pourrait obtenir des prisonniers, puis il le prévint par lettre des mouvements vers le Sud-Est exécutés par les divers corps de l'armée de Châlons.

Vers 9 heures du matin, le maréchal de Mac-Mahon reçut, des généraux Douay et de Failly, l'avis « qu'ils n'avaient aperçu devant eux aucune troupe d'infanterie (1) ». Déjà le commandant du 7ᵉ corps avait rappelé sur Vouziers son parc du génie, son convoi de vivres et ses bagages. Il maintenait néanmoins ses troupes sur les hauteurs à l'Est de la ligne Chestres—Falaise.

Le 1ᵉʳ corps, dont les deux colonnes se massaient aux Alleux et au Nord de Terron, et dont le sous-chef d'état-major général avait été envoyé au Chesne pour rendre compte au Maréchal de la situation, fut invité à conserver les positions qu'il occupait et à attendre les ordres qu'il recevrait dans la journée. Le général Ducrot prit alors le parti de concentrer tout le corps d'armée sur le plateau de Voncq, sauf la division de cavalerie qui fut maintenue en avant, sur les bords de l'Aisne (2).

Partie d'Attigny à 5 heures du matin, la division de cuirassiers Bonnemains arrivait à Vouziers à 8 heures. Elle en repartait à midi pour exécuter, sur l'ordre du général Douay, une reconnaissance dans la direction de Monthois, Somme-Py. Elle rentrait à ses bivouacs d'Attigny vers 5 heures du soir, en passant par Mazagran et Coulommes, non sans fournir des renseignements intéressants : « l'armée du prince royal de Prusse a ses

---

(1) *Souvenirs* inédits du maréchal de Mac-Mahon.
(2) Le 1ᵉʳ corps fut renforcé le 27 par le bataillon de francs-tireurs de Paris qui fut versé à la 2ᵉ division.

éclaireurs à quelques lieues ; elle fait de nombreuses réquisitions et s'avance, à marches forcées perpendiculairement à notre flanc. On dit qu'il y a 80,000 hommes (1) ».

Le 12ᵉ corps s'établit au Sud du Chesne, sauf sa division de cavalerie qui bivouaque à la ferme Basancourt.

Le parc se porta d'Amagne à Ecordal.

Tandis que la colonne de gauche du 5ᵉ corps faisait sa grand'halte à l'Ouest de Bar, arriva vers 10 heures du matin, un ordre du maréchal de Mac-Mahon prescrivant de rétrograder sur Châtillon et Brieulles et d'y camper pour la nuit du 27 au 28. Le mouvement allait commencer, quand les éclaireurs de la division de cavalerie, réduite à deux régiments, les 5ᵉ lanciers et 12ᵉ chasseurs (2) signalèrent des patrouilles ennemies sur les hauteurs au Sud-Est de Buzancy. Elles appartenaient à la 24ᵉ brigade de cavalerie saxonne, dont le gros était non loin de Bayonville.

Le général de Failly prescrivit à 11 heures du matin, au général Brahaut commandant cette division, de reconnaître et d'apprécier « d'une manière aussi positive que possible, la force de la cavalerie qu'elle avait devant elle » puis de prendre une position en arrière et de rétrograder en continuant à couvrir le corps d'armée (3).

La 1ʳᵉ brigade (de Bernis), chargée d'exécuter cette reconnaissance, s'établit à cet effet à l'Ouest de Buzancy et se couvre, au delà de cette localité par le 4ᵉ escadron du 12ᵉ chasseurs. La deuxième division de cet escadron,

---

(1) *Journal* de marche de la 2ᵉ division de cavalerie.
(2) Le 3ᵉ lanciers était à Metz avec la brigade Lapasset ; le 5ᵉ hussards était réparti entre les divisions d'infanterie.
(3) *Journal* de marche de la 1ʳᵉ brigade de la division de cavalerie du 5ᵉ corps.

sous les ordres du capitaine en second Raymond, se disperse en tirailleurs dans l'angle formé par les routes de Buzancy à Nouart et à Bayonville, et envoie des patrouilles vers le bois de la Folie ; la première division sous le commandement du capitaine d'Ollonne, reste en soutien. Les éclaireurs ennemis se replient. Soudain trois pelotons (1) de cavalerie saxonne apparaissent sur la crête de la côte de Bellevue et en descendent au galop de charge. Les tirailleurs ont à peine le temps de faire feu et de rallier la première division, et tout l'escadron français est ramené sur Buzancy où l'ennemi pénètre même à sa suite. Mais le 3ᵉ escadron du 12ᵉ chasseurs (de Bournazel) se porte rapidement en avant de Buzancy ; en même temps le 4ᵉ se rallie. Alors se livre, pendant quelques minutes, un combat corps à corps, à l'arme blanche, qui finit par la retraite des Saxons poursuivis par les chasseurs.

A leur tour, ceux-ci sont assaillis à 1000 mètres environ au Sud-Est de Buzancy, de front et sur leur flanc gauche, par le 1ᵉʳ escadron du *3ᵉ* régiment de cavalerie (*Reiter*) dont l'intervention permet aux trois pelotons primitivement engagés, de se remettre face aux Français. Une nouvelle mêlée se produit et se termine à l'avantage des Saxons qui, pour la seconde fois, ramènent les chasseurs sur Buzancy et y entrent derrière eux par la grande rue. A ce moment, débouche par une ruelle latérale et conduit par le colonel de Tucé, le 5ᵉ escadron (Compagny) qui, après avoir déchargé ses armes, se lance sur l'ennemi. Les Saxons font demi-tour et rétrogradent dans la direction de Bayonville, mais la poursuite des Français est

---

(1) L'*Historique du Grand État-Major prussien* dit : « Quelques pelotons » (7ᵉ livraison, p. 949). Il y avait, en réalité, deux pelotons du 5ᵉ escadron et un peloton du 1ᵉʳ escadron du *3ᵉ* régiment de cavalerie saxonne.

arrêtée par le feu de la batterie à cheval de la 12ᵉ division (1/12) qui est venue, sur ces entrefaites, s'établir sur la croupe 278 au Nord de Sivry-lez-Buzancy. Les trois escadrons français se rallient à l'entrée Nord-Est de Buzancy sur le reste de la division (1).

Jugeant que le but de la reconnaissance avait été atteint, le général Brahaut fit cesser le combat. Deux chasseurs avaient été tués, une trentaine de cavaliers et quatre officiers blessés ; en outre, le lieutenant-colonel de La Porte, démonté, atteint de trois coups de sabre, et ayant eu le bras droit cassé, resta au pouvoir de l'ennemi (2). Les Saxons avaient eu également trente blessés environ parmi lesquels les capitaines commandants les deux escadrons engagés.

Croyant à un combat sérieux, le général de Failly avait prescrit : à la 1ʳᵉ division de s'établir en bataille sur deux lignes, parallèlement au chemin d'Harricourt à Sommauthe, la droite à la grande route de Reims à Montmédy ; à la 2ᵉ de prolonger le front de la 1ʳᵉ, dans la même formation, au Sud de Bar ; à la 3ᵉ de prendre position à Briquenay et de se relier à la 1ʳᵉ par Harricourt ; aux réserves d'artillerie et du génie de s'arrêter à l'Ouest d'Harricourt. Ainsi, un engagement de cava-

---

(1) *Journal* de marche de la 1ʳᵉ brigade de la division de cavalerie du 5ᵉ corps ; *Historique* manuscrit du 12ᵉ chasseurs ; Renseignements communiqués verbalement par M. le général Pendezec qui appartenait, comme capitaine, à l'état-major de la division de cavalerie du 5ᵉ corps.

(2) Le lieutenant-colonel de La Porte avait été transporté à Bar. Plus tard, quand le général Brahaut reçut, du général de Failly, l'ordre de se replier sur Authe, les officiers du 12ᵉ chasseurs demandèrent que la retraite fût ralentie, afin de leur permettre de chercher à Bar leur lieutenant-colonel. Le général Brahaut transmit cette demande au commandant du 5ᵉ corps en ajoutant que la division de cavalerie seule soutiendrait le 12ᵉ chasseurs. Le général de Failly refusa. (*Journal* du capitaine de Lanouvelle, de l'état-major du 5ᵉ corps.)

lerie, de minime importance, avait provoqué le déploiement de tout le corps d'armée.

L'ennemi ne dessinant aucune attaque, le général de Failly prit le parti d'exécuter l'ordre de retraite qu'il avait reçu du maréchal de Mac-Mahon. Les troupes du 5ᵉ corps reprirent, en sens inverse, les itinéraires qu'elles avaient suivi dans la matinée, couvertes par la division de cavalerie renforcée par une batterie à cheval.

Mais cette marche rétrograde, se produisant au moment où une affaire sérieuse semblait devoir s'engager, eut une influence fâcheuse sur le moral des soldats; « ils crurent qu'on reculait avant d'avoir combattu et on entendait dans les rangs de nombreuses plaintes contre l'incertitude des mouvements faits jusqu'alors (1) ».

La détermination prise par le maréchal de Mac-Mahon de se replier sur toute la ligne était regrettable. Il ne pouvait plus espérer dérober sa marche à l'ennemi. Dès lors, il semblait judicieux de jeter sur le flanc droit de l'armée de Châlons la plus grande partie de sa cavalerie et de lui ordonner de percer le rideau tendu par la cavalerie adverse, de façon à être renseigné sur la situation et la force des colonnes d'infanterie. La division de cuirassiers Bonnemains s'était trouvée un instant, à Vouziers, en situation d'appuyer les divisions de cavalerie des 1ᵉʳ et 7ᵉ corps pour tenter une opération de ce genre, mais on s'était empressé de la renvoyer à Attigny, sur les derrières de l'armée, dès que l'on avait pu rejeter l'éventualité d'un combat.

Entre 4 et 5 heures de l'après-midi, les camps du 5ᵉ corps furent établis à Authe (division de cavalerie) (2), Brieulles (1ʳᵉ division), Belleville (2ᵉ), Châtillon (3ᵉ, avec les réserves d'artillerie et du génie).

---

(1) *Journal* du capitaine de Lanouvelle, de l'état-major du 5ᵉ corps.
(2) Une grand'garde du 5ᵉ lanciers fut placée à Autruche, avec de petits postes vers Bar.

Plus à l'Est, la division de cavalerie Margueritte venait bivouaquer sur les hauteurs entre Osches et Saint-Pierremont (1).

Jusqu'alors, toutes les tentatives faites pour communiquer avec le maréchal Bazaine étaient demeurées infructueuses; le commandant en chef de l'armée de Châlons n'en avait aucune nouvelle directe depuis le télégramme qui, daté du 19 août, était arrivé à Reims le 22 et avait déterminé, du moins suivant toute apparence, son mouvement vers l'Est, au-devant de l'armée de Metz.

En arrivant au Chesne-Populeux, où avait été transféré le grand quartier général, le maréchal de Mac-Mahon apprit, « de différents côtés, que, l'avant-veille, le maréchal Bazaine n'avait pas encore quitté Metz (2) ». D'autre part, les renseignements qu'il recevait sur l'ennemi devenaient inquiétants. Des forces évaluées à 50,000 hommes, étaient établies, disait-on, sur la rive droite de la Meuse pour s'opposer, directement et de front, à la marche de l'armée française vers Metz (3). On signalait une colonne qui, le 26, se dirigeait de Stenay sur Mouzon (4); 400 uhlans avaient occupé le même jour la gare de Longuyon et coupé les fils télégraphiques, pillé la gare et enlevé les rails; de nom-

---

(1) « Eu égard à la proximité de l'ennemi, on bivouaque la bride au bras, sans feu, dans un terrain fraîchement labouré et détrempé; pluie pendant la nuit. » (*Historique* du 3ᵉ régiment de chasseurs d'Afrique.) Cf. *Historique* du 1ᵉʳ régiment de chasseurs d'Afrique.

(2) *Instruction relative au procès Bazaine*, Déposition du maréchal de Mac-Mahon (n° 2). La nouvelle lui en fut donnée par M. de Montaignac, de Sedan, qu'il avait chargé de tenter de communiquer avec le maréchal Bazaine. (*Enquête*, t. I, p. 33.)

(3) Le maréchal de Mac-Mahon au Ministre de la guerre, 27 août.

(4) Le procureur impérial de Charleville au Ministre de la guerre, 27 août.

breux Prussiens venant de Baalon et Mouzay, près de Stenay, se dirigeaient sur Dun-sur-Meuse (1).

Le maréchal de Mac-Mahon savait en outre — l'Empereur en avait reçu la nouvelle dans l'après-midi — que l'armée du prince royal de Prusse avait suspendu sa marche sur Paris et s'avançait vers le Nord (2); les troupes allemandes qui passaient le 26 à Vitry sur Châlons avaient reçu contre-ordre le même jour et semblaient se porter actuellement sur Sainte-Menehould (3). Déjà, leurs coureurs avaient paru, disait-on, à Semide et à Saint-Étienne-à-Arnes; l'infanterie aurait atteint Somme-Py et Ardeuil. On annonçait en même temps la présence à Châlons-sur-Marne du prince Albert de Prusse avec 6,000 cavaliers et de l'artillerie, et même, d'après une source plus sujette à caution, il est vrai, l'arrivée dans cette ville du Prince royal avec 40,000 hommes. Déjà « l'ennemi était signalé aux portes de Reims; il y a lieu de craindre qu'il ne soit en force (4). »

Ainsi, les communications directes de l'armée de Châlons avec Paris étaient menacées.

D'après une dépêche de Vienne, le total des forces allemandes marchant sur Paris serait de 250,000 hommes, se trouvant actuellement tant sur le front que sur le flanc droit et presque sur les derrières de l'armée de Châlons. Le maréchal de Mac-Mahon n'ignorait pas d'ailleurs que « les Ire et IIe armées, plus de 200,000 hommes, bloquaient Metz, principalement sur la rive gauche (5) ».

---

(1) Le sous-préfet de Sedan au maire du Chesne, 27 août.
(2) Prince Bibesco, *loc. cit.*, p. 60.
(3) Renseignements du préfet de l'Aube et du sous-préfet de Nogent-sur-Seine, transmis par le Ministre de la guerre le 27 août.
(4) Le procureur impérial de Reims au Ministre de la justice, 27 août.
(5) Le maréchal de Mac-Mahon au Ministre de la guerre, 27 août.

La gravité de cette situation, qui ne pouvait qu'empirer de jour en jour, n'échappa point au maréchal de Mac-Mahon.

Continuer le mouvement vers Metz, c'était probablement aller au-devant d'un échec, au passage de la Meuse, et peut-être d'un désastre, si le Prince royal parvenait à intercepter complètement les communications de l'armée de Châlons. Le Maréchal résolut donc de « reprendre la direction du Nord dans le but de ne pas compromettre le sort de son armée et de la réserver pour la défense de Paris (1) ». Il se proposait de gagner la capitale par Mézières et le département du Nord (2). A 3 h. 25 de l'après-midi, à la suite d'un long entretien avec l'Empereur (3), il fit part de sa décision au maréchal Bazaine par le télégramme suivant que le commandant de la place de Sedan fut chargé de lui faire parvenir « par tous les moyens possibles » :

« Le maréchal de Mac-Mahon prévient le maréchal Bazaine que l'arrivée du Prince royal à Châlons le force à opérer le 29 sa retraite sur Mézières et de là à l'Ouest, s'il n'apprend pas que le mouvement de retraite du maréchal Bazaine soit commencé (4). »

L'intention du commandant de l'armée de Châlons était donc, à ce moment, de ne mettre son projet à exécution que le 29 août, si, à cette date, le maréchal Bazaine n'avait pas fait connaître son départ de Metz. Mais plus tard, dans l'après-midi (5), les renseignements

---

(1) *Journal* de marche du grand quartier général.
(2) *Ibid.*
(3) Prince Bibesco, *loc. cit.*, p. 60. — Le commandant Loizillon, de l'état-major du 7º corps, se trouvait à ce moment au Chesne. L'Empereur partageait l'avis du maréchal de Mac-Mahon. (*Œuvres posthumes*, p. 114.)
(4) D. T. ch. nº 27554, transmise à Sedan à 3 h. 45 s.
(5) Vraisemblablement vers 4 heures.

que l'on reçut au Chesne sur les mouvements et la situation de l'ennemi devinrent plus nombreux et plus inquiétants et firent ressortir, inexactement il est vrai, sa proximité.

Le maréchal de Mac-Mahon résolut alors de se diriger sur Mézières dès le lendemain, 28 août. Il en informa le Ministre de la guerre, à 8 h. 30 du soir, par la dépêche suivante qu'il dicta lui-même au colonel Stoffel (1) :

« Les Ire et IIe armées, plus de 200,000 hommes, bloquent Metz, principalement sur la rive gauche. Une force évaluée à 50,000 hommes serait établie sur la rive droite de la Meuse pour gêner ma marche sur Metz. Des renseignements annoncent que l'armée du prince royal de Prusse se dirige aujourd'hui sur les Ardennes avec 150,000 hommes ; elle serait déjà à Ardeuil. Je suis au Chesne avec un peu plus de 100,000 hommes.

« Depuis le 19, je n'ai aucune nouvelle de Bazaine. Si je me porte à sa rencontre, je serai attaqué de front par une partie de la Ire et de la IIe armée qui, à la faveur des bois, peuvent dérober une force supérieure à la mienne ; en même temps par l'armée du prince royal de Prusse me coupant toute ligne de retraite. Je me rapproche demain de Mézières, d'où je continuerai ma retraite, selon les événements, vers l'Ouest (2). »

---

(1) Colonel Stoffel, *La dépêche du 20 août*, p. 82.

(2) Le colonel Stoffel relate, de la manière suivante, les conditions dans lesquelles la dépêche fut expédiée :

« Portez cette dépêche à d'Abzac, me dit le Maréchal, et qu'il l'ex-« pédie de suite. » Je me levais pour exécuter l'ordre qui m'était donné, lorsqu'entra le général Faure, chef d'état-major général. « Voici une « dépêche que j'écris au Ministre », lui dit le Maréchal, et, me la prenant des mains, il la présenta au général. Le chef d'état-major en prit connaissance et dit au Maréchal ces paroles, que je n'ai pu oublier, tant elles étaient prophétiques et tant elles témoignent de la juste appréciation que fit des hommes et de la situation l'honorable général Faure : « Ne pensez-vous pas, monsieur le Maréchal, que vous avez tort

Des ordres furent envoyés, à tous les corps, dans la soirée même (1).

Le 1ᵉʳ corps devait se porter de Voncq sur Mazerny ; le 7ᵉ de Vouziers à Chagny-les-Omont ; le 12ᵉ du Chesne à Vendresse ; le 5ᵉ de Brieulles et Châtillon, à Poix où devait être transféré le grand quartier général. La division de cuirassiers Bonnemains, toujours considérée comme « cavalerie de réserve (2) » en vue d'une bataille, et reléguée comme telle en arrière des corps d'armée, devait se rendre d'Attigny à Launois. Enfin, la division Margueritte, restant en position à Sommauthe, avait pour mission d' « assurer les derrières de l'armée (3) » ; sa zone de stationnement, dans la soirée du 27, était aux environs de Chémery.

Au 7ᵉ corps, le parc du génie, les bagages et le convoi administratif se mirent en marche sur Chagny dès 9 heures du soir sous la direction du lieutenant-colonel Davenet, sous-chef d'état-major général. Le général Douay estimait qu'il « importait d'avoir évacué la vaste position à l'Est de Vouziers dès la première heure du jour, et d'avoir atteint la tête du défilé qui s'étend de Vouziers au Chesne-Populeux, avant d'être attaqués (4) ».

« d'envoyer cette dépêche au Ministre? On vous répondra de Paris de
« telle façon que vous serez peut-être empêché de mettre vos nouveaux
« projets à exécution. Vous pourriez ne l'expédier que demain, lorsque
« nous serons déjà en route sur Mézières. » Le Maréchal prit la dépêche,
la relut avec attention et me la rendit en disant : « Allez la faire expé-
« dier. » (Colonel Stoffel, *loc. cit.*, p. 83-84.)

(1) L'ordre destiné au 1ᵉʳ corps lui parvint à 5 heures de l'après-midi (*Journal* de marche du 1ᵉʳ corps) ; les instructions concernant le 7ᵉ corps furent remises au commandant Loizillon, au Chesne, à 6 heures ; celles qui étaient adressées au 5ᵉ corps firent l'objet d'un télégramme expédié du Chesne à 10 heures du soir.

(2) Ordre de mouvement du grand quartier général pour le 28 août.

(3) *Ibid.*

(4) Prince Bibesco, *loc. cit.*, p. 70.

De même, au 1ᵉʳ corps, le convoi administratif, le parc d'artillerie et les bagages commencèrent leur mouvement sur Chagny-les-Omont, par Le Chesne, à 11 heures du soir, sous l'escorte du 74ᵉ de ligne.

Partout on se prépara à entamer la marche vers le Nord, dès les premières heures de la journée du 28.

La détermination prise par le maréchal de Mac-Mahon dans l'après-midi du 27 pouvait sauver l'armée de Châlons et éviter à la France la catastrophe de Sedan. Si les considérations militaires avaient prévalu, si l'on avait admis à Paris que les chefs d'armée en campagne étaient seuls en état d'apprécier la situation stratégique et de prendre les mesures qu'elle exige, de grands malheurs pouvaient encore être évités. Le maréchal de Mac-Mahon l'a dit avec raison : « Le moment décisif de la campagne a été au Chesne-Populeux (1). » Si ses ordres avaient été exécutés, l'armée se serait trouvée le 28 dans une bonne situation, couverte par le canal des Ardennes et à proximité d'une voie ferrée.

En réalité, il n'était même pas nécessaire de se porter vers le Nord pour se soustraire à l'adversaire ; il suffisait de descendre l'Aisne par Rethel et de revenir ensuite sur l'Oise.

L'armée de la Meuse devant exécuter le 27 août une marche de flanc dans la direction générale de Damvillers, le prince royal de Saxe avait prescrit, dans la nuit du 26 au 27, aux divisions de cavalerie dont il avait le commandement, de couvrir l'opération et d'arrêter en même temps la marche des Français. A cet effet, la 6ᵉ devait se porter de Tahure sur Vouziers ; la 5ᵉ de Montcheutin sur Grand-Pré et Buzancy ; celle de la Garde de

---

(1) *Instruction* relative au procès Bazaine, déposition du maréchal de Mac-Mahon (n° 2).

Récicourt sur Sommerance ; celle du corps saxon, de Bantheville vers Landres et Rémonville.

Derrière ce rideau, le XII⁰ corps franchirait la Meuse à Dun et prendrait position face à l'Ouest, tenant le pont qu'elle avait utilisé et celui de Stenay ; la Garde viendrait à Montfaucon, le IVᵉ corps à Germonville ; ces deux unités établissant, le jour même, sur la Meuse, à Sivry et à Charny, le nombre de ponts nécessaires à la continuation du mouvement sur Damvillers.

La 5ᵉ division de cavalerie, informée dans la matinée que Grand-Pré était évacué par l'adversaire, fait occuper cette localité par la *11ᵉ* brigade de cavalerie ; celle-ci détache le *13ᵉ* régiment de uhlans pour suivre les Français qui avaient effectué leur retraite sur Beaurepaire et Olizy. Les patrouilles rencontrent des partis ennemis dans les bois qui avoisinent Longwé et constatent la présence aux environs de Vouziers « de masses de troupes considérables (1) ». Les deux autres brigades se dirigent de Grand-Pré vers le Nord-Est ; la *13ᵉ* débouche dans l'après-midi à Buzancy et relève la cavalerie saxonne dans l'observation de la marche des colonnes du 5ᵉ corps (2) ; la *12ᵉ* prend ses cantonnements à Champigneulle.

La 6ᵉ division de cavalerie reçut, avant son départ de ses bivouacs de Tahure, le rapport de ses patrouilles, relatant, qu'au dire des habitants, des forces importantes se seraient dirigées, quelques jours auparavant, de Reims sur Rethel (3). De Savigny, l'escadron d'avantgarde du *15ᵉ* régiment de uhlans remarquait, aux environs de Vouziers, « des troupes françaises qu'il évaluait à plusieurs divisions (4) ».

---

(1) *Historique du Grand État-Major prussien*, 7ᵉ livraison, p. 950.
(2) Voir p. 185.
(3) Voir journée du 26 août.
(4) *Historique du Grand État-Major prussien*, 7ᵉ livraison, p. 951.

Dans le courant de l'après-midi, deux rapports furent expédiés à Clermont. Le premier annonçait qu'un corps d'armée français était à Vouziers et qu'une brigade d'infanterie avec plusieurs batteries, était signalée à Blaise et à la Chambre-aux-Loups (1). Le second relatait, d'après les observations personnelles du duc Guillaume de Mecklembourg, que l'adversaire avait réuni plus d'un corps d'armée à Vouziers et que les prisonniers ramenés par les éclaireurs comptaient aux 52º et 82º de ligne, qui faisaient partie du corps d'armée du général Douay (2). Mais la division se contenta d'observer Vouziers sans pousser des éléments de découverte au Nord de sorte que le mouvement du 1ᵉʳ corps, de Voncq sur Vandy, ne fut pas signalé.

Le gros de la division bivouaqua à Monthois avec des avant-gardes du *15*ᵉ uhlans à Saint-Morel et Savigny,

A la *12*ᵉ division de cavalerie, la *23*ᵉ brigade s'était réunie près de Landres dans la matinée ; la *24*ᵉ se portait vers le Nord. L'un des régiments de cette dernière, le *18*ᵉ uhlans, explorait le pays dans la direction de la route de Buzancy à Stenay, tandis que l'autre, le *3*ᵉ *Reiter*, avec la batterie à cheval, était arrivé à Rémonville d'où il avait poussé une avant-garde sur Buzancy (3). Celle-ci mandait vers 11 heures qu'elle se trouvait en présence de cavalerie française, et que le bourg était occupé par de l'infanterie.

Sur ces entrefaites, le *18*ᵉ uhlans qui avait terminé sa reconnaissance, s'était rabattu sur Rémonville. Le général Senfft de Pilsach, disposant alors de toute sa bri-

---

(1) Ce *Rapport* parvint au grand quartier général le 27, à 10 heures du soir. La Chambre-aux-Loups est une ferme à 1200 mètres au Sud de Vouziers.

(2) Ce second *Rapport* arriva au grand quartier général le 28, à 9 heures du matin.

(3) Un peloton du 1ᵉʳ escadron et deux du 5ᵉ.

gade, la porta sur Bayonville et donna l'ordre à son avant-garde avec laquelle il se trouvait, de charger la cavalerie ennemie. Ainsi se produisit, près de Buzancy, la rencontre avec le 12ᵉ chasseurs qui a été précédemment exposée (1).

Le prince de Saxe reçut après le combat un rapport d'une reconnaissance d'officier, lancée la veille sur Beaumont, d'où il ressortait que l'adversaire se trouvait à 12 kilomètres à peine de Stenay, objectif du XIIᵉ corps. Il prescrivit aussitôt à la *12ᵉ* division de cavalerie de se porter sur Nouart afin d'explorer promptement cette région. Le mouvement ne commença cependant qu'à 5 heures du soir, quand la *13ᵉ* brigade de cavalerie, arrivée à Buzancy, se fut chargée d'observer les colonnes du 5ᵉ corps en retraite vers le Nord-Ouest. Les *17ᵉ* et *18ᵉ* uhlans saxons se portèrent alors sur Nouart et Tailly ; les deux régiments de cavalerie proprement dite vers Barricourt et Villers-devant-Dun.

Enfin, la division de cavalerie de la Garde vint, dans la soirée, de Récicourt à Rémonville, pour remplacer la cavalerie saxonne ; la brigade de uhlans de cette division poussa jusqu'à Bayonville.

On observera que, dans l'après-midi, les trois divisions de cavalerie allemandes, *6ᵉ* à Monthois, *5ᵉ* à Grand-Pré, *12ᵉ* à Buzancy, se trouvèrent complètement isolées et incapables, par les distances qui les séparaient, de se venir en aide, en cas de rencontre. Même la *12ᵉ* fut, pendant un certain temps, fractionnée en deux brigades, exposées à être écrasées successivement par une masse de cavalerie supérieure en nombre.

Couverts par ces quatre divisions de cavalerie, les trois corps de l'armée de la Meuse exécutent leur marche dans la direction générale de Damvillers.

---

(1) Voir p. 173-174.

Le XII⁰ corps se met en mouvement à 6 heures du matin. La *48ᵉ* brigade (1) se porte de Montfaucon, par Dun, sur Stenay qu'elle atteint à 4 heures de l'après-midi, après une marche de 35 kilomètres (2).

La faible profondeur de la Meuse ne permettait pas de la considérer comme un obstacle sérieux. Néanmoins, le général de Schultz fait mettre la ville en état de défense, barricader les ponts principaux et incendier quelques passages secondaires. Les troupes avancées de la brigade s'établissent à Laneuville. Une patrouille de cavalerie envoyée sur Chauvency, pour y détruire la gare, la trouve occupée par un détachement d'infanterie française venu de Montmédy. Un voyageur belge, de passage à Stenay, assurait qu'il avait rencontré le général Margueritte à Beaumont, avec 3,000 à 4,000 chasseurs et, qu'au dire des habitants, il y avait 80,000 à 100,000 hommes entre Le Chesne et Buzancy (3).

La *23ᵉ* division et l'artillerie de corps se rendent de Varennes à Dun et environs ; tandis que la *47ᵉ* brigade suivant l'itinéraire Charpentry, Romagne-sous-Montfaucon, Dun, stationne à Milly-devant-Dun. Les convois et les colonnes de munitions restent à Clermont.

La Garde part à 6 heures du matin de Dombasle et marche, en une seule colonne, d'Esnes sur Montfaucon où elle s'établit en stationnement assez dense (4). L'avant-garde pousse jusqu'à Nantillois. Un pont est jeté sur la Meuse entre Dannevoux et Sivry. Les trains des divisions, les trains régimentaires, les voitures portant les sacs restèrent parqués à Dombasle. Les convois et

---

(1) Renforcée par le 2ᵉ régiment de cavalerie et la 3ᵉ batterie légère.
(2) Le *106ᵉ* reste à Mouzay.
(3) Von Schimpff, *Das XII Corps im Kriege, 1870-1871*, t. II, p. 37. (*Rapport* expédié de Stenay à 5 h. 30 par le général de Schultz).
(4) La tête de colonne arriva vers midi, la queue vers 8 heures du soir.

colonnes de munitions furent dirigés de Saint-André, par Ippécourt, sur Dombasle. En prévision d'un combat, ces dernières poursuivirent leur marche et atteignirent Malancourt le 28 à 3 heures du matin.

Le IV⁰ corps rompt d'Ippécourt à 6 heures du matin et se porte en une seule colonne, par Nixéville et Sivry-la-Perche, sur Germonville et Fromeréville. Il établit deux ponts à Vacherauville et à Charny. Les trains des divisions avaient suivi les troupes; les trains régimentaires laissés d'abord à Fleury-sur-Aire, rejoignirent assez tard dans la nuit; les colonnes de munitions vinrent à Vadelaincourt et Ippécourt.

Le quartier général de l'armée de la Meuse est transféré de Clermont-en-Argonne à Malancourt.

Les deux corps bavarois avaient reçu directement, du grand quartier général, leurs instructions pour la journée du 27. Le I⁰ʳ partit à 11 heures du matin d'Érize-la-Petite et suivit la route de Bar-le-Duc à Verdun. La tête du gros de la colonne arriva à Nixéville à 6 heures du soir; les derniers éléments n'atteignirent leurs cantonnements qu'à 3 heures du matin. L'avant-garde fut poussée dans la direction de Verdun. Les bagages furent coupés au Sud de Nixéville par les convois du IV⁰ corps et ne purent rejoindre les troupes que le lendemain matin. Les convois et colonnes de munitions furent laissés sur leurs emplacements du 26, dans la région au Nord de Bar-le-Duc.

Le II⁰ corps bavarois, très fatigué par la marche de la nuit précédente, ne commença son mouvement que vers midi. La 5⁰ brigade d'infanterie fut détachée à Clermont-en-Argonne, en vertu d'un ordre du grand quartier général. Le reste du corps d'armée se dirigea, de Belval et Charmontois, sur Dombasle (1). Mais le chemin de

---

(1) A dater du 27, les sacs furent portés par des voitures de réquisition.

Rarécourt, par Jubécourt, à Dombasle, présentait des pentes très raides et était défoncé, ce qui occasionna de nombreux arrêts à une colonne de voitures, appartenant à la Garde, qui précédait le IIe corps bavarois, et finit par empêcher celui-ci de poursuivre son mouvement. Aussi une partie du gros de la colonne fut-elle obligée de faire un détour par Clermont-en-Argonne et Parois; les derniers éléments n'arrivèrent à leurs bivouacs qu'à 3 h. 30 du matin (1). Succédant à l'étape très pénible de la veille, cette marche eut pour conséquence de très grandes fatigues pour les troupes. Les convois et colonnes de munitions atteignirent, sans difficulté, Waly et Foucaucourt.

La brigade de uhlans bavarois s'était portée le 27 de Suippes jusqu'à Somme-Py, et ses avant-postes se reliaient, à Semide, à ceux de la 6e division de cavalerie. Dans la soirée, elle reçut l'ordre de se rapprocher de son corps d'armée et, dans la nuit même, elle se rendit à Ripont et Cernay-en-Dormois.

Les autres corps de la IIIe armée exécutèrent à leur tour une conversion vers le Nord, mais en s'accumulant tous sur l'unique chaussée de Vitry-le-François à Sainte-Menehould.

Le gros du Ve corps et une fraction de la division würtembergeoise suivirent la grande route de Vitry-le-François à Sainte-Menehould et stationnèrent entre cette dernière localité et Vieil-Dampierre, tandis que l'ancienne avant-garde du corps d'armée se portait vers le Nord par le chemin dit de la Serre et que la majeure partie de la division würtembergeoise se rendait de Sermaize à Passavant sans emprunter la grande route. Le premier échelon des colonnes de munitions suivit

---

(1) Les trois bataillons de la 7e brigade, venant de Toul, rejoignirent leurs corps.

immédiatement les troupes du V⁰ corps. Le reste, les trains régimentaires et les convois furent laissés à Pargny.

Le XI⁰ corps, partant de Heiltz-l'Évêque et de Saint-Lumier, exécuta sa marche en deux colonnes. Celle de gauche, constituée par la *21⁰* division, utilisa le chemin Vanault-le-Châtel, Bussy-le-Repos, Noirlieu, et cantonna dans la zone Épense, Noirlieu, Varimont, Dommartin-sur-Yèvre. Celle de droite suivit la grande route et s'établit entre la Neuville-aux-Bois et Saint-Mard-sur-le-Mont, non sans avoir eu à souffrir, pendant sa marche, de la présence, devant elle, de voitures appartenant au V⁰. corps. Les trains régimentaires, les colonnes de munitions et les convois formèrent à droite une colonne distincte qui, passant par Heiltz-le-Maurupt et Vroil, se porta sur Noyers et Nettancourt (1).

De Thiéblemont, le VI⁰ corps suivit également la grande route de Vitry-le-François à Sainte-Menehould, sauf l'ancienne avant-garde qui, devenant flanc-garde de gauche, marcha de Changy sur Bussy-le-Repos. Mais

---

(1) Le 26 août, les trois corps prussiens de la III⁰ armée et la division wurtembergeoise avaient leur tête de colonne sur la route de Vitry-le-François à Sainte-Menehould ou dans le voisinage. L'ordre de mouvement du quartier général, donné à Revigny dans l'après-midi, faisait effectuer à ces unités une conversion telle qu'elles allaient se trouver placées l'une derrière l'autre sur une seule route, avec cette aggravation que l'intervalle qui existait entre elles était notablement inférieur à la profondeur en colonne. Les difficultés eussent été considérables, « insurmontables » de l'aveu du Grand État-Major prussien, si les commandants de corps d'armée n'avaient fait marcher, de leur propre initiative, une partie des troupes et des voitures sur des chemins latéraux. (*Heeresbewegungen*, p. 47-48.) « Il eût été préférable pour le maintien de l'ordre, la conservation des forces physiques des soldats, l'aptitude et la préparation au combat, de faire marcher les corps les uns à côté des autres, ce qu'eût permis largement le réseau routier. » (*Ibid.*, p. 48.)

bien que la tête de colonne ne fût venue se présenter sur la grande route, à Changy, qu'à 11 heures du matin, elle se heurta bientôt à la queue de colonne du XIe corps et ne put atteindre ses cantonnements qu'à la nuit. La *12e* division s'établit dans la zone : Bussy-le-Repos, Possesse, Charmont, Vanault-le-Châtel; la *11e* à Rosay, Doucey, Vavray-le-Grand, Sogny-en-l'Angle; l'artillerie de corps à Heiltz-le-Maurupt.

La *2e* division de cavalerie arrivait le 27, vers Coole, à l'Ouest de Vitry; la *4e* vers Souain, au Nord de Suippes.

Le quartier général de la IIIe armée restait à Revigny (1).

Ainsi, le 27 août, les Ve, XIe, VIe corps et la division würtembergeoise se trouvaient séparés du reste de la IIIe armée et échelonnés sur une profondeur de plus de 40 kilomètres. Aussi le général de Blumenthal pouvait-il écrire avec raison : « Le cas le plus défavorable serait celui où Mac-Mahon se jetterait subitement sur nous avec toutes ses forces, car nous ne pourrions lui opposer que trois corps et demi, c'est-à-dire environ 80,000 hommes..... (2). »

Les nouvelles qu'avait reçues le grand quartier général depuis la soirée du 26 lui permettaient déjà de se faire une idée assez nette des positions de l'armée de Châlons. On savait que des troupes françaises avaient

---

(1) *Historique du Grand État-Major prussien*, p. 951-953; *Hœeresbewegungen*, p. 31-34.

(2) *Tagebücher des Generalfeldmarschalls*, Graf von Blumenthal, p. 87.
« Les combats antérieurs et les marches excessivement pénibles avaient réduit à une moyenne de 600 à 700 hommes l'effectif des bataillons d'infanterie; le mouvement en avant avait été trop rapide pour que les troupes de remplacement aient pu rejoindre; mais les hommes, actuellement présents sous les armes, pouvaient être considérés comme des soldats d'élite. » (Von Hahnke, *loc. cit.*, p. 163.)

marché, les jours précédents, de Reims vers Rethel, que des forces importantes s'étaient dirigées aux environs de Vouziers et s'y trouvaient encore le 27 (1). De la cavalerie française s'était montrée entre Vouziers et Buzancy (2), ainsi que vers Beaumont (3). Grand-Pré, occupé pendant quelque temps, avait été évacué dans la nuit du 26 au 27; les troupes françaises qu'on y avait signalées s'étaient repliées sur Vouziers (4). Le service des renseignements avait fourni, vraisemblablement, des informations complémentaires.

« De l'ensemble de toutes ces indications, le grand quartier général concluait que l'adversaire s'avançait en partie par Buzancy, en partie par Beaumont; mais que, selon toute apparence, son mouvement avait subi un arrêt le 27 et que, en tout cas, il n'avait pas encore atteint la Meuse (5). »

Comme d'ailleurs on savait les ponts de Dun et de Stenay déjà occupés par le XIIe corps, on était en droit d'admettre, d'après les emplacements occupés dans la soirée du 27 par les autres corps de l'armée de la Meuse et ceux de la IIIe armée, « qu'il serait encore possible de joindre l'adversaire avec des forces supérieures, sur la rive gauche de la Meuse (6) ».

Dans ces conditions, le grand quartier général allemand pouvait avec raison abandonner le projet de la concentration à Damvillers, et renoncer à la coopération de deux corps de l'armée de blocus de Metz (7).

---

(1) Renseignements fournis par les *5e* et *6e* divisions de cavalerie.
(2) *Ibid.*
(3) *Rapport* de la *12e* division de cavalerie.
(4) *Rapport* d'un officier du *1er* régiment de cavalerie, transmis par la *23e* division d'infanterie.
(5) *Historique du Grand Etat-Major prussien*, 7e livraison, p. 953.
(6) *Ibid.*, p. 954.
(7) Dès 8 heures du matin, en apprenant qu' « une grande partie des

A 7 h. 30 du soir, le maréchal de Moltke expédia un ordre général d'opérations réglant les marches des 28 et 29 août dans la direction générale de Vouziers, Buzancy et Beaumont. Les Ve, VIe et XIe corps de la IIIe armée et la division würtembergeoise devaient atteindre, autant que possible le 28, par leurs têtes de colonnes, la ligne Malmy-Laval et se porter le 29 entre Séchault et Somme-Py en se concentrant.

Les 5e et 6e divisions de cavalerie qui opéraient à l'Ouest de l'Argonne étaient placées, momentanément, sous les ordres du prince royal de Prusse avec l'invitation d'envoyer directement leurs comptes rendus au grand quartier général.

Les autres corps d'armée devaient se conformer, pour les deux jours suivants, au tableau ci-après (1) :

	28 AOUT.	29 AOUT.
IIe corps bavarois	Vienne et en arrière (1).	Grand-Pré.
Ier corps bavarois	Varennes et en arrière.	
Garde	Bantheville.	Buzancy.
XIIe corps	Reste à Dun.	Nouart.
IVe corps	Montfaucon.	Bantheville.

(1) En marge : « Ce corps emploiera, de Dombasle à Clermont, la route de Brabant-en-Argonne et Vraincourt. »

forces ennemies se trouvait hier soir encore à Vouziers », le maréchal de Moltke avait prescrit au commandant de la IIe armée de ne faire entamer aucun mouvement aux deux corps d'armée désignés pour se rendre à Damvillers « avant de nouveaux ordres ». (*Correspondance militaire du maréchal de Moltke*, t. I, n° 220.) A 7 heures du soir, il avisa qu'il y avait lieu de « supprimer tout envoi de troupes ». (*Ibid.*, n° 223.) Mais déjà les ordres antérieurs avaient été exécutés, le IIIe corps était arrivé à Étain, le IIe à Briey.

(1) *Correspondance militaire du maréchal de Moltke*, t. I, n° 226.

La situation de l'armée de Châlons, dans la soirée du 27 août, était la suivante :

Grand quartier général.........		Le Chesne.
1ᵉʳ. corps..	Quartier général.....	Neuville-et-Day.
	1ʳᵉ division.........	Ouest de Neuville-et-Day.
	2ᵉ —	Ibid.
	3ᵉ —	Nord-Est de Voncq.
	4ᵉ —	Ibid.
	Division de cavalerie.	Ouest de Voncq.
	Réserves d'artillerie et du génie.........	Nord de Voncq.
5ᵉ corps..	Quartier général.....	Châtillon-sur-Bar.
	1ʳᵉ division.........	Brieulles-sur-Bar.
	2ᵉ —	Belleville-sur-Bar.
	3ᵉ —	Châtillon-sur-Bar.
	Division de cavalerie.	Authe.
	Réserves d'artillerie et du génie.........	Châtillon-sur-Bar.
7ᵉ corps.....................		Sans modification.
12ᵉ corps.....................		Tout entier au Sud du Chesne, sauf la division de cavalerie à la ferme Basancourt.
1ʳᵉ division de réserve de cavalerie.		Entre Osches et Saint-Pierremont.
2ᵉ division de réserve de cavalerie.		Sud d'Attigny.
Parcs d'artillerie.	5ᵉ corps..........	Sans modification.
	7ᵉ corps..........	Ibid.
	12ᵉ corps..........	Écordal.
Grand parc.................		Sans modification.
Équipage de pont de réserve.....		Paris.

Châlons — I.

CHAPITRE VI

Journée du 28 août.

En réponse à son télégramme du 27 manifestant son intention de battre en retraite sur Mézières, le Maréchal reçut au Chesne, le 28 à 1 heure du matin, la dépêche suivante du Ministre de la guerre, qui était presque une sommation de reprendre le mouvement vers Montmédy. A côté d'affirmations téméraires, le message groupait toutes les nouvelles propres à émouvoir le Maréchal :

« Si vous abandonnez Bazaine, la révolution est dans Paris, et vous serez attaqué par toutes les forces de l'ennemi. Contre le dehors, Paris se gardera ; les fortifications sont terminées. Il me paraît urgent que vous puissiez parvenir rapidement jusqu'à Bazaine. Ce n'est pas le Prince royal de Prusse qui est à Châlons, mais un des princes, frère du roi de Prusse, avec une avant-garde et des forces considérables de cavalerie. Je vous ai télégraphié ce matin deux renseignements qui indiquent que le Prince royal de Prusse, sentant le danger auquel votre marche tournante expose et son armée et l'armée qui bloque Bazaine, aurait changé de direction et marcherait vers le Nord. Vous avez au moins trente-six heures d'avance sur lui, peut-être quarante-huit. Vous n'avez devant vous qu'une partie des forces qui bloquent Metz et qui, vous voyant vous retirer de Châlons à Reims, s'étaient étendues vers l'Argonne. Votre mouvement sur Reims les avait trompées, comme le Prince royal. Ici tout le monde a senti la nécessité de dégager Bazaine, et l'anxiété avec laquelle on vous suit est extrême. »

Si l'on en croit certains témoignages, le général de

Palikao était absolument sincère. Il affirmait à son entourage que, malgré le temps perdu, Mac-Mahon et Bazaine se rejoindraient ; que l'armée de Châlons gardait une avance sur l'ennemi ; il avait, affirmait-il, ses espions dont les rapports ne le trompaient point (1).

La réalité était toute différente.

De l'aveu même du Ministre de la guerre, le maréchal de Mac-Mahon n'avait, sur le Prince royal, qu'une avance de deux jours au maximum, avec cette circonstance aggravante que l'armée française, dépourvue d'équipage de pont, avait un fleuve à franchir en présence de forces adverses évaluées la veille à 50,000 hommes, maîtresses des points de passage et libres de les rendre inutilisables.

Sans doute, les avant-gardes des 5ᵉ et 12ᵉ corps pouvaient le 28, à l'issue de la marche, atteindre la Meuse à Stenay et à Mouzon. Mais, à supposer que l'on trouvât les ponts intacts et que l'on réussit à s'en emparer le 29, la traversée du fleuve ne pourrait vraisemblablement s'effectuer que le 30.

Quant aux 1ᵉʳ et 7ᵉ corps, ils devraient : ou suivre les traces des 5ᵉ et 12ᵉ corps, ce qui les exposait à être attaqués par les têtes de colonnes du Prince royal, en fâcheuse posture, pendant le passage de la Meuse ; ou faire un détour en s'éloignant vers le Nord-Est, ce qui obligerait les 5ᵉ et 12ᵉ corps à les attendre sur la rive droite.

Dans les deux hypothèses d'ailleurs, les communications de l'armée de Châlons avec l'Ouest étaient définitivement coupées ; ses convois étaient en partie capturés par la cavalerie allemande ; une bataille perdue devenait un désastre.

---

(1) *Le Ministère de l'Intérieur, du 11 août au 4 septembre*, Relation inédite de M. Henri Chevreau (Cité par Pierre de la Gorce, *Histoire du Second Empire*, t. VII, p. 258).

Aussi le télégramme du Ministre de la guerre jeta-t-il le maréchal de Mac-Mahon « dans une grande hésitation (1) ». Il lui fallait, ou ne pas tenir compte des avis venus de Paris et refuser de porter secours à un collègue placé dans une situation critique ; ou risquer de compromettre gravement son armée. Dans cette cruelle alternative, il fit appeler le général Ducrot en qui il avait grande confiance, et lui demanda son avis au sujet de la continuation de la marche sur Montmédy. Le commandant du 1er corps répondit que ce mouvement « présentait, selon lui, des dangers ; mais qu'il était persuadé qu'en jetant toute notre cavalerie sur notre droite, on pourrait arrêter la marche de l'ennemi et arriver à rejoindre le maréchal Bazaine (2) ».

Cette opinion était, tout au moins, optimiste. Il était permis d'admettre, sans doute, qu'un certain nombre de divisions de cavalerie françaises, réunies sous un seul commandement, battraient la cavalerie adverse, puis prendraient le contact des colonnes de l'armée du Prince royal et leur feraient même éprouver quelque retard dans leur marche. Mais supposer que l'on parviendrait ainsi à « arrêter » leur mouvement assez longtemps pour effectuer la jonction avec le maréchal Bazaine, était se faire illusion.

Sans avoir aucune donnée précise sur les emplacements

---

(1) *Souvenirs* inédits du maréchal de Mac-Mahon.
(2) *Ibid.*

Il est difficile de discerner le moment exact de la journée du 28 auquel eut lieu cette entrevue, ni de savoir, par conséquent, l'influence qu'elle eut sur les décisions du Maréchal. D'une part, celui-ci en fait mention aussitôt après l'arrivée du télégramme du Ministre de la guerre et avant de relater qu'il annula les ordres de marche sur Mézières. D'autre part, d'après d'autres passages du manuscrit, l'entrevue n'aurait eu lieu que dans le courant de l'après-midi, à Stonne, quand déjà le mouvement sur Metz était repris. L'opinion du général Ducrot n'en demeure pas moins entière.

des corps du Prince royal, on ne pouvait douter que ceux du prince de Saxe ne fussent plus rapprochés de Metz que l'armée de Châlons, obligée à un détour par Montmédy, et ne pussent, dès lors, venir s'interposer entre elle et les troupes d'investissement. Or, ces dernières, victorieuses de l'armée de Metz dans deux grandes batailles, et établies, depuis lors, autour de la place sur des positions retranchées, étaient de force à distraire certaines unités destinées à renforcer le prince de Saxe.

Un premier succès remporté sur l'armée de la Meuse était donc aléatoire, même dans l'hypothèse où elle n'aurait point reçu de secours directs de celle du Prince royal de Prusse. Pendant ce temps, cette dernière aurait poursuivi son mouvement vers le Nord et le maréchal de Mac-Mahon n'eût pas tardé à se trouver dans une situation très critique. L'opinion du général Ducrot se justifie donc difficilement.

En fait, d'après sa déposition à l'Enquête sur les actes du Gouvernement de la Défense nationale, le maréchal de Mac-Mahon fut influencé par les deux considérations suivantes :

« Croyant devoir céder aux observations si nettement exprimées par le Ministre de la guerre, et espérant que le gros de l'armée du Prince royal de Prusse n'était pas encore assez rapproché de moi pour m'empêcher de rejoindre le maréchal Bazaine qui pouvait, en définitive, être en marche pour me rejoindre, je pris la résolution de marcher sur Montmédy (1). »

Les ordres donnés la veille pour la retraite de l'armée sur Mézières furent contremandés dans les premières heures de la journée du 28, et remplacés par d'autres ayant pour objet la reprise du mouvement sur Montmédy et Metz.

---

(1) Tome I, page 33.

Ces nouvelles instructions allaient parvenir aux corps d'armée quand déjà ils étaient en marche, et déterminer à la fois des temps d'arrêt, des croisements de colonnes, des fatigues de tous genres et une dépression morale dont l'armée, qui ne pouvait discerner les motifs de ce contre-ordre, devait se ressentir profondément (1).

Sa décision prise, le maréchal de Mac-Mahon envoya un aide de camp auprès de l'Empereur pour l'en informer. Peu après, le général Pajol fut chargé par le souverain de dire au Maréchal qu'il regrettait le dernier parti auquel il s'était arrêté (2). Le Maréchal fit répondre qu'il avait mûrement réfléchi et qu'il lui était impossible désormais de contremander les ordres qu'il avait récem-

---

(1) « Il en résulta un à-coup et une confusion inexprimable. » (Le général Broye au général de Vaulgrenant, 6 novembre 1903. Papiers du général Broye.) Cf. Prince Bibesco, *loc. cit.*, p. 75.

(2) *Souvenirs* inédits du maréchal de Mac-Mahon.

D'après la déposition du Maréchal à l'*Enquête sur les actes du gouvernement de la Défense nationale*, l'Empereur aurait été plus affirmatif encore en faisant observer au Maréchal « que le mouvement sur Montmédy était bien dangereux, qu'il vaudrait peut-être mieux reprendre le projet de la veille..... »

Dans ses *Œuvres posthumes*, Napoléon III dit, en effet, qu'il « partageait entièrement l'avis du maréchal de Mac-Mahon »; mais il ajoute ce membre de phrase, qui est en contradiction avec les *Souvenirs* inédits du Maréchal : « L'Empereur..... aurait pu s'opposer à ce conseil, venu de Paris, qui était presque un ordre ; mais, résigné à subir les conséquences de la position que les événements lui avaient faite, il laissa celui auquel il avait remis le commandement entièrement libre d'agir comme il l'entendrait. » (*Loc. cit.*, p. 114.)

Le colonel Stoffel donne la même version que le Maréchal : « Il (l'Empereur) envoya à deux reprises au Maréchal, d'abord un de ses écuyers, puis un de ses aides de camp, non pas pour peser sur lui, mais simplement pour lui rappeler que les deux dépêches du Ministre de la guerre ne constituaient pas des ordres; que le Maréchal, n'en ayant pas à recevoir, conservait son libre arbitre, et qu'il le priait de réfléchir mûrement avant de renoncer à ses projets de retraite. Mais le Maréchal se rendit aux instances venues de Paris..... » (*Loc. cit.*, p. 86.)

ment donnés (1). Il envoya trois émissaires au maréchal Bazaine pour le prévenir qu'il marchait à sa rencontre (2) et, à midi trente, il expédia de Stonne, où avait été transféré le grand quartier général, la dépêche suivante au Ministre de la guerre :

« Je marche sur Montmédy ; tenterai demain de forcer le passage de la Meuse à Stenay, dont je crains que ennemi ait déjà fait sauter les ponts. »

De son côté, le général de Palikao surpris et inquiet peut-être de n'avoir pas reçu de réponse du maréchal de Mac-Mahon, lui expédiait à 1 h. 30 un nouveau télégramme, dans lequel, avec le but manifeste de peser plus encore sur sa décision, il faisait intervenir deux nouvelles autorités : « Au nom du Conseil des Ministres et du Conseil privé, écrivait-il, je vous demande de porter secours à Bazaine en profitant des trente-six heures d'avance que vous avez sur le Prince royal de Prusse. Je fais porter le corps Vinoy sur Reims. »

En réalité, ce second télégramme fut sans effet, le premier ayant suffi pour modifier les intentions très sages du commandant en chef. Le maréchal de Mac-Mahon s'est-il, dans la circonstance, laissé persuader par les arguments d'ordre stratégique du Ministre de la guerre ou a-t-il repris le mouvement vers Metz, contre son gré, pour des motifs d'ordre politique et dynastique? Il est difficile de se prononcer. Peut-être les deux causes ont-elles agi simultanément, sans qu'on puisse discerner la part qui revient à chacune d'elles.

Dans la première hypothèse, on observera qu'en entrant dans les vues du Ministre, le maréchal de Mac-

---

(1) « Ce fut la seule fois, dans toute la campagne, dit le maréchal de Mac-Mahon, que l'Empereur m'adressa une observation au sujet de la marche des opérations. » (*Souvenirs* inédits.)

(2) *Enquête*, déposition du maréchal de Mac-Mahon, t. I, p. 33.

Mahon n'a fait qu'assumer une plus grande part de responsabilité dans le désastre final. Son erreur est même moins excusable que celle du général de Palikao, qui se trouvait très éloigné du théâtre des opérations, tandis que le Maréchal était à l'armée et devait être fixé sur les dangers qui le menaçaient.

Dans le second cas, on peut dire avec Napoléon : « Un général en chef n'est pas à couvert par un ordre d'un Ministre ou d'un Prince, éloigné d'un champ d'opérations et connaissant mal ou ne connaissant pas le dernier état des choses : 1° tout général en chef qui se charge d'exécuter un plan qu'il trouve mauvais ou désastreux est criminel ; il doit représenter, insister pour qu'il soit changé ; enfin, donner sa démission plutôt que d'être l'instrument de la ruine des siens...; 2° un général en chef est le premier officier de la hiérarchie militaire. Le Ministre, le Prince, donnent des instructions auxquelles il doit se conformer en âme et conscience ; mais ces instructions ne sont jamais des ordres militaires, et n'exigent pas une obéissance passive ; 3° un ordre militaire même n'exige une obéissance passive, que lorsqu'il est donné par un supérieur qui, se trouvant présent au moment où il le donne, a connaissance de l'état des choses, peut écouter les objections et donner les explications à celui qui doit exécuter l'ordre (1) ».

---

(1) *Mémoires de Napoléon*, écrits par Montholon, t. IV, p. 316-317. Cf. Bonaparte au Directoire, 25 floréal an IV. (*Correspondance de Napoléon*, n° 420.)

Jourdan, écrivant au Ministre de la guerre le 29 pluviôse an VII, avait nettement établi les deux termes du dilemme en présence duquel peut se trouver un général en chef, et en avait déduit la ligne de conduite qu'un gouvernement sage doit suivre à son égard :

« Le gouvernement, disait-il, en prescrivant à un général en chef la division de ses forces et en lui indiquant les positions qu'il doit prendre, met ce général dans une alternative embarrassante ; car, s'il obéit litté-

Rien n'aurait donc dû amener le maréchal de Mac-Mahon à suivre les conseils, les invitations, les sommations mêmes qu'il recevait, et à modifier la détermination qu'il avait prise de battre en retraite sur Mézières. Si quelques hommes, plus dévoués à la dynastie qu'à la France, voulaient risquer de perdre l'armée sous prétexte de sauver l'Empire, il appartenait au général en chef, en se retirant, de leur laisser supporter tout le poids de leur entreprise, contraire aux véritables intérêts de la Patrie.

Il est d'ailleurs vraisemblable que devant une opposition formelle du Maréchal, le Conseil de régence eût cédé. Enfin, même en se plaçant au point de vue dynastique, si le duc de Magenta avait conscience du désastre qu'entraînait pour son armée la marche vers Metz, il devait pressentir, en même temps, que la révolution n'en éclaterait alors que plus terrible dans la capitale.

Mieux valait donc, à tous égards, n'obéir qu'aux considérations militaires et se retirer sur Paris où l'émeute —

---

ralement et qu'il soit battu, on lui dit qu'il aurait dû porter aux ordres reçus les changements nécessités par les circonstances. Si, au contraire, il n'obéit pas littéralement et qu'il soit battu, non seulement on le blâme, mais encore on l'accuse d'insubordination. Vous, Citoyen Ministre, qui avez commandé en chef, vous penserez sans doute comme moi qu'il serait à désirer que le gouvernement, après avoir indiqué les bases générales de la campagne et le but qu'il veut atteindre, laissât agir librement le général à qui il a accordé sa confiance. »

Le 16 juin 1855, le général Pélissier, commandant en chef l'armée d'Orient, écrivait de Sébastopol à l'Empereur :

« .....L'exécution radicale de vos ordres du 14 est impossible : c'est me placer, Sire, entre l'indiscipline et la déconsidération. Jamais je n'ai connu l'une; je ne voudrais pas subir l'autre. L'armée est pleine de confiance et d'ardeur. La mienne égale mon dévouement; mais que Votre Majesté me dégage des limites étroites qu'elle m'assigne ou qu'elle me permette de résigner un commandement impossible à exercer de concert avec nos loyaux alliés, à l'extrémité quelquefois paralysante d'un fil télégraphique. »

si elle s'était produite — serait promptement réprimée par l'armée. Malheureusement le maréchal de Mac-Mahon en jugea autrement et, quelque périlleuse que fût l'opération qu'on lui conseillait, il consentit à la mettre à exécution, partageant ainsi, avec le Ministre de la guerre, la responsabilité de la catastrophe (1). Il ne se méprit point d'ailleurs sur les dangers que présentait la continuation de la marche vers Metz et, d'après le témoignage d'un de ses aides de camp, il se serait écrié : « Eh bien ! allons nous faire casser les reins (2) ! »

Les derniers ordres du maréchal de Mac-Mahon ne parvinrent aux troupes, le 28 août, dans la matinée, qu'au moment où elles avaient déjà entamé leur mouvement vers le Nord-Ouest. Les difficultés du changement de direction vers le Nord-Est, jointes au mauvais état des routes détrempées par une pluie torrentielle, ne permirent aux corps d'armée que de gagner peu de

---

(1) Le colonel Robert, chef d'état-major du 1er corps, apprécie dans les termes suivants la résolution prise par le maréchal de Mac-Mahon :

« Au départ de Châlons, l'obéissance du Maréchal à des ordres qu'il n'approuvait pas, quoique coupable, avait une excuse : il y avait peut-être une chance favorable sur mille et il pouvait, à la rigueur, vouloir l'essayer. Mais le 27, où il était convaincu de l'impossibilité absolue du succès, où il voyait clairement que la persistance dans les projets primitifs amènerait fatalement la perte de l'armée, son obéissance fut un crime, dont la responsabilité pèse à la fois sur lui et sur ceux qui l'ont poussé dans cette voie.

« Il sacrifiait ainsi l'armée à l'Empereur, les intérêts du pays à ceux de la dynastie. Voilà jusqu'à quel point le régime de l'Empire avait éteint chez ceux qui le servaient, même dans les âmes les plus pures, les consciences les plus honnêtes, les notions élémentaires du droit et du devoir. » (*La Campagne de 1870*, par un officier d'état-major de l'armée du Rhin, p. 89.)

(2) Le général Broye (ancien aide de camp du maréchal de Mac-Mahon) au général de Vaulgrenant, 28 février 1904. (Papiers du général Broye.)

terrain vers Montmédy. Les objectifs qui leur étaient assignés par le commandant en chef étaient :

5ᵉ corps............................	Vers Nouart.
7ᵉ —	Vers Nouart.
12ᵉ —	La Besace.
1ᵉʳ —	Le Chesne.
Division de cavalerie Margueritte.......	Mouzon.
Division de cavalerie Bonnemains.......	Grandes Armoises.

Le 1ᵉʳ corps (1) reçut, à 5 heures du matin, d'un capitaine de l'état-major général, les instructions qui le concernaient. Il se dirigea sur Le Chesne en deux colonnes qui se mirent en marche vers midi : la 4ᵉ division et la cavalerie par les Alleux et la grande route de Vouziers; les trois autres divisions par la voie romaine, la 1ʳᵉ fournissant l'arrière-garde. Entre 11 heures et midi, les avant-postes de la division de Lartigue échangèrent une fusillade assez nourrie avec des détachements de cavalerie allemande venant de Quatre-Champs. D'autre part, une escarmouche eut lieu vers 3 h. 30, près de Voncq, sur la rive gauche de l'Aisne, entre le 4ᵉ escadron du 10ᵉ dragons, soutenu par une fraction du 18ᵉ de ligne et un détachement de la 6ᵉ division de cavalerie.

Les bagages, déjà arrivés en partie à Mazerny, rebroussèrent chemin ainsi que le 74ᵉ de ligne qui les escortait, et gagnèrent Le Chesne par la route de Mézières et celle de Tourteron.

La division de cuirassiers Bonnemains, en marche sur

---

(1) Le 28, le 1ᵉʳ corps fut rejoint par le 1ᵉʳ et le 2ᵉ régiment de marche, qui avaient appartenu d'abord à la 2ᵉ division du 12ᵉ corps et qui furent versés le 29, l'un à la 2ᵉ brigade de la 2ᵉ division, l'autre à la 2ᵉ brigade de la 4ᵉ division.

La veille, le 1ᵉʳ corps avait déjà reçu le bataillon de volontaires de Paris, composé en grande partie d'anciens soldats, et qui avait été versé à la 2ᵉ division.

Launois, fut arrêtée à hauteur d'Amagne, se rabattit sur Le Chesne par Tourteron, et vint camper entre Tannay et Grandes Armoises (1).

« Toutes ces colonnes, partant de directions différentes et venant converger sur l'unique voie de Vouziers au Chesne et du Chesne à Stonne, amenaient des encombrements et des entassements inextricables d'hommes, de voitures et de chevaux. Le défilé dura non seulement toute la journée, mais encore toute la nuit du 28 au 29 (2). »

Le 12e corps partit du Chesne en deux colonnes. A droite, la division de cavalerie se porta d'abord, vers 10 heures du matin, de la ferme Basancourt aux Petites Armoises et, de là, vers le Nord, à la croisée des routes de Sedan et de Stenay. Arrivée en ce point, elle reçut l'ordre, après une attente de plusieurs heures, d'atteindre le plus rapidement possible Beaumont, où les coureurs ennemis étaient signalés. Le général de division prit les devants avec la brigade légère Le Forestier de Vendeuvre et le 4e régiment de chasseurs d'Afrique, et se dirigea sur Beaumont par Grandes Armoises, Stonne, la Besace. Toute la division s'établit, vers 4 heures du soir, près de Beaumont, face à la direction de Sommauthe. Beaumont avait été occupé, dès 2 h. 30, par la brigade d'infanterie de marine Martin des Pallières, de la 3e division du 12e corps, qui s'y était rendue par les Petites Armoises et Sommauthe.

A gauche, les 1re et 2e divisions d'infanterie, le reste de la 3e et la réserve d'artillerie du corps d'armée, se portèrent du Chesne sur la Besace par la grande route de Stenay. La 1re division s'arrêta à Stonne.

---

(1) La division avait d'abord établi son bivouac au Chesne. Un contre-ordre survint, qui l'envoya près de Tannay.

(2) *Journal* de marche du 1er corps.

La division de cavalerie Margueritte, qui avait bivouaqué entre Osches et Saint-Pierremont, se déplaça à peine dans la journée et vint camper à la Berlière. A 4 h. 15 du matin, le maréchal de Mac-Mahon lui avait envoyé l'ordre de s'établir sur le point le plus convenable pour « éclairer la Meuse, spécialement dans la direction de Stenay » et d'examiner si l'ennemi se trouvait en face du gué situé au Nord-Est de Luzy. Mais ces instructions ne parvinrent pas au général Margueritte.

En somme, les troupes qui constituaient, en quelque sorte, l'aile gauche de l'armée de Châlons, avaient atteint les objectifs qui leur avaient été assignés. Il n'en fut pas de même des 5e et 7e.

Le 5e corps avait reçu du maréchal de Mac-Mahon l'ordre de se reporter le 28 à Buzancy, de suivre ensuite la route de Stenay pour se reporter vers Nouart et de prendre position sur le point qui paraîtrait le plus convenable au général de Failly, en se reliant au 7e corps établi à Boult-aux-Bois.

Le 5e corps exécuta son mouvement en deux colonnes. A droite, la brigade de Maussion, la division de Lespart et la réserve d'artillerie, partant de Belleville et de Châtillon-sur-Bar, marchèrent sur Buzancy par Boult-aux-Bois et Germont. A gauche, la division Goze, venant de Brieulles-sur-Bar, et la division de cavalerie, débouchant d'Authe, se portèrent également sur Buzancy par Autruche (1). En arrivant à Boult-aux-Bois, vers 9 heures, le général de Failly apprit que des forces ennemies considérables défilaient, « par une marche rapide, avec artillerie et cavalerie, à quelques kilomètres en arrière de Buzancy (2) ».

---

(1) Ces deux divisions avaient déjà entamé la marche sur Poix.
(2) *Journal* de marche du 5e corps, rédigé par le capitaine de Piépape.

Cette nouvelle suffit à provoquer l'arrêt et le déploiement du 5ᵉ corps, dépourvu de service de sûreté et de reconnaissance.

La brigade de Maussion de la 2ᵉ division prit position sur les hauteurs à l'Ouest de la ferme de la Malmaison, « afin de protéger le flanc droit du corps d'armée dans sa marche sur Buzancy (1) ». La division Goze se forma d'abord au Sud d'Autruche, puis se porta au Nord d'Harricourt et s'établit parallèlement à la route de Sommauthe sur deux lignes : la première déployée (brigade Saurin), la seconde par bataillons en colonne (brigade Nicolas). La division de Lespart se plaça en réserve derrière la précédente, ainsi que les réserves d'artillerie et du génie. La division de cavalerie vint se rassembler, vers 10 heures, en arrière et à gauche de la division Goze.

Cependant, la cavalerie de l'avant-garde comprenant deux escadrons divisionnaires du 5ᵉ hussards, se porta en avant, refoula les éclaireurs ennemis et arriva à Buzancy où elle engagea une fusillade qui dura une heure avec le 5ᵉ escadron du *3ᵉ* régiment de uhlans de la Garde (2). Bar fut occupé par deux compagnies du 61ᵉ de ligne (3), tandis que le 46ᵉ (4), franchissant la route de Sommauthe, puis le vallon du ruisseau du Moulin, poussa ses tirailleurs sur la crête à l'Ouest. La 5ᵉ batterie du 6ᵉ d'artillerie vint s'y établir sous cette protection et lança quelques obus d'abord sur Buzancy, qui fut évacué par la cavalerie ennemie, puis sur d'autres escadrons qu'on aperçut au delà du village (5).

---

(1) *Journal* de marche du 5ᵉ corps, rédigé par le colonel Clémeur.

(2) *Journal* de marche du 5ᵉ corps, rédigé par le colonel Clémeur ; *Historique manuscrit* du 5ᵉ hussards.

(3) 1ʳᵉ division, 2ᵉ brigade.

(4) 1ʳᵉ division, 1ʳᵉ brigade.

(5) Les deux *Journaux* de marche du 5ᵉ corps, l'*Historique* du 5ᵉ hus-

D'après les renseignements recueillis, « les forces ennemies en position sur les hauteurs à l'Est de Buzancy (de Sivry à Fossé), pouvaient être évaluées à une division (1) ». Ce furent cette nouvelle et l'éventualité d'un combat qui décidèrent vraisemblablement le maréchal de Mac-Mahon à placer le 7ᵉ corps sous les ordres du général de Failly. Il en informa ce dernier à 11 h. 30 du matin, en le chargeant de se mettre en communication avec le général Douay. Celui-ci avait reçu, du commandant en chef, l'ordre de porter son corps d'armée au Sud-Est de Boult-aux-Bois « pour tourner la position par la droite, tandis que l'attaque du 5ᵉ aurait lieu vers Fossé (2) ».

Un officier de l'état-major de la division de L'Abadie fut envoyé à Boult-aux-Bois pour entrer en relations avec le général Douay et réclamer son concours, consistant dans l'envoi d'une brigade à la ferme de la Malmaison où elle devait remplacer celle de la 2ᵉ division du 5ᵉ corps qui occupait ce point d'appui. Mais le général Douay fit répondre que la marche de son corps d'armée avait été retardée par le convoi ; que ses troupes étaient arrivées très fatiguées à Boult-aux-Bois ; qu'il lui était impossible, en conséquence, d'appuyer le 5ᵉ corps. Singulière conception de la camaraderie de combat.

D'ailleurs, à 2 heures de l'après-midi, le général de Failly reçut, du maréchal de Mac-Mahon, les instructions suivantes rédigées au Chesne et qui lui furent apportées par un officier de l'état-major général :

---

sards et celui du 6ᵉ d'artillerie sont d'accord sur cet incident, qui est exposé d'une manière différente par l'*Historique du Grand État-Major prussien* (7ᵉ livraison, p. 959).

(1) *Journal* de marche du 5ᵉ corps, rédigé par le colonel Clémeur.

(2) *Journal* de marche du 5ᵉ corps, rédigé par le capitaine de Piépape.

« Il est de la plus haute importance que nous traversions la Meuse le plus tôt possible. Poussez donc, dès ce soir, dans la direction de Stenay aussi loin que vous le pourrez.

« Le général Douay, qui vous suit, a été invité à marcher derrière votre dernière colonne. Il campera au delà de Bar. Si l'ennemi vous force à quitter momentanément la grande route, faites-le connaître au général Douay, pour que sa tête de colonne prenne la même direction.

« Nous marchons sur Montmédy pour délivrer le maréchal Bazaine. Attendez-vous à rencontrer demain une vive résistance pour enlever Stenay.

« Faites interroger tous les gens qui viennent de ce côté pour savoir si l'ennemi n'a pas fait sauter les ponts. Dans le cas où il les aurait fait sauter, faites-le moi connaître. Je pars pour Stonne. »

Ignorant la valeur des forces ennemies qui se trouvaient en sa présence et ne pouvant plus compter dans la journée sur le concours du 7ᵉ corps, le général de Failly résolut de « tourner » la position qu'occupait l'adversaire au Sud-Est de Buzancy et de regagner la route de Stenay à Nouart, d'où il se proposait d'aller s'établir à Beaufort et Beauclair (1).

A cet effet, la division Goze resta déployée face à Buzancy pour couvrir le mouvement, tandis que la division de cavalerie suivie par la division de Lespart s'écoulèrent par les Petites Sartelles, Vaux-en-Dieulet, Belval. La 1ʳᵉ brigade de la division Goze et la réserve d'artillerie se replièrent à leur tour ; puis vint la brigade

---

(1) *Journal* de marche du 5ᵉ corps, rédigé par le colonel Clémeur. Le *Journal* du capitaine de Piépape mentionne que le général de Failly avait déjà donné ses ordres pour l'attaque quand les instructions du maréchal de Mac-Mahon lui parvinrent.

de Maussion de la 2ᵉ division et enfin la brigade Nicolas de la 1ʳᵉ qui, renforcée du 4ᵉ bataillon de chasseurs et des deux batteries de 4 de la division, constitua l'arrière-garde et entretint des feux de bivouac après la tombée de la nuit.

En raison de la nécessité que l'on avait admise d'attendre que la brigade de Maussion eût rejoint par Bar, la marche n'avait pu commencer qu'à 5 heures du soir. Elle fut ralentie par le mauvais état des chemins détrempés et d'ailleurs accidentés, aussi les troupes ne purent-elles commencer à installer leurs bivouacs qu'à 7 heures. Certaines unités n'arrivèrent qu'à minuit.

La division de cavalerie stationna au Sud-Est de Bois des Dames, près de la ferme de la Fontaine au Croncq ; la 3ᵉ division entre Bois des Dames et la ferme de Bellevue, la brigade de Fontanges fournissant des grand'gardes ; la 1ʳᵉ et la 2ᵉ, ainsi que l'artillerie de réserve à Belval. Le quartier général fut établi à la ferme Harbeaumont.

Aucune distribution n'avait pu être faite pendant cette journée, et la plupart des corps en furent réduits au biscuit de réserve. La fatigue était d'ailleurs générale et les soldats, dont les vêtements étaient trempés, durent coucher dans la boue sans pouvoir allumer de feux.

Partout on avait signalé l'ennemi comme se repliant en masse derrière la Meuse dont il détruisait les ponts, et ne laissant sur la rive gauche que des partis de cavalerie (1).

Un peloton du 12ᵉ chasseurs qui avait mis pied à terre, avait refoulé à coups de fusil, aux environs Sud de Bois des Dames, un détachement de uhlans qui, toutefois, ne céda définitivement la place qu'à l'arrivée de l'infanterie

---

(1) *Journal* de marche du 5ᵉ corps, rédigé par le capitaine de Piépape.

de la brigade de Fontanges (1). A 10 heures du soir, le lieutenant-colonel Broye, aide de camp du maréchal de Mac-Mahon, apporta au général de Failly des instructions verbales et un ordre ainsi conçu :

« Les 5ᵉ et 7ᵉ corps devront opérer de concert jusqu'au passage de la Meuse. Le général de Failly prendra le commandement des deux corps d'armée. »

Le projet de marche sur Beaufort et Beauclair fut maintenu, et il fut convenu que le commandant du 5ᵉ corps y attendrait de nouvelles instructions relatives à une attaque combinée sur Stenay.

Le 7ᵉ corps avait levé ses bivouacs à l'Est de Vouziers, à 1 heure du matin, l'objectif de sa marche étant Chagny. La division de cavalerie partit à 2 h. 30 : les 1ᵉʳ et 2ᵉ escadrons du 8ᵉ lanciers furent envoyés en reconnaissance sur la route de Buzancy et poussèrent jusqu'à Longwé; le reste de la division se porta sur Ballay et Quatre-Champs, pour observer les débouchés de Boult-aux-Bois et de la Croix-aux-Bois. Pendant ce temps, les 2ᵉ et 3ᵉ divisions et la réserve d'artillerie se portaient par échelons sur Quatre-Champs, sous la protection de la 1ʳᵉ qui avait pris position face à Vouziers, sur deux lignes d'une brigade chacune, entre la grande route du Chesne et le village de Chestres, et qui suivit, à son tour, le mouvement. Au 7ᵉ corps, les alertes des jours précédents faisaient apprécier tout particulièrement le mouvement de retraite sur Mézières.

« Une seule et même pensée nous animait tous, dit un témoin oculaire : sortir à tout prix de ce *statu quo* plein de périls; prendre, sans plus tarder, un parti..... Aussi, avec quelle promptitude, les ordres furent-ils exécutés!..... Chacun marchait d'un pas plus ferme ; on

---

(1) *Historique* manuscrit du 12ᵉ chasseurs.

semblait avoir oublié le froid, la pluie, l'anxiété des jours précédents. On sentait dans l'air comme des bouffées d'espoir, car la pensée de reprendre bientôt une revanche sous Paris, venait tout à coup d'éclairer notre horizon (1). »

A 5 h. 30 du matin, le général Douay arrivait à Quatre-Champs, quand un aide de camp du maréchal de Mac-Mahon vint lui faire connaître que le projet de retraite sur Mézières était abandonné et que l'armée allait reprendre la direction de Montmédy. En conséquence, le 7ᵉ corps devait se porter sur Nouart. Mais le général Douay voulut d'abord rallier son convoi, dirigé sur Chagny sous la direction du lieutenant-colonel Davenet, sous-chef d'état-major du corps d'armée, et il ordonna, à cet effet, une grand'halte à Quatre-Champs, en prenant des dispositions de combat en cas d'une attaque que lui faisait craindre la présence des éclaireurs de cavalerie ennemie (2).

La 1ʳᵉ division, rejointe dans la soirée par le convoi, fut maintenue à Quatre-Champs avec les 5ᵉ et 6ᵉ escadrons du 4ᵉ hussards; la 2ᵉ division, la division de cavalerie, les réserves d'artillerie et du génie poussèrent jusqu'à Boult-aux-Bois où s'établit le quartier général; la 3ᵉ division bivouaqua à Belleville pour conserver la communication avec Quatre-Champs.

« En définitive, dit un témoin oculaire, c'est une mauvaise journée pour notre armée, que celle du 28 août. Elle n'a point livré de combat, pas éprouvé de

---

(1) Prince Bibesco, *loc. cit.*, p. 71.

(2) Le convoi du 7ᵉ corps, mis en route, la veille au soir, sur Chagny, sous la direction du lieutenant-colonel Davenet, était parvenu en ce point, sauf une fraction qui s'était trompée de direction et était allée à Terron. Le lieutenant-colonel Davenet reçut l'ordre de se rabattre sur Quatre-Champs par Le Chesne. La fraction égarée à Terron gagna Quatre-Champs par un chemin de traverse.

pertes, et cependant un grand malaise plane sur elle ; chacun a le cœur serré, l'âme remplie d'appréhensions. On a comme le pressentiment que l'ennemi aura mis à profit nos incertitudes et tout le temps perdu (1). »

Dans la journée du 28, les nouvelles du maréchal Bazaine font défaut d'une manière absolue, et l'on ne peut plus guère se dissimuler, au grand quartier général français, qu'il s'agit non pas de se porter à sa rencontre, ainsi qu'on l'avait cru jusqu'alors, mais d'aller le « délivrer ». L'expression se trouve, pour la première fois, dans des instructions adressées par le maréchal de Mac-Mahon au général de Failly (2).

Le changement de direction d'une grande partie de l'armée du Prince royal vers le Nord ne peut plus faire de doute. Les troupes allemandes qui occupaient le département de l'Aube l'ont évacué et se sont dirigées sur Sainte-Menehould (3). On signale d'autres colonnes importantes qui, déjà arrivées à Châlons dans la nuit du 27 au 28 et dans la matinée du 28, ont marché ensuite sur Suippes, sur Vouziers et sur Sainte-Menehould (4). 20,000 cavaliers, sous les ordres des princes Albert et Adalbert, qui ont traversé Mourmelon le 27 (5), seraient à Souain avec de l'artillerie, suivis à six lieues de distance par de l'infanterie et précédés par une avant-garde à Somme-Py.

Le général d'Exéa, commandant la 1re division du

---

(1) Prince Bibesco, *loc. cit.*, p. 80.
(2) Voir p. 208.
(3) Renseignement fourni par le préfet de l'Aube. (Le Ministre de la guerre au maréchal de Mac-Mahon.)
(4) Renseignement fourni par le général commandant la division du 13e corps à Reims.
(5) Renseignement fourni par le sous-préfet de Reims. (Le Ministre de la guerre au maréchal de Mac-Mahon.)

13ᵉ corps à Reims, qui donne cette nouvelle comme de « source certaine », ajoute que leur intention serait de se porter sur Vouziers ou de prendre la vallée de l'Aisne. C'est sur Suippes également qu'ont rétrogradé les détachements dont les coureurs étaient en vue de Reims le 27 (1). Plus au Nord, le maire de Juniville fait connaître la présence de l'ennemi sur le territoire de cette commune. Des troupes allemandes « arrivant par la Croix-aux-Bois, Grand-Pré, Monthois », se trouvent près de Vouziers (2). Cette ville a été occupée dès 8 heures du matin.

Ces nouvelles, jointes à celles de la veille, enlevaient au maréchal de Mac-Mahon l'espoir de conserver ses communications avec Reims et même avec Rethel. La présence de la division d'Exéa (3) du 13ᵉ corps à Reims n'avait pas empêché les Allemands de les intercepter et d'exécuter leur mouvement vers le Nord, en partant de Châlons, et il était bien vraisemblable que l'arrivée de tout le 13ᵉ corps à Reims, annoncée par le Ministre de la guerre au maréchal de Mac-Mahon (4), serait un palliatif insuffisant et un secours bien précaire.

Le général de Palikao s'en rendit parfaitement compte. Comme il était d'un intérêt primordial de ménager au moins à l'armée de Châlons une issue éventuelle vers les places du Nord et un point d'appui sérieux à Mézières, le Ministre demanda, par télégramme, au maréchal de Mac-Mahon, s'il pensait que la présence de 25,000 hommes dans cette ville pourrait assurer ses derrières. Le Maréchal répondit que cette occupation de

---

(1) Renseignement fourni par le procureur impérial de Reims. (Le Ministre de la guerre au maréchal de Mac-Mahon.)
(2) Renseignement fourni par le procureur impérial de Charleville. (*Ibid.*)
(3) La division d'Exéa était à Reims depuis le 26 août.
(4) Voir p. 199.

Mézières aurait l'avantage d'assurer à l'armée de Châlons, pendant quelque temps, ses communications avec Paris par le Nord; que ces troupes pourraient toujours se replier par voie de fer, mais qu'il leur fallait un chef entreprenant et il désignait, à cet effet, le général de Wimpffen (1).

Les renseignements sur la situation des forces ennemies signalées les jours précédents sur la rive droite de la Meuse, sont peu nombreux. On apprend seulement que Mouzay, Servizy, Stenay sont occupés, cette dernière localité par 10,000 à 12,000 hommes, dit-on (2). Déjà quelques cavaliers ont été vus à Mouzon. D'après une information de la Compagnie de l'Est, un combat a eu lieu à Chauvency, près Montmédy, « 50 Français contre 800 Prussiens », mandait-on, non sans éxagération. Enfin, dans la soirée du 28, le maréchal de Mac-Mahon apprit que Stenay était, en effet, au pouvoir d'une division ennemie et que le pont avait été rompu (3).

Le prince de Saxe avait prescrit, pour la journée du 28 : à la division de cavalerie saxonne, de jeter des partis de Nouart vers Beaumont; à la cavalerie de la Garde, de se porter entre Rémonville et Buzancy, d'occuper cette dernière localité et, de concert avec la division de cavalerie saxonne, d'établir le contact avec l'adversaire sur son front, « tout en évitant de se montrer pressante (4) ».

Il chargeait, d'autre part, les 5e et 6e divisions de cavalerie de suivre le mouvement de l'armée française sur son flanc droit, en se reliant elles-mêmes avec la

---

(1) Dès le 22 août, le général de Wimpffen avait été désigné pour le commandement du 5e corps. (Général de Wimpffen, *Sedan*, p. 117.)

(2) Renseignements fournis par le préfet des Ardennes et par le procureur impérial de Sedan. (Le Ministre de la guerre au maréchal de Mac-Mahon.)

(3) *Souvenirs* inédits du maréchal de Mac-Mahon.

(4) *Historique du Grand État-Major prussien*, 7e livraison, p. 958.

cavalerie de la Garde et en s'abstenant également de presser les Français de trop près.

La cavalerie allemande et l'armée de Châlons étaient séparées par la route de Vouziers à Stenay par Buzancy, et, comme le terrain était très favorable à l'observation, le contact allait être facilement conservé, malgré un temps un peu brumeux. Toutefois, les marches et les contremarches occasionnées par les ordres contradictoires du maréchal de Mac-Mahon devaient donner lieu à certaines déductions erronées au sujet des projets de l'armée française.

Les avant-postes de la 6e division de cavalerie avaient signalé, à 3 heures du matin, que les feux de bivouac du 7e corps étaient éteints à Vouziers, et que les détachements français qui se trouvaient au Sud de la ville n'avaient pas tardé à se replier, après avoir feint de se porter en avant.

La division se porta sur Vouziers à 5 h. 30 du matin. Le 15e régiment de uhlans, qui tenait la tête, ne tarda pas à rejoindre l'arrière-garde d'une colonne ennemie (1), qu'il suivit dans la direction de Ballay. Il constata ensuite que les troupes françaises se rassemblaient vers Quatre-Champs. Cependant, le gros de la division s'était arrêté à Vouziers, d'où il avait lancé deux pelotons, l'un vers Attigny, l'autre vers Voncq. Sur ce dernier point, on observa la présence de six bataillons français (2). On apprit en outre, « par voie de renseignements (3) », que, depuis le 23 août, 12,000 hommes de troupes françaises avaient passé par Attigny (4). On recueillit le bruit, qui

---

(1) Division Conseil Dumesnil, du 7e corps.
(2) Appartenant à la 1re division du 1er corps.
(3) *Historique du Grand État-Major prussien*, 7e livraison, p. 959.
(4) Ce chiffre de 12,000 est donné sous toutes réserves. C'est celui du *Rapport* envoyé au grand quartier général par la 6e division de

courait dans le pays, de la présence sur la Meuse de Napoléon III et du maréchal de Mac-Mahon, à la tête de quatre corps d'armée. La division stationna à Vouziers et au Nord de cette ville.

La 5e division de cavalerie avait dirigé, de grand matin, le *13e* régiment de uhlans de Grand-Pré sur Vouziers. Au moment où il venait de dépasser Falaise, des coups de fusil furent tirés sur le 2e escadron, qui marchait en queue de colonne, par des isolés qui occupaient les dernières maisons. Cet escadron mit pied à terre et un combat s'engagea, au cours duquel le feu se déclara dans le village (1). Le régiment continua alors sur Vouziers, où il rencontra le *15e* uhlans.

Le reste de la *11e* brigade de cavalerie (2) et la *12e*, appelée de Champigneulle, se dirigeaient vers l'Ouest, sur Monthois. La *13e* brigade se portait de Buzancy à Grand-Pré, d'où elle se maintenait en liaison avec la division de cavalerie de la Garde.

Celle-ci avait dirigé, vers 9 heures du matin, sa brigade de uhlans de Rémonville sur Buzancy. Le 5e escadron du *3e* régiment de uhlans de la Garde l'avait précédée dans cette direction pour relever les avant-postes de la *13e* brigade de cavalerie, qui devait se rendre à Grand-Pré. Cet escadron eut, vers Buzancy, avec deux escadrons du 5e hussards de la division de cavalerie du 5e corps, l'engagement qui a été relaté précédemment (3). Il fut renforcé par les 3e et 4e escadrons

---

cavalerie. (*Historique du Grand État-Major prussien*, 7e livraison, p. 257*, édition allemande.) Dans le cours du récit, le chiffre donné est, au contraire, 120,000. (*Ibid.*, p. 1007.)

(1) *Historique du Grand État-Major prussien*, 7e livraison, p. 959; *Historique du 13e uhlans*, p. 31-32.

(2) La *11e* brigade de la 5e division de cavalerie se composait du *4e* cuirassiers, du *13e* uhlans et du *19e* dragons.

(3) Voir p. 206.

du *3e* uhlans de la Garde, tandis que le reste de la brigade se portait sur Bayonville, où la rejoignait la 3e batterie à cheval. Le bruit de la fusillade amenait aussi à Buzancy le régiment de cavalerie de la Garde saxonne. Un premier renseignement d'une reconnaissance, envoyé à 3 heures de l'après-midi, relatait la marche de troupes françaises de Beaumont sur Autruche et Vouziers, d'où l'on conclut que le maréchal de Mac-Mahon renonçait à son mouvement sur Metz. Un second rapport du *3e* uhlans de la Garde exposait, au contraire, à 6 h. 30 du soir, que des forces ennemies, évaluées à un corps d'armée, défilaient, par Autruche, dans la direction de l'Est (1).

Ces nouvelles contradictoires laissaient le grand quartier général allemand dans l'incertitude sur le véritable état des choses.

Vers le soir, la 10e compagnie du régiment des fusiliers de la Garde arrivait à Bayonville pour couvrir le camp de la cavalerie, établi près de cette localité et de Rémonville. Un dernier rapport de la division de cavalerie de la Garde, expédié à 9 h. 30, faisait connaître qu'il y avait des « feux de bivouac ennemis sur la ligne Bar—Fossé—Bois des Dames et dans la direction de Stenay, en avant de tout le front de l'armée de la Meuse, et que Nouart serait occupé par l'adversaire (2) ».

La *12e* division de cavalerie s'était rassemblée, dans la matinée du 28, à Nouart, Tailly et Barricourt. De Nouart, le régiment de la Garde s'était porté sur

---

(1) C'était le mouvement du 5e corps, de Bar sur Belval, Bois des Dames.

(2) *Historique du Grand État-Major prussien*, 7e livraison, p. 240*.

Les feux de bivouac signalés vers Bar étaient ceux qu'avait entretenus la brigade Nicolas, de la 1re division du 5e corps, avant de se dérober sur Belval. A Fossé, il n'y avait pas de troupes françaises.

Buzancy, au bruit de l'engagement qui s'y livrait, puis était revenu au point de départ. Le *17e* uhlans avait établi des avant-postes vers le Nord, mais les patrouilles envoyées dans la direction de Beaumont se heurtaient partout à des partis ennemis qui les empêchaient de pousser plus avant. Il parvint cependant à se relier avec la *48e* brigade à Stenay.

« Vers 5 heures du soir, la division reçut plusieurs rapports qui lui annonçaient un mouvement de plusieurs escadrons français suivis d'infanterie (1) » de Bois des Dames sur Nouart (2). Elle se mit aussitôt en retraite dans la direction du Sud, en ne laissant en face de l'adversaire que l'escadron d'avant-postes (3) et la batterie à cheval, qui ouvrit le feu. Elle vint bivouaquer, à 10 heures du soir, à Andevanne.

La *4e* division de cavalerie se porta, le 28, de Souain aux environs Sud de Vouziers ; la *2e*, de Coole à Suippes.

Derrière ces masses de cavalerie, les colonnes allemandes continuaient leur mouvement dans la direction générale du Nord (4).

a) *Armée de la Meuse.* — Le commandant de l'armée de la Meuse, se conformant aux dispositions adoptées

---

(1) *Historique du Grand État-Major prussien,* 7e livraison, p. 961.

(2) Il est difficile de discerner quelles étaient les troupes françaises en question. La division de cavalerie Brahaut, qui tenait la tête de colonne du 5e corps, n'arriva sur le plateau de Bois des Dames qu'à 7 heures du soir. Il s'agit vraisemblablement du peloton du 12e chasseurs dont on a relaté le léger engagement précédemment (p. 147).

Vers 7 heures, deux compagnies du Ier bataillon du 60e vinrent occuper, en grand'gardes, les hauteurs boisées au Nord de Nouart.

(3) Les 3e et 4e escadrons du *17e* uhlans, d'après von Schimpff. (*Das XII. Corps im Kriege 1870-1871,* p. 48.)

(4) Ce qui va suivre est extrait des deux sources : *Historique du Grand État-Major prussien,* 7e livraison, p. 961-963 ; *Heeresbewegungen,* p. 35-40.

le 27 par le grand quartier général relativement à ses trois corps d'armée, avait donné des ordres en conséquence pour le 28. En vue de la concentration, désormais décidée, des forces allemandes sur la rive gauche de la Meuse, il avait prescrit que le XIIe corps, appelé à rester autour de Dun et de Stenay, aurait à établir de nouveaux moyens de passage sur la rivière, dans le cas où les ponts de Stenay seraient détruits.

Le commandant du corps d'armée, croyant, d'après les avis reçus dans la journée, à une attaque de la ligne de la Meuse, avait pris toutes ses dispositions pour en défendre énergiquement le passage à Dun et à Stenay. La *48e* brigade surtout, qui occupait Stenay, fut constamment tenue en alerte par les nouvelles contradictoires qui lui parvenaient, jusqu'au moment où, vers 8 heures du soir, elle apprit enfin que les Français avaient établi leur camp autour de Beaumont. Elle se tint prête néanmoins à toute éventualité pendant la nuit. Dans la journée, une compagnie du *13e* bataillon de chasseurs et un escadron du *2e* régiment de cavalerie envoyés à Chauvency, avaient délogé de la gare le détachement français qui l'occupait, exécuté le travail de destruction dont ils étaient chargés et regagné ensuite Stenay.

Les colonnes de munitions et les convois se dirigèrent de Clermont en Argonne sur Malancourt (1).

La Garde, après avoir replié le pont qu'elle avait jeté sur la Meuse, entre Dannevoux et Sivry, s'était mise en marche à 8 heures du matin, en deux colonnes. A droite, la *1*re division suivie de l'artillerie de corps, se porta de

---

(1) Le *3e* régiment de hussards, de la *6e* division de cavalerie, qui, dès le 25, avait été envoyé en observation vers la frontière belge et qui, le 27, avait vainement essayé de s'emparer de Longwy, arriva à Stenay le 28 et fit des reconnaissances sur Beaumont.

Montfaucon, par Cunel, sur Bantheville ; à gauche, la 2ᵉ division, de Montfaucon, par Cierges, sur Romagne (1). Les colonnes de munitions et les convois vinrent à Nantillois.

Le IVᵉ corps replia également les ponts qu'il avait établis sur la Meuse à Vacherauville et Charny, et partit, à 9 heures du matin, de son bivouac de Fromeréville d'où il se porta, par Esnes, sur Montfaucon et environs. Les colonnes de munitions stationnèrent à Esnes.

Le quartier général de l'armée de la Meuse demeura à Malancourt.

b) *IIIᵉ armée*. — Le Iᵉʳ corps bavarois partit à 8 heures du matin de Nixéville et se porta sur Varennes par Dombasle et Neuvilly. Les colonnes de munitions, les convois et une partie des trains régimentaires qui avaient été précédemment séparés des troupes vinrent, des environs Nord de Bar-le-Duc, à Fleury et Erize-la-Petite.

Le IIᵉ corps bavarois marcha de Dombasle, par Brabant-en-Argonne, Clermont-en-Argonne, les Islettes sur Vienne-le-Château et environs. Sa brigade de uhlans s'établit à Binarville. Les colonnes de munitions stationnèrent à Jubécourt, les convois aux Islettes.

Avant d'avoir reçu l'ordre général d'opérations du 27 août, le prince royal de Prusse avait pris des disposi-

---

(1) « Cette marche n'était pas considérable..... Nous pensions que l'infanterie serait plus fraîche que la veille, car elle s'était reposée depuis l'après-midi de la veille jusqu'à 8 heures du matin. Malgré cela, elle laisse bien des hommes en route; presque tous étaient blessés aux pieds. Tous ceux que l'on interrogeait faisaient la même réponse : « Nos chaussettes (ou chaussettes russes) sont encore humides d'hier elles nous écorchent les pieds; et nous n'avons pas de quoi en changer car nous avons déposé nos sacs avant-hier. » Nous reconnûmes par là qu'il n'y avait pas grand avantage à déposer les sacs. » (Hohenlohe, *loc. cit.*, t. II, p. 183.)

tions pour faire poursuivre la marche le 28 par les V°, XI°, VI° corps et la division würtembergeoise sur l'unique route le long de laquelle ils étaient échelonnés dans la soirée du 27, le V° corps devant atteindre Bouconville, le XI° Cernay-en-Dormois, le VI° Berzieux.

L'ordre du 27, qui lui parvint le 28 à 4 h. 30 du matin, ne prescrivant que d'atteindre ce jour-là la ligne Malmy-Laval, modifia ses intentions.

Le V° corps, parti à 5 heures de Sainte-Menehould, se porta à Berzieux, avec une avant-garde à Cernay-en-Dormois ; ses colonnes de munitions vinrent à Verrières.

La division würtembergeoise s'établit à Virginy.

Le XI° corps effectua son mouvement en deux colonnes. A droite, la *21°* division et l'artillerie de corps suivirent la grande route de Givry-en-Argonne à Sainte-Menehould et s'établirent à Courtémont et environs, après une marche très pénible en raison des nombreux arrêts et des à-coups causés par les voitures du V° corps, que l'infanterie dut longer pendant un certain temps (1). A gauche, la *22°* division marcha par Epense, Dampierre-le-Château, Valmy sur Hans. A dater de ce jour, les sacs de l'infanterie furent transportés sur des voitures. Les colonnes de munitions et les convois allèrent de Nettancourt à Villers-en-Argonne.

Le VI° corps exécuta également son mouvement en deux colonnes, qui ne s'ébranlèrent qu'à 10 heures du matin, conformément à l'ordre de la III° armée. Une

---

(1) Afin d'éviter les à-coups qui s'étaient produits la veille, l'état-major général de la III° armée avait fixé lui-même les heures de départ des unités même d'ordre inférieur. Mais il n'avait pas tenu suffisamment compte de la profondeur des colonnes des divisions de tête, de sorte que les mêmes inconvénients se reproduisirent, bien que les commandants de corps d'armée eussent, de leur propre initiative, fait marcher leurs troupes en deux colonnes.

brigade de la *12ᵉ* division prit à Possesse la grande route de Sainte-Menehould et s'établit au Nord de cette ville assez avant dans la soirée, retardée dans sa marche par les voitures du XIᵉ corps qui, en colonne par trois de front, obstruaient absolument la route ; l'autre suivit le chemin Bussy-le-Repos, Epense, Dampierre-le-Château et stationna à Dommartin-la-Planchette. La *11ᵉ* division, formant aussi deux colonnes — l'artillerie de corps suivant celle de droite — vint cantonner au Sud-Ouest de Sainte-Menehould.

Le quartier général de la IIIᵉ armée fut transféré dans cette ville.

En somme, « sur le front de 40 kilomètres de Stenay à Cernay-en-Dormois, se trouvaient huit corps allemands et demi, prêts à continuer les opérations ; toutefois, à l'aile gauche, où trois d'entre eux stationnaient serrés l'un derrière l'autre, la liberté de mouvement désirable n'était point encore acquise (1) ».

Les rapports du commandant de l'armée de la Meuse relatifs à l'engagement de cavalerie de Buzancy et les renseignements recueillis jusqu'au 27 à midi par les *5ᵉ* et *6ᵉ* divisions de cavalerie, ne parvinrent au grand quartier général allemand que dans la matinée du 28. Il ressortait de ces informations que les Français avaient évacué Grand-Pré et qu'ils semblaient en voie de quitter la région située à l'Ouest de Buzancy pour se diriger vers le Nord. A 2 h. 30 de l'après-midi, arriva un rapport plus récent, expédié dans la matinée par la *6ᵉ* division de cavalerie, et relatant qu'à ce moment les Français avaient abandonné Vouziers et marchaient vers le Nord. Enfin, la *5ᵉ* division de cavalerie confirmait cette nouvelle et

---

(1) *Heeresbewegungen, loc. cit.*, p. 39.

rendait compte de l'occupation de Vouziers par les troupes allemandes (1).

Ces données ne permettaient pas au maréchal de Moltke de savoir si l'armée française voulait, par ces marches vers le Nord, se concentrer vers Le Chesne ou vers Rethel (2). Dans ces conditions, il n'y avait qu'à prescrire provisoirement la continuation du mouvement en avant. L'armée de la Meuse devait se porter, le 29, sur le front Nouart (XIIe), Buzancy (Garde); le IVe corps venant, en seconde ligne, à Rémonville; le XIIe, laissant une brigade à Stenay. Le prince de Saxe était invité à tenir compte de la possibilité d'une attaque venant du Chesne et à faire reconnaître, à cet effet, le terrain au Sud de Nouart et de Buzancy.

Les deux corps bavarois recevaient comme objectif de leur marche, le Ier Champigneulle, le IIe Grand-Pré, d'où ils se tiendraient prêts à soutenir éventuellement le prince de Saxe. Les trois corps prussiens de la IIIe armée et la division würtembergeoise marcheraient de leur côté sur Vouziers et à l'Ouest de cette ville (3).

---

(1) *Historique du Grand État-Major prussien*, 7e livraison, p. 964.
Ces nouvelles rendaient inutile un « projet d'attaque sur Vouziers » que le maréchal de Moltke avait formé dans la journée du 28 août. « Un ou deux corps d'armée ennemis se trouvaient encore hier soir près de Vouziers, écrivait-il. Il est vraisemblable que le reste des forces de l'adversaire se trouve près du Chesne. » Vouziers devait être attaqué directement par le IIe corps bavarois se portant de Termes sur Falaise; par le Ier corps bavarois et par le Ve corps débouchant sur la Chambre-aux-Loups, le premier par Chatel, Autry, le second par Monthois. Cette attaque devait être protégée sur son flanc droit contre les forces françaises du Chesne par les trois corps de l'armée de la Meuse. « On verra, d'après la marche du combat, s'il y a lieu d'amener aussi le XIe corps pour coopérer à l'attaque directe, ou bien d'envoyer notre VIe corps couper la ligne de retraite de l'ennemi sur Reims. » (*Correspondance militaire du maréchal de Moltke*, t. I, n° 228.)

(2) *Correspondance militaire du maréchal de Moltke*, t. I, n° 229.

(3) *Ibid.*

Le maréchal de Moltke prévint en outre le prince de Saxe que le commandant en chef de l'armée d'investissement de Metz avait reçu, dans la nuit du 27 au 28, l'ordre de rappeler les IIe et IIIe corps arrivés à Briey et Étain, et qu'il n'y avait donc plus à compter sur leur appui (1).

Les instructions qui précèdent étaient déjà expédiées, quand le grand quartier général reçut, vers 9 heures du soir, les rapports de la Garde, relatant les dernières observations faites à Buzancy par sa brigade de uhlans. « L'apparition de troupes françaises à Harricourt, les vastes campements signalés le long de la route de Vouziers à Buzancy, ne laissaient plus aucun doute sur les intentions de l'adversaire ; il était certain désormais qu'il ne s'était point replié vers le Nord, mais qu'il continuait sa marche vers la Meuse (2). »

Il en résultait, vraisemblablement, que si l'ensemble des forces allemandes, dont le front était porté face au Nord-Ouest, continuait son mouvement, l'aile droite, qui se trouvait former échelon avancé, allait se heurter à des forces considérables, sinon supérieures de l'adversaire. On considéra donc comme judicieux de la retenir et d'effectuer la concentration sur elle. Le maréchal de Moltke rédigea, en conséquence, à 11 heures du soir, l'ordre de mouvement ci-après :

Quartier général, Clermont, 28 août 1870, 11 heures soir.

« La présence de fractions importantes d'infanterie à Bar, près de Buzancy, indique que l'ennemi veut tenter de débloquer Metz. On peut admettre qu'un ou deux corps prendront à cet effet la route Vouziers,

---

(1) *Correspondance militaire du maréchal de Moltke*, t. I, n° 229.
(2) *Historique du Grand État-Major prussien*, 7° livraison, p. 964.

Buzancy, Stenay, tandis que le reste de l'armée marchera plus au Nord par Beaumont.

« Afin de ne pas provoquer une offensive de l'adversaire avant que nous n'ayons rassemblé assez de forces, S. A. R. le prince de Saxe pourra réunir d'abord et de bonne heure les XIIe et IVe corps et la Garde dans une position défensive à peu près sur la ligne Landres, Aincreville.

« La ligne Dun, Stenay, sera observée par la brigade détachée.

« Les deux corps bavarois rompront à 5 heures du matin. Le Ier corps, qui recevra d'ici des ordres directs, se portera par Fléville sur Sommerance, où il devra arriver à 10 heures du matin (1). Le IIe corps marchera sur Saint-Juvin, par Binarville, Chatel, Cornay.

« Le Ve corps se portera sur Grand-Pré par Bouconville, Moncheutin, Senuc.

« L'offensive ultérieure contre la route Vouziers, Buzancy, Stenay, demeure réservée.

« Les deux autres corps de la IIIe armée devront être dirigés de manière à pouvoir, en cas de besoin, être employés le 30 à la lutte décisive.

« Sa Majesté se rendra à 9 heures du matin d'abord à Varennes (2). »

Le maréchal de Moltke ajouta, de sa main, sur l'exemplaire envoyé à l'armée de la Meuse :

« Les prescriptions ci-dessus n'interdisent pas de se porter immédiatement en avant pour occuper la route de Buzancy contre de faibles troupes ennemies (3). »

---

(1) Ces ordres directs, reproduits dans la *Correspondance militaire du maréchal de Moltke*, sous le n° 232, ne contiennent rien de particulier.
(2) *Correspondance militaire du maréchal de Moltke*, t. Ier, n° 231.
(3) *Ibid.*

Dans la soirée l'armée de Châlons était répartie ainsi qu'il suit :

Grand quartier général.........		Stonne.
1ᵉʳ corps..................		Tout entier au Chesne.
5ᵉ corps.	Quartier général....	Ferme Harbeaumont.
	1ʳᵉ division.........	Belval.
	2ᵉ —	Ibid.
	3ᵉ —	A l'Ouest de Bois des Dames.
	Division de cavalerie.	Sud-Est de Bois des Dames.
	Réserves d'artillerie et du génie.........	Belval.
7ᵉ corps.	Quartier général....	Boult-aux-Bois.
	1ʳᵉ division.........	Quatre-Champs.
	2ᵉ —	Boult-aux-Bois.
	3ᵉ —	Belleville.
	Division de cavalerie.	Boult-aux-Bois.
	Réserves d'artillerie et du génie.........	Ibid.
12ᵉ corps.	Quartier général....	La Besace.
	1ʳᵉ division.........	Stonne.
	2ᵉ —	La Besace.
	3ᵉ —	La Besace et Beaumont.
	Division de cavalerie.	Beaumont.
	Réserves d'artillerie et du génie.........	La Besace.
1ʳᵉ division de réserve de cavalerie.		La Berlière.
2ᵉ division de réserve de cavalerie.		Entre Tannay et Grandes Armoises.
Parcs d'artillerie.	5ᵉ corps..........	Sans modification.
	7ᵉ corps..........	En marche sur Mézières, sauf l'équipage de pont à Tergnier.
	12ᵉ corps..........	En marche sur Poix et Mézières.
Grand parc..................		En formation à Mézières.
Équipage de pont de réserve.....		En route de Paris à Sedan par chemin de fer.

En comparant ces emplacements à ceux des 26 et 27, on observera que l'armée de Châlons avait, depuis trois jours, gagné bien peu de terrain vers Montmédy. Deux de ses corps, les 1er et 7e, avaient, pour ainsi dire, piétiné sur place; le 12e, qui avait progressé à peu près régulièrement, n'avait fait que 45 kilomètres de Rethel à la Besace. Cette lenteur était due sans doute aux hésitations, aux inquiétudes, aux contre-ordres du Maréchal, mais aussi à la préparation défectueuse des marches.

Ainsi avait disparu un des facteurs principaux, suivant le Ministre, du succès de l'opération : la rapidité dans l'exécution du mouvement. Le général de Palikao, qui connaissait la position de l'armée le 27, n'avait pas cru pourtant devoir renoncer à son projet. Bien plus, il avait sommé le commandant en chef de reprendre la direction de Metz et, malheureusement pour la France, il avait été obéi.

« Le moment décisif de la campagne a été au Chesne-Populeux », a dit le maréchal de Mac-Mahon après la guerre (1). Il ne faut pas entendre par là que l'armée était perdue dès le 28 août. On verra qu'elle pouvait encore, le 30 au soir et même le 31, se dérober à l'étreinte de l'adversaire. Le Maréchal a voulu dire sans doute qu'à dater de ce jour il abandonnait toute idée de retraite vers l'intérieur du pays et qu'il n'était plus préoccupé que du projet d'aller jusqu'à Metz pour délivrer Bazaine, fût-ce au risque d'une catastrophe.

---

(1) *Instruction* relative au procès Bazaine.

Paris. — Imprimerie R. CHAPELOT et Cie, 2, rue Christine.

SOMMAIRE

PREMIÈRE PARTIE

Organisation et Projets d'opérations

		Pages.
Chap.	I. Organisation de l'armée	1
—	II. Le plan du Ministre de la guerre	22
—	III. La conférence du 17 août	39
—	IV. Les hésitations du maréchal de Mac-Mahon	57
—	V. La marche sur Reims	71
—	VI. La conférence de Courcelles	77
—	VII. Adoption du plan Palikao	82

DEUXIÈME PARTIE

La marche vers Montmédy

Chap.	I. Journée du 23 août	95
—	II. Journée du 24 août	106
—	III. Journée du 25 août	120
—	IV. Journée du 26 août	143
—	V. Journée du 27 août	169
—	VI. Journée du 28 août	194

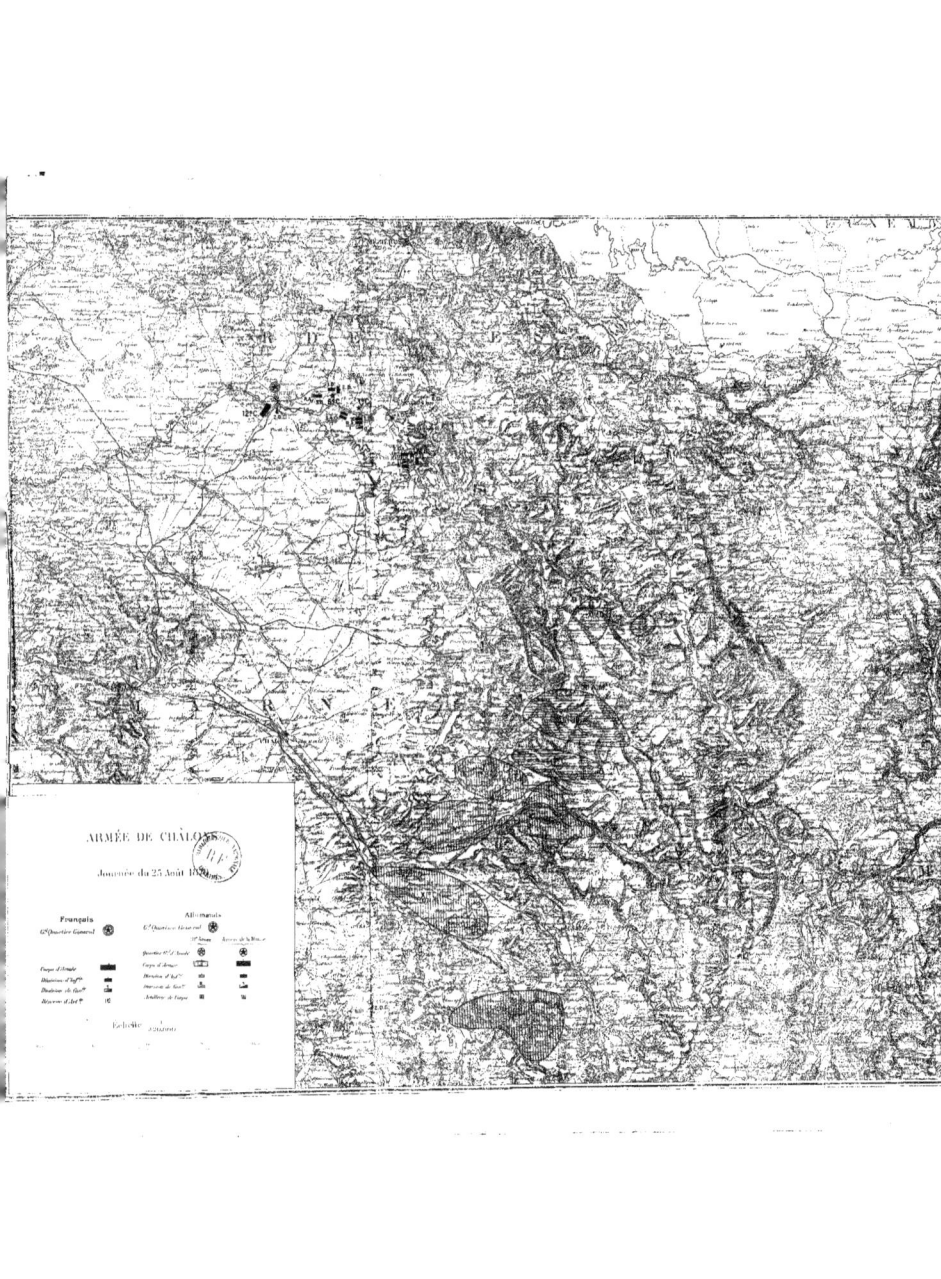

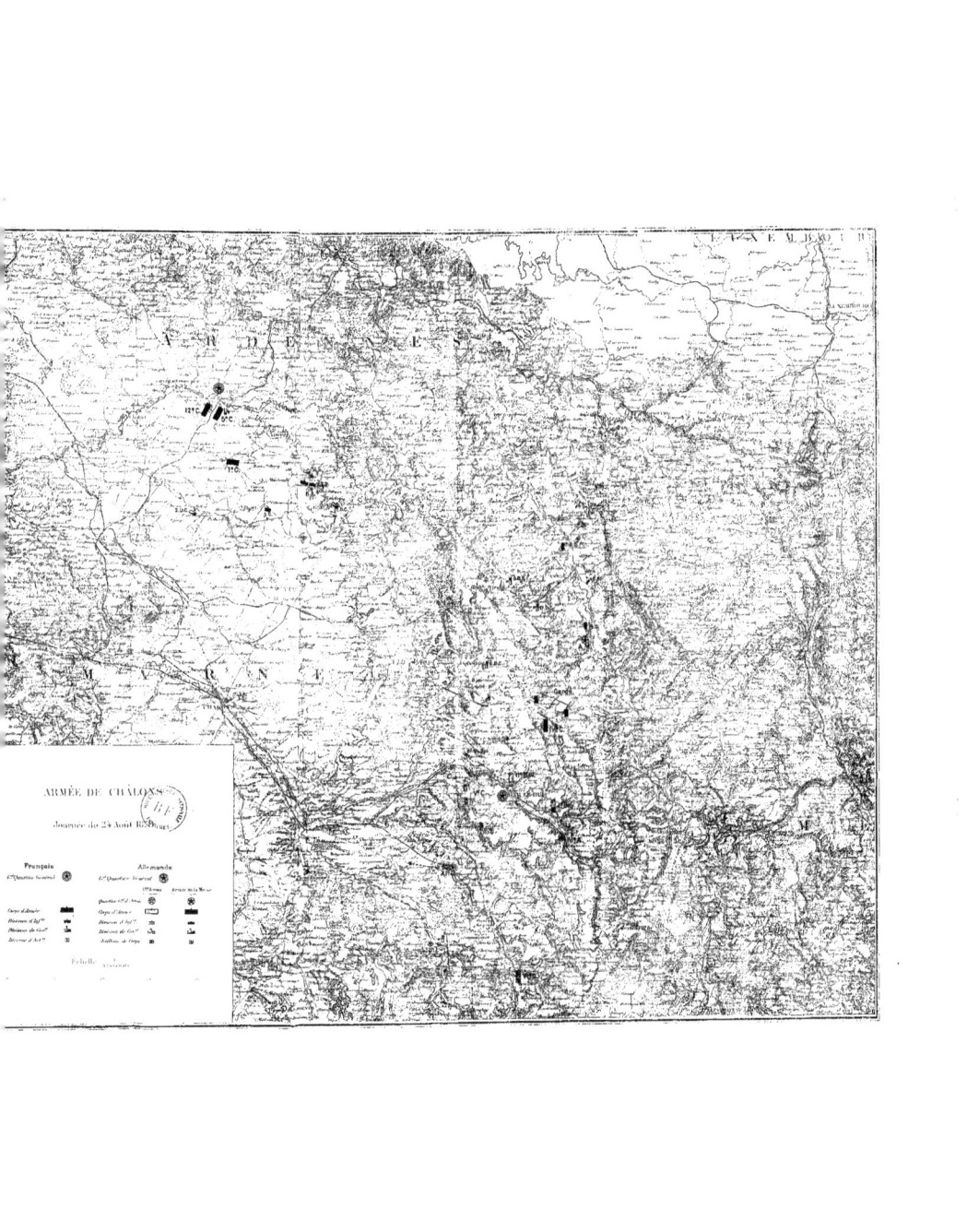

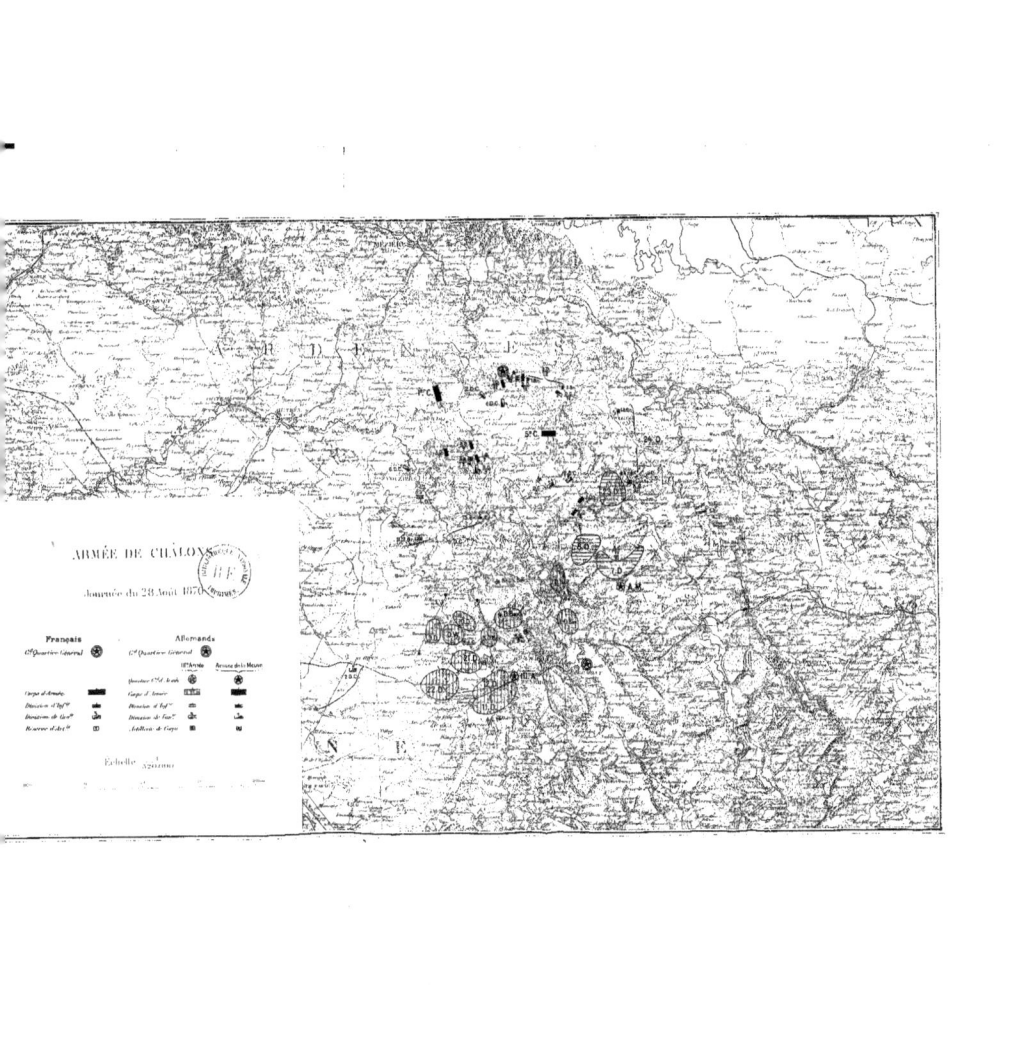

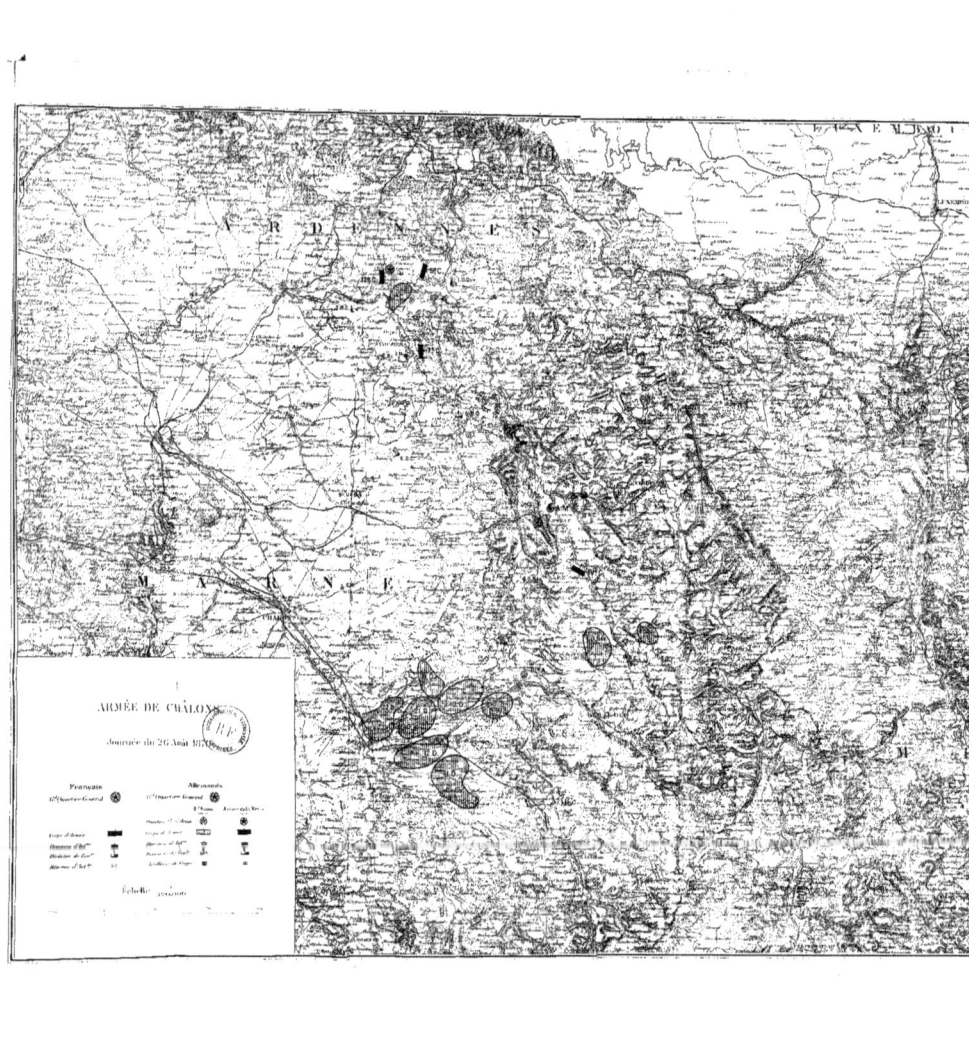

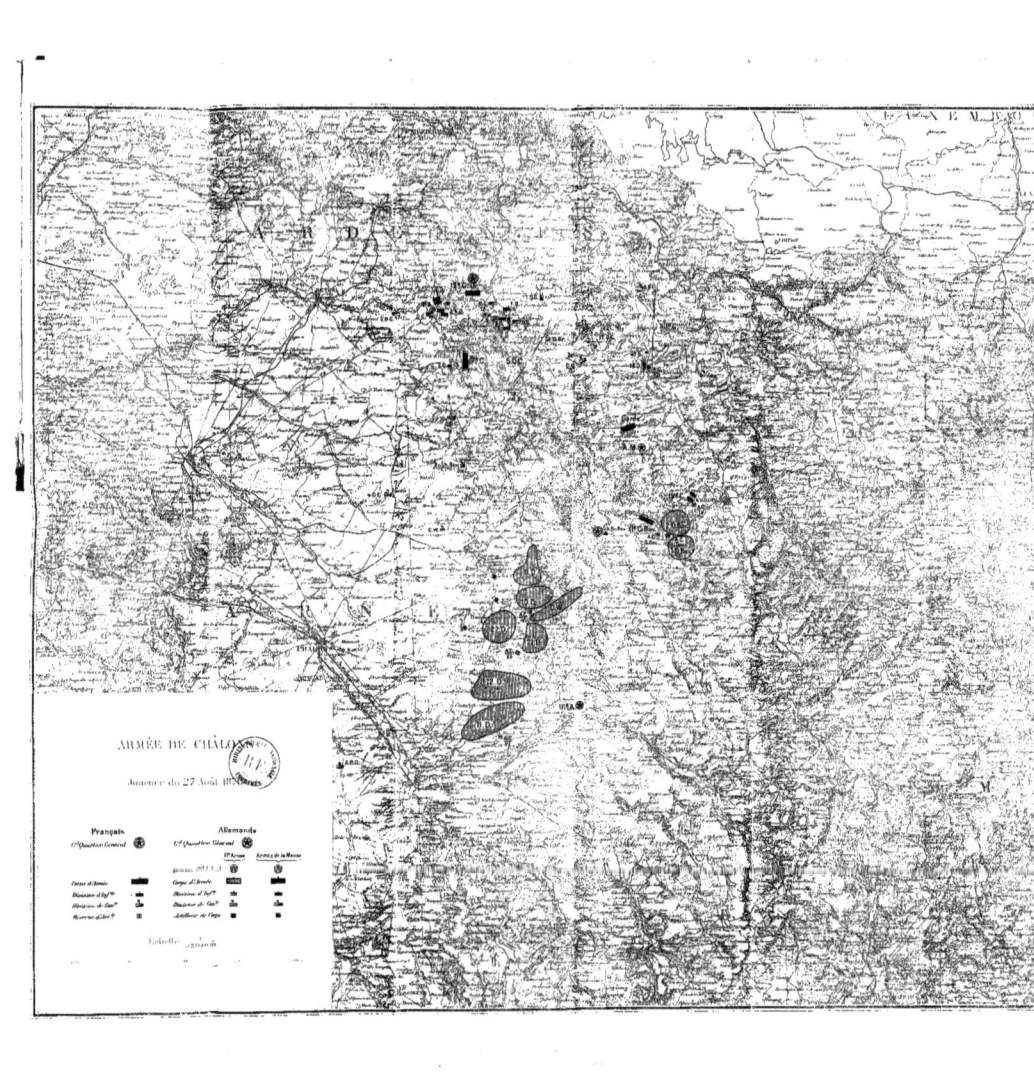

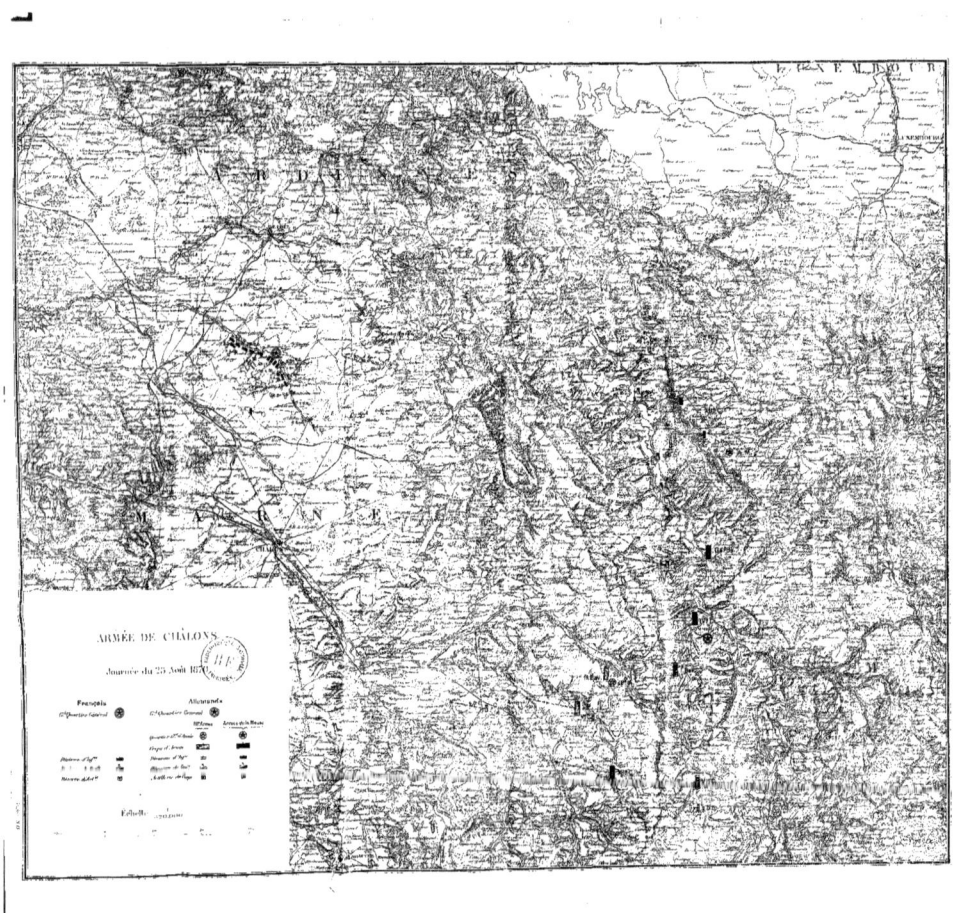

LIBRAIRIE MILITAIRE R. CHAPELOT & Cie
30, Rue et Passage Dauphine, à Paris

Lt-Colonel GROUARD

(A. G., ANCIEN ÉLÈVE DE L'ÉCOLE POLYTECHNIQUE)

L'ARMÉE DE CHALONS

Son mouvement vers Metz (1870)

Paris, 1885, 1 vol. in-8 avec 3 cartes et 1 tableau............. 5 fr.

DU MÊME AUTEUR :

Critique stratégique de la guerre franco-allemande. — **Wœrth et Forbach.** Paris, 1905, 1 vol. in-8 avec carte........................... 2 fr.

Fallait-il quitter Metz en 1870 ? Paris, 1893, broch. in-8.... 50 c.

Comment quitter Metz en 1870 ? Avec une note sur le rôle de la fortification. Paris, 1901, 1 vol. in-8 .... 3 fr. 50

Le blocus de Paris et la première armée de la Loire.
   Ire PARTIE : *Depuis la capitulation de Sedan jusqu'à la capitulation de Metz.* Paris, 1879, 1 vol. in-8............................. 3 fr.
   IIe PARTIE : *Coulmiers et ses suites.* Paris, 1900, 1 vol. in-8 .... 3 fr.
   IIIe PARTIE : *Champigny, Loigny, Orléans. Résumé et conclusions.* Paris, 1893, 1 vol. in-8.................................... 4 fr.

Stratégie napoléonienne. — **Maximes de guerre de Napoléon Ier.** Nouvelle édition. Paris, 1897, 1 vol. in-8 avec cartes et croquis ..... 7 fr. 50

Stratégie napoléonienne. — **La campagne d'automne de 1813 et les lignes intérieures.** Paris, 1897, 1 vol. in-8 avec une carte générale du théâtre de la guerre.. 4 fr.

Stratégie napoléonienne. — **La critique de la campagne de 1815.** Paris, 1904, 1 vol. in-8 avec cartes............................. 6 fr.

Paris. — Imprimerie R. CHAPELOT et Ce, 2, rue Christine.

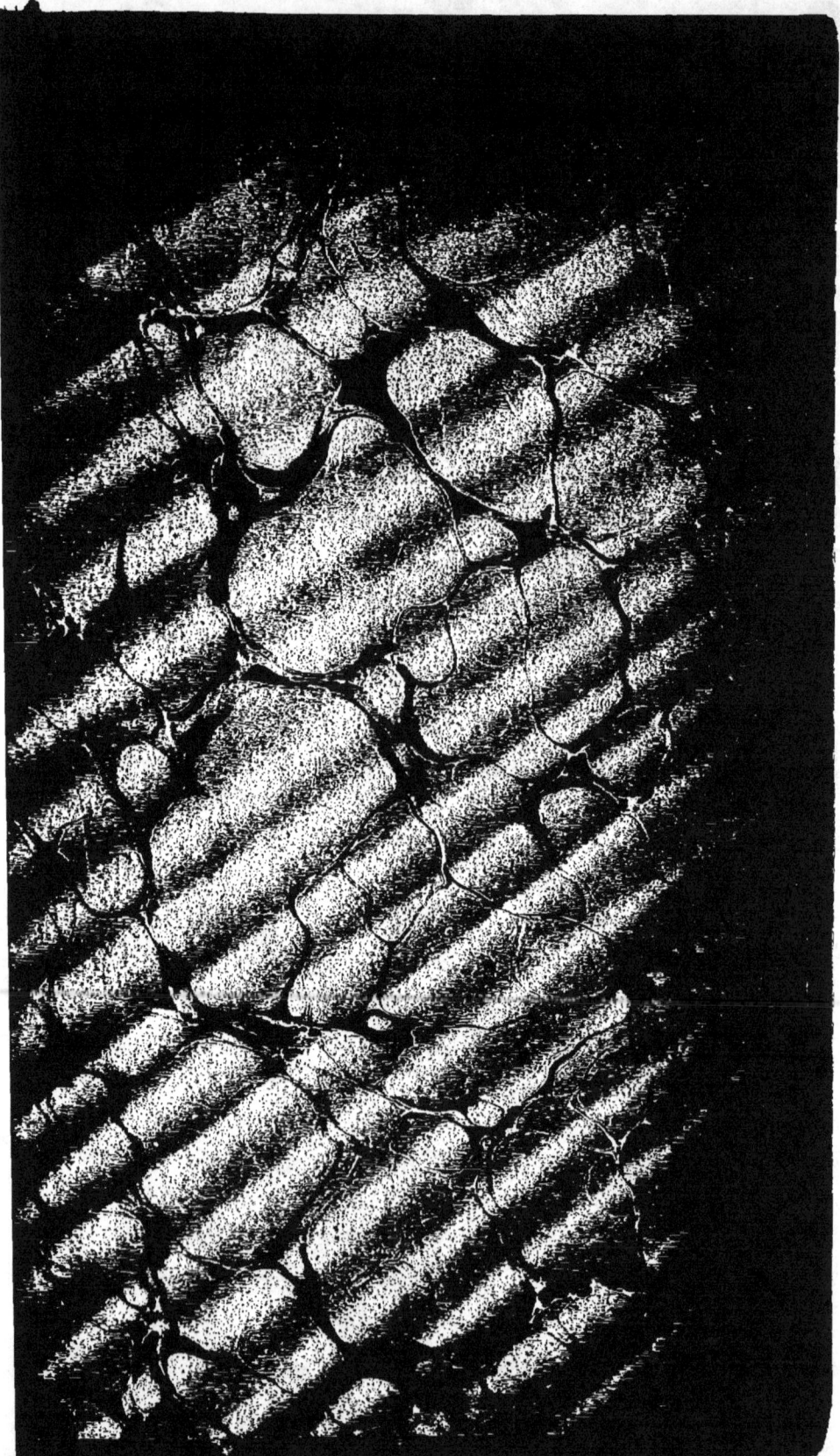

www.ingramcontent.com/pod-product-compliance
Lightning Source LLC
Chambersburg PA
CBHW070621170426
43200CB00010B/1872